马克思主义理论教学与研究文库（第 27 卷）

周丽群 著

清代

闽台外贸茶商经营研究

社会科学文献出版社
SOCIAL SCIENCES ACADEMIC PRESS (CHINA)

　　清代，茶叶是与瓷器、纺织品并列的中国三大出口商品之一。茶叶出口兴衰，从一个侧面体现了 18—19 世纪中国经济社会参与全球化的路径、特点与绩效，对茶叶出口进行研究有利于我们更好地从历史的视角探究和把握中国产业的全球化进程。作为中国产茶重镇的福建与台湾，在清代中国茶叶出口史中扮演了关键性角色。本书在前人研究的基础上，通过对清代闽台地区茶叶出口历史脉络进行描述，考察和分析作为茶叶产销主体的茶商的经营行为与管理方式，特别是洋商与华商的合作与竞争，对如何正确看待中国茶叶进入世界市场，近代茶业兴衰是和平贸易还是资本主义入侵，怎样以扩大内需促进茶业发展等问题，进行政治经济学思考，期望能为当代中国茶业高质量发展、茶商经营管理与企业家精神培育等提供历史借鉴与启示。

　　清代福建茶叶出口发展迅速，首先源于全球茶叶需求的强大拉力。其次，在于闽茶出口具备以下内在条件：一是制茶技术的革新，特别是发酵茶的发明；二是生产关系的变化，农村雇工对雇主的人身依附趋向宽松，劳动力跨区流动限制也被取消，茶业发展的劳动力要素获得有力保障；三是低于其他地区的茶叶税收；四是闽南商人的商业网络优势，为茶业发展提供了人才支撑。清代台湾茶叶外销的兴起，主要得益于两方面原因：一是福建地区的茶叶技术转移和茶商移民；二是清代台湾开港与洋商介入茶叶出口经营。闽台地区的茶叶产销组织相似，大都包括生产者（茶农）、加工者（茶庄）、中介者（茶栈）、输出者（洋行）。不同的是，台湾本地茶商逐步崛起，且台湾茶业受洋商控制程度较低。

以李春生、郭春秧以及广东"十三行"中的潘振承、伍秉鉴等为代表的闽籍茶商，继承了儒商传统，坚持诚信为本、开放创新、乐善好施的经营理念，着力加强出口茶叶品质管理，积极探索茶叶品牌营销新方式，为闽台茶业拓展国际市场做出巨大贡献，其在经营中沉淀的茶商精神也成为闽商精神的重要组成部分。以山西榆次常氏兄弟等为代表的晋商，通过经营武夷山的下梅茶市，以及与下梅当地茶商邹氏家族合作，开拓从福建至俄国恰克图的"万里茶路"，令福建茶叶香飘异域。在此过程中，晋商摸索出一种基于"种植、收购、加工、运输、销售"全产业链整合的茶叶经营模式，为其主导中俄陆上茶路奠定坚实的管理基础。

清代中期以后，洋商成为中国商帮在国际市场上的竞争者与合作者。本书选取具有政府背景的英国东印度公司和私人企业宝顺洋行，通过分析以两个洋商为代表的两种茶叶经营方式，揭示洋商在闽台茶叶出口中的作用。英国东印度公司在清代洋商对华茶叶贸易中，曾经长期居于垄断地位，在茶叶贸易经营及与中国茶商互动中，形成了预测需求、常驻管理、预付货款、贸易份额、验茶师选任、港脚商合作、运输储藏等制度，获得高额茶叶利润。宝顺洋行是台湾茶业迈向国际市场的领航者，其崛起既和清政府外贸政策等宏观外部环境相关，也与其创办人约翰·杜德以及华商买办李春生在茶叶经营方面的才能分不开。宝顺洋行崛起后，台湾茶叶从产地、台北大稻埕茶市、厦门转口港，到美国消费市场，在各个产业链环节都形成洋商、华商互相竞争与合作格局，华商在与洋商的竞争与合作中，逐渐取代洋商而居主导地位。

本书内容分为十个部分。

绪论。主要有三个部分。一是介绍选题缘起，一方面是源于清代闽台茶叶出口贸易研究的重要意义和当代价值：茶业是中华民族特色产业，茶是国际贸易史上的关键商品，茶商经营的历史价值尚待挖掘，福建在茶业界地位特殊，闽台茶缘深远。另一方面源于本书作者是闽南人、居住在北京马连道国际茶城等独特的个人茶缘与浓厚的研究兴趣。二是文献回顾与学术综述，从闽台茶业史的总体性研究、贸易角度的闽台茶叶经济史研究、明清茶商与茶业发展史研究三个角度对国内外相关学术文献进行了梳理，提出要重视茶商在清代闽台茶叶出口贸易中的作用，突出本土茶商（华商）与外国茶商（洋商）在闽台茶叶出口中的竞争与合作，在研究中"见物亦见人"。三是本书的研究框架与方法，在框架中主要以"茶叶贸易路线—华洋茶商竞合关系—茶商经营与绩效—茶叶贸易的影响"为主线，探讨清代闽台茶叶贸易的兴衰起伏、产业运行与经营机理、背后成因及现实借鉴。

第一章，清代闽台茶业发展概况。该章通过茶叶产销方面的特征介绍清代闽台茶业发展概况，着重从茶叶技术创新、茶业劳动关系、茶政、茶商贸易网络方面，分析福建茶叶出口迅速发展的内在条件。该章落脚点在于，通过闽台地区茶叶产销（特别是产销组织）特点的比较，揭示福建茶叶在出口过程中受洋商控制程度比台湾要重。

第二章，闽商与清代福建茶叶出口贸易。该章主要阐述闽籍商人在推动闽茶海外贸易中起到的重要作用。说明闽南商人是武夷红茶外销的主要推动者；通过对潘振承、伍秉鉴、李春生、郭春秧四位知名茶商经营茶叶出口贸易的案例分析，概括出闽籍茶商经营中所体现的闽商精神和海商文化特征，及其与清代闽茶出口贸易的关系。

第三章，晋商与清代福建茶叶出口贸易。该章从三个角度阐释晋商与清代福建茶叶出口贸易的关系：首先，通过回顾中俄茶叶贸易的发展脉络，呈现晋商与俄商在竞争与合作中推动茶叶出口的事实，得出晋商是清代中俄陆上茶路国内主导茶商的结论；其次，通过晋商经营武夷山下梅茶市的案例分析，呈现山西茶商与福建茶商合作发展的产业图景；最后，从茶叶的采购、加工、运输、销售各个环节，对晋帮茶商茶叶经营模式和经营绩效进行微观分析，探寻晋商主导中俄茶路的经营管理能力基础。

第四章，洋商与清代闽台茶叶出口贸易。一是以英国东印度公司对华茶叶贸易为例，分析洋行与清代闽台地区乃至中国茶叶出口贸易的关系，考察英国东印度公司对华茶叶贸易的管理方式及茶叶运输问题。在对华茶叶贸易中，英国东印度公司主要采取了垄断性经营，其在发展过程中探索出了驻外管理、贸易份额、预付资金、契约采购等茶业经营方式和方法，使之获得高额利润。二是基于宝顺洋行的茶叶经营，探讨清代台湾茶叶出口如何在洋商与本土茶商的竞合经营中发展。宝顺洋行对台湾茶叶出口的作用主要体现在调查台湾茶业情况、引进福建茶师、改良台湾植茶技术和制茶工艺、贷款给茶农、以"台湾茶"品牌在国际市场进行营销、开设茶行等，当然，其成功与买办李春生的协助也分不开。

第五章，清代台湾岛内华洋茶商的经营。该章关注清代台湾岛内出口茶商的竞合格局及经营行为，以及台湾茶叶出口兴起背后的因素。清代台湾茶叶出口勃兴，与有丰富业茶经验的闽南人移民入台，19世纪60年代台湾开港通商形成淡水等贸易港，以及台北和厦门的产业金融机构支持等关系甚大。茶商在台经营的主要场所是台北大稻埕（尤其是贵德茶街），起初台湾茶叶出口由洋商主导，后来华商茶行逐渐加入，与洋商形成竞争与合作格局。

第六章，清代台湾茶叶出口运输中的茶商经营。19世纪的交通技术和通信技术的变革，改变了东西方茶叶贸易的方式。该章重点考察清代国际运茶工具的变迁，以及在此背景下，台湾茶叶在输往主要贸易对象——美国的路程上，茶商各种经营的费用、面临的问题和应对策略。在从茶园到大稻埕这段路程中，从运费和交通工具来看，华商比外商面临的问题少。台湾茶叶必须送到厦门再转口运到美国，在此过程中，华商和洋商都无须缴纳较多税金，经营费用不高。在海上运输工具方面，轮船公司以外籍公司为主，但因存在多家外籍轮船公司互相竞争，洋商无法通过控制茶叶海上运输以达到支配华商的目的。

第七章，清代台湾茶商在美国的经营。美国是台湾茶叶的主要消费市场，但台湾茶叶在美国市场上的占有率并非最高。在美国市场，台湾茶的主要竞争对手是日本，日本茶叶战胜中国茶叶，主要因为日本政府的大力支持、日本茶商注重出口竞争策略谋划以及日本茶生产成本较低。虽然茶叶是美国华人日常生活必需品，但在美国，华人不是台湾茶叶的主要消费者，东部的美国人才是台湾茶叶的消费主体，因此，美国人对华人的态度影响台湾茶业在美国的发展。19世纪70年代之后在美国陆续发生的排华运动，影响了台湾茶在美国的营销。所以，在美国茶叶市场，外商比华商占有较大优势。

第八章，清代外贸茶商经营的政治经济学思考。鸦片战争以后，中国茶叶的出口虽然仍能维持一个平稳而略有上升的局面，在19世纪70年代以前，上升势头还比较显著，但是，由于印度、锡兰以及日本茶叶的竞争和排挤，中国茶叶在国际市场上的地位发生了巨大变化。这一变化，在19世纪80年代中期以后越来越趋明显。中国茶叶在19世纪60年代后期，仍然主要销往英国，居第二位的是美国。进入70年代以后，输入英国的华茶，遭到印度、锡兰茶叶的排挤，进入美国的华茶，则遇到日本茶叶的竞争。从政治经济学角度辩证思考清代外贸茶商兴衰，既要看到和平贸易下民族企业家的成长和企业家精神的培育，也不可忽视茶业发展中资本主义的入侵和压迫剥削。

第九章，清代外贸茶商经营的国际宏观背景。透视茶业全球化，只研究外贸茶商经营，不对需求端（侧）进行分析和阐释是不全面的。消费观念变化推动消费社会形成，是茶等东方奢侈品在全球热销的宏观背景。清代全球茶叶消费和茶产业的蓬勃发展，与英国乃至欧洲的奢侈消费大讨论引起的消费社会兴起关系密切。奢侈消费大讨论最终促进了英国人消费观念的转变，推动了英国消费社会的形成；使英国人重新思考本国生产的消费品的特点，推动了消费品生产的创新；并且使奢侈成为18世纪政治经济学的主题之一，极大地丰富了当时的经济和社会理论。

目录

绪　论

一　选题缘起

本书以"清代闽台外贸茶商经营研究"作为研究选题，有以下几方面的原因。

一是闽南人对茶的熟悉与难忘的"乡情"。"民以食为天"，饮食是人类的基本需求，具有强烈的时代特征和鲜明的地方文化色彩。闽南人晨起的第一件事一般是泡茶喝茶，他们将茶叶称为"茶米"，将茶与米相提并论，称饮茶为吃茶，与吃饭摆在同等地位，说明茶在闽南人生活中的重要性，正如王安石所说的"茶为民用，等于米盐，不可一日以无"。闽南人爱茶历史悠久，"无茶不成礼"是闽南人基本的待客之道，闽南家家户户都有茶具，客人一来便是"吃茶吃茶"的招呼声。就算平时没有客人来，自己在家喝一泡好茶也是常事。闽南人已将喝茶当成一种享受，甚至有时会以品茶懂茶为一种荣耀，常常因得了一泡好茶而邀朋唤友一起品赏，朋友间的情谊在茶香飘荡的气氛里变得更为融洽。笔者是闽南人，老家漳州，从小就受茶香熏陶，走到哪里，总不忘茶香、茶乡与茶情。可以说，笔者比其他非闽南人对茶的了解应该更多一些。但俗知非真知，"知其然"很多时候不知"其所以然"。通过阅读相关文献，我才了解到闽南人不仅爱喝茶，更关键的是，明清以来闽南人对福建乃至中国茶产业的发展厥功至伟，这更激发了我研究中国茶的兴趣。在漫长的中国茶业史中，闽南人扮演何种角色？闽南人与茶产业之间如何相互作用与影响，其机理如何？除了闽南人，还有哪些人、哪些因素与中国茶业发展息息相关？这都需要系统地进行梳理与研究。

二是居住茶街的独特感受。攻读博士学位第二年，我调到北京工作，恰好家住在北京西城区马连道国际茶城旁边。每次逛街购物，我都要穿过长长的茶街。走在茶街中，放眼望去，尽是色彩斑斓的茶广告。随便进入一家茶店，都能闻到扑鼻的茶香。茶香的强烈刺激，引导我从学理角度思考茶的前世今生。茶街对茶产业发展起到什么作用？马连道茶街的历史轨迹如何，历史上有其他著名茶街吗？通过阅读文献，我了解到晚清时期，台北大稻埕有著名的贵德茶街，其对台湾茶叶出口的作用值得深入探究。住在茶城，我也认识不少福建茶商，在与这些老乡的交往中，我对茶的认识不断拓展和深化。这些都增添了我从历史学视角研究中国茶叶发展脉络的兴趣。

三是天福茗茶课题调研引发的思考。多年前，我曾随清华大学课题组，赴天福茗茶集团漳州总部进行调研。调研中，我除了品饮天福茶，品尝特色茶餐，还参观了高速公路观光茶园、天福茶博物院、天福茶学院。在感受茶产业价值链各环节的震撼与冲击之后，我还与集团创办人，被誉为华人"世界茶王"的李瑞河总裁进行深入交流，这使我对这位华人大茶商的经营理念、管理模式和传奇经历有了较全面和细致的理解，被茶商如茶味一般的回甘人生所折服，更加勾起我探索和解读史上大茶商的好奇。我希望通过博士学位论文以及长期的茶叶经济史研究弄清茶商与茶业的复杂关系，不同历史时期和不同地区茶商之异同，以及对当代茶业发展有何参考价值与镜鉴意义。

四是对区域经济史研究的偏好。本人本科、硕士研究生阶段所学专业都是政治经济学，在高校也从事了较长时间的政治经济学专业的教学工作，对经济学相对熟悉。考虑到原有的专业基础和知识结构，为了便于在写作过程中能较好地驾驭和把握，在日常关注研究和本书选题时，我都偏向于选择区域经济史方向。

中国经济具有地方性、区域性和世界性特征，如何从历史的角度把握这些特征是一个极为重要但同时又十分困难的问题。多年以来，经过许多学者的不懈努力，有很多研究成果问世。然而，这些研究大多是根据当时社会关注的焦点对个别问题所做的研究，对中国经济的地方性、区域性、世界性多方面要素进行综合性比较的研究较少。

据笔者粗浅的了解，史学界在区域经济史研究领域已有相当深厚的积淀，这为我书稿写作前的学习和参考奠定了良好基础。但也应指出，从笔者进行的文献搜索来看，相关数据库中从 20 世纪 80 年代至今的博、硕士学位论文中与"清代闽台外贸茶商经营"高度相关的仅有暨南大学的两篇硕士学位论文（详见下文学术史回顾）以及厦门大学与南京农业大学各一篇博士学位论文。其中，厦门大学肖坤冰的《茶叶的流动——闽北山区的物质、空间与历史叙事（1644—1949）》，是从人类学角度进行的研究。可以说，关于清代闽台外贸茶商经营的博、硕士学位论文及其专题研究还相当少，这也成为笔者研究的主要动力。

二　研究意义

当然，笔者选择这一题目，还出于以下研究意义。茶业是中华民族特色产业。茶在中国具有悠久的饮用历史，至近代已发展成为世界三大无酒精饮料之一。茶业史研究具有重要意义[①]：第一，考察茶的实用价值，"开门七件事，柴米油盐酱醋茶"，历史上，中国人将茶视为重要饮品，它有增强体质、提高抗病能力之功效；第二，考察茶的社会功能，中国人在社会礼仪与人际交往中，将饮茶作为一项重要风俗；第三，考察茶的精神意义，愉悦的精神享受已经使茶成为文人神往之对象。正如唐代茶诗所云"一碗喉吻润，两碗破孤闷，三碗搜枯肠，唯有文字五千卷；四碗发轻汗，平生不平事，尽向毛孔散；五碗肌骨清；六碗通仙灵；七碗吃不得也；唯觉两腋习习清风生"。因此，美国人威廉·乌克斯在其所著的被誉为世界三大茶书之一的《茶叶全书》中指出："茶，被称为'东方的恩赐'之物，是一种优雅而又温和的饮料，同时还是一种纯天然的、安全的兴奋剂，在世界范围内饮茶已成为人们一种主要的享乐方式之一。"[②]

茶也是国际贸易史上的重要商品。明清以降，中国加入全球化进程，茶叶也逐渐变成世界性商品，这对中国经济乃至世界经济都带来了深刻影响。甚至有人认为，茶叶是中外之间联系的重要纽带，在 18—20 世纪初西

---

① 刘章才：《十八世纪中英茶叶贸易及其对英国社会的影响》，博士学位论文，首都师范大学，2008。
② 〔美〕威廉·乌克斯：《茶叶全书》，依佳、刘涛、姜海蒂译，东方出版社，2011，封底。

方所寻求的中国商品中，茶叶一直处于重要地位。西方贸易商认为，"茶叶是上帝，在它面前其他东西都可以牺牲"。[1] 西方贸易商对茶叶所带来的巨额利润的渴求，使中国与西方的直接贸易达到前所未有的规模，也使西方对中国的商业扩张演化为武力征服。鸦片战争的爆发，即是西方在传统的白银换茶叶（中俄贸易则是皮毛换茶叶）无以为继的情况下，强迫中国接受鸦片而引起的。可以说，茶叶贸易引发的大规模中西交流与冲突改变了中国经济社会的发展进程，中国被迫卷入西方主导的国际政治、经济格局，开始痛苦的近代化历程。[2] 因此，研究茶叶贸易对理解明清以降的中国和世界具有重要意义。

茶商经营的历史价值有待深入挖掘。如果我们将一些商品视为是有"社会历史"的，或者认为它们在某种意义上是有"经历"的，那么以不同视角反观它们"经历"中的知识传播就很有意义。在前资本主义社会中，连接外部需求与内部生产者的是商人及其经营机构，他们为这个缺少联系的世界搭起了桥梁。这种以商人为中介连接生产者与消费者的模式贯穿中国茶业发展的历史脉络。

有人形容中国茶产业是"起了个大早，却赶了个晚集"。起得早，是因为茶业是中国传统产业；赶得晚，是因为中国茶产业到了近现代发展遭遇了瓶颈，在新兴茶叶种植国家如印度、斯里兰卡、肯尼亚等的强劲冲击下，日益黯淡。虽然经过改革开放40多年来的恢复发展，但却无法摆脱茶叶种植面积和产量多年位居全球第一，茶产业整体竞争实力仍然较弱的境况。据媒体报道，七万家中国茶企品牌的年利润还不及英国立顿一家。

作为产业中坚力量的茶商，其表现又如何呢？虽然说，中国茶产业之希望寄托在茶商身上，但茶商又是行业中身份尴尬的一个群体。在市场经济时代，茶业中存在着茶人与茶商之辩，有些人认为茶商铜臭味太重，因而将其排斥于茶人之外。在传统茶人的"道德审判"下，广大茶商虽然创造了大量产业价值，却没有获得与之相匹配的尊重。抛弃传统式的清高及

---

① Earl H. Pritchard, *The Crucial Years of Early Anglo-Chinese Relations: 1750–1800*, Washington, 1936.

② 仲伟民：《茶叶与鸦片：十九世纪经济全球化中的中国》，生活·读书·新知三联书店，2010，第1—28页。

对经商的偏见，茶商自身又该做些什么呢？我们以为，茶商应该在继承和发扬传统的茶道和茶商精神方面，再多下些功夫。

茶叶是中国百姓的日常消费品，茶商自古有之。白居易"商人重利轻别离，前月浮梁买茶去"中的"商人"说的就是茶商。到明清时期，茶业已经成为中国古代商品经济的代表产业之一。闻名天下的晋商、徽商和闽商，创造了茶叶经营的奇迹，不但将茶叶行销全国各地，还或漂洋过海，或穿越千里流沙、万里西伯利亚，将茶叶远销西欧诸国、日本、美国和俄国。茶叶与瓷器、丝绸等一起，使中国成为当时世界上最大的外贸出超国。中国古代茶商深受传统文化熏陶，信奉儒家义利之辨，坚持诚信第一，故能在古代信息与交通相当不便的条件下，以茶通天下。茶商是一个亦商亦儒的群体，也就是我们通常所说的儒商。古代的茶商，不论其是"学而优则商"（晋、徽、闽之商人自古就有读书经商的传统），还是出身于草根的白丁商人，都非常敬重知识和读书人，即使自己少时家贫读不起书，事业发达之后，也不忘延请名师尽力课子读书，儒商的香火就这样一代代延续。在这样的商业文化氛围内，茶商并不隔绝于茶道精神，故能大有作为。

然而，当代部分茶商没有继承这些优良传统，在经营中唯利是图，在某种程度上导致很多人认为茶商诚信不足。当代茶商如何从茶商经营历史中汲取管理智慧，为中华茶业复兴贡献心力，需要我们对明清以来中国茶业全球化进程中的茶商经营进行更深入、更系统的挖掘与梳理，为他们提供学理支持。

福建在中国茶业发展史上具有重要地位。世界茶叶看中国，中国茶叶看福建，原因有五方面。一是福建产茶历史悠久。福建产茶制茶始于晋代，发于唐、宋，兴于明、清，盛于当代。二是福建茶品类较为齐全。福建素有"茶树品种宝库"之称，是最适宜茶叶生产的地区之一。中国的绿茶、青茶（乌龙茶）、红茶、白茶、黑茶、黄茶六大茶类，以及再（深）加工的花茶、茶饮料、茶食品中，红茶、乌龙茶、白茶、花茶及茶食品等均发源于福建。三是闽茶产量大。2022 年，福建省茶叶产量 52.6 万吨，茶园面积 361 万亩，毛茶产量 52 万吨，茶叶全产业链产值超 1500 亿元，居全国第二位，仅次于云南。四是福建名茶品牌云集。福建武夷岩茶、铁观音、坦洋工夫茶、福鼎白茶、永春佛手茶、茉莉花茶等誉满海内外，尤其乌龙茶和白茶更是福建特有的优势茶类。2010 年上海世博会联合国馆举行"中国世博十大名茶"评选，安溪铁观音、武夷岩茶（大红袍）、福鼎白茶成功入选，占据三个席位，福建成为入选数量最多的省份。五是福建茶学大师、茶商荟萃。福建籍著名茶学大家有庄晚芳、陈椽、张天福等，他们为中国茶学界培养了一大批茶产业人才。清代"广东十三行"中的著名茶商潘启、伍秉鉴，台湾著名的大茶商李春生、陈朝骏、郭春秧、李瑞河等，其籍贯也皆是福建，他们为福建和台湾乃至中国茶叶走向世界市场做出了巨大贡献。

闽台茶缘是闽台五缘特别是地缘关系的生动体现。闽南工夫茶与台湾工夫茶一脉相承，都是闽南文化的重要组成部分。两地土壤、气候、茶树品种、制茶工艺、饮茶习惯、茶礼茶俗等都非常相似。台湾茶业的发展离不开福建，闽台茶产业有着深厚的历史渊源。台湾茶种源自福建，台湾茶产业在历史上曾是"学生"，但在技术学习和追赶中，台湾诞生了被称为"世界茶王"的李瑞河，其创办的天福茗茶集团是全球唯一一家茶业上市公司，连续几年入选大陆"台商 1000 大企业"，天福茗茶建设的天福茶学院、茶博物院、观光茶园、茶餐厅等成为全球华人茶业界争相学习的商业模式。

因此，有学者指出："能以一叶之轻，牵众生之口者，惟茶是也；能以一叶连接古今及未来，在海峡间架起金桥者，非茶莫属！闽台一水相连，茶叶同根同源。"① 打开中国地图，可以发现福建、台湾就像两片茶叶镶嵌在海峡两岸。当前，习近平总书记和党中央高度重视发挥福建在对台工作全局中的独特作用，将支持福建探索海峡两岸融合发展新路、建设两岸融合发展示范区作为"深化两岸融合发展、夯实和平统一基础"的重大举措。闽台茶产业的交流合作将不断深入，构建闽台茶经济区、建设茶叶共同市场将形成共识，两岸茶产业面临着大好机遇和广阔发展前景。

---

① 严利人：《瑞叶连古今 海峡架金桥——闽台地缘与茶缘关系研究》，《中国茶叶》2009 年第 4 期。

三　文献回顾与学术综述

（一）闽台茶业史的总体性研究

威廉·乌克斯在《茶叶全书》① 中从六个方面详细阐述了茶叶所涉及的各个领域，包括历史、技术、科学、商业、社会及艺术方面，是一部关于茶叶的百科全书。该书第三十二章"中国茶叶贸易史"，虽没有专门谈及清代福建茶叶贸易，但其中谈到的茶叶出口路线、茶叶主要出口对象国、著名茶商等，仍使笔者颇为受益；第三十九章"台湾的茶叶贸易"，对茶叶贸易协会、台湾主要出口茶商等进行讨论和介绍，对本书写作亦有启发。杜七红的《清代两湖茶业研究》②，从茶政与茶税、茶叶生产及营销、茶业的疲敝与整顿等方面，介绍了清代两湖地区茶业的发展，对我们进行地区比较研究很有帮助。仲伟民的《茶叶与鸦片：十九世纪经济全球化中的中国》③，从世界经济体系视野，研究了 19 世纪茶叶和鸦片贸易的盛衰变化。林齐模的《近代中国茶出口的衰落》④，通过分析中国茶叶的产销机制、国际茶叶市场的结构变化，重新审视了近代中国茶叶出口衰落的原因及其影响。这些研究为我们认识清代福建茶叶出口的时代背景和外部环境提供了更深入、更宏观的视角。

关于福建茶业史的总体性研究，专著成果以唐永基、魏德端合编的《福建之茶》⑤ 为代表，该书较早从茶叶生产、栽培、制造、运销等方面回顾了福建茶业的发展历史。美国学者罗伯特（Robert Gardella）1994 年所著 *Harvesting Mountains: Fujian and the China Tea Trade, 1757–1937*，⑥ 从区域研究角度考察了以福建为中心的产茶区从清代到民国 100 多年间茶产业发展的历史。罗伯特借鉴了施坚雅提倡的区域研究方法，但又不拘泥于施氏界定的东南沿海地区，而是注意根据福建地区茶叶贸易所联系和辐射的

---

① 〔美〕威廉·乌克斯：《茶叶全书》。

② 杜七红：《清代两湖茶业研究》，博士学位论文，武汉大学，2006。

③ 仲伟民：《茶叶与鸦片：十九世纪经济全球化中的中国》。

④ 林齐模：《近代中国茶叶出口的衰落》，博士学位论文，北京大学，2004。

⑤ 唐永基、魏德端：《福建之茶》，福建省政府统计处，1941。

⑥ Robert Gardella, *Harvesting Mountains: Fujian and the China Tea Trade, 1757–1937*. Auckland: University of California Press, 1994.

范围把台湾纳入其研究的区域。该文重点考察所谓的中国"分散的市场导向的"（decentralized market-directed）模式和英国在南亚应用的那种"有组织的市场协调的"（organizational market-negotiated）公司模式的区别，认为福建茶产业经济是"没有结构性改变的增长"（Extensive Growth without Structure Change）。这是中国茶叶不敌印度、锡兰以及日本茶叶的根本原因。还应指出的是，罗伯特运用了较为宏观的视野，将18世纪以来中国东南沿海的茶叶贸易置于资本主义世界体系中，旨在探讨中国的茶叶生产是怎样被传统地形塑的（traditionally structured）。他指出，中国18世纪晚期以后的商业实践在学术界产生了两种截然不同的自由乐观主义：一种强调强国对弱国经济的开发与剥削；另一种则否认外部贸易对幅员辽阔的、稳定的国内市场有多大影响。目前大部分学者赞成前一种观点，认为中国大量种植出口型作物，农村人口的生计受到国际市场的影响，中国农业为商业服务的特点体现了其半殖民地化的过程。对沿海的"财富码头"和广大农村也应区别看待，工厂、银行、商会等"现代性"的标志仅仅出现在小部分的港口城市，近代中国实际并存着两套混合的经济系统：一边是与世界贸易体系紧密联系的港口城市，一边是依然贫困的广大乡村。他还从人口、商业、社会环境、自然环境等角度分析了福建茶叶兴衰的原因，并将中国的分散经营与英属殖民地（印度、锡兰）公司制的集中生产进行了对比，核心关注点是世界贸易对中国的长时段的历史性影响。可以说，该文虽然是以福建地区为研究对象，但其视野之宽和对已有成果和资料的搜集与运用之全面，堪称当前关于近代中国茶叶经济研究的前沿之作。

其他关于福建茶业史的总体性研究散见于陈龙、陈陶然的《闽茶说》①，张水存的《中国乌龙茶》② 等著作中。当然严格来说，这些都不是专门的经济史著作。

台湾茶业的总体性研究主要有三个方面。一是台湾茶产业发展史的通论性研究。主要有范增平的《台湾茶业发展史》，该研究将台湾茶产业发展依时间分成五个阶段：起源、清代的发展、日据时期、光复后与20世纪

---

① 陈龙、陈陶然：《闽茶说》，福建人民出版社，2006。
② 张水存：《中国乌龙茶》，厦门大学出版社，2000。

80 年代的转型。①

二是特定时期的台湾茶产业研究。主要有林满红的《茶、糖、樟脑业与台湾之社会经济变迁（1860—1895）》②，该书通过对台湾茶、糖、樟脑的产销情形进行研究，分析 1860—1895 年台湾社会在西方经济力量进入后所发生的变迁，揭示了该时期整个台湾经济的变迁与发展。

三是台湾茶叶外销史研究。台湾区茶输出业同业公会出版的《台茶输出百年简史》③，对于台湾茶产业的发展与各种茶的外销兴衰、市场变化进行了非常简洁扼要的说明，是了解台茶外销情形的重要文献；姜道章的《台湾茶业贸易史》④ 主要研究清末至 1960 年间台湾各茶种外销量、销售额及市场的演变。另外还有就特定时期的特定外销市场进行的研究，如许贤瑶的《台湾茶在中国东北的发展（1932—1944）》⑤、林满红的《印度尼西亚华商、台商与日本政府之间：台茶东南亚贸易网络的拓展（1895—1919）》⑥，分别探讨台茶开拓与发展这些特定市场的情形。

（二）贸易角度的中国及福建茶叶经济史研究

关于中国茶叶出口贸易的起始时间问题，孙振玉、梁艳在《中国茶文化的形成及其对外传播》⑦ 一文中列出学术界尚存争论的两种看法：一种认为茶叶是汉朝时通过丝绸之路，经西亚最终到达欧洲；另一种认为是南北朝时中国商人在边境与西亚商人之间以茶易货的小型交易。陶德臣在《简论中国古代茶叶对外贸易的特点》一文中引述民国出版的《茶叶产销》的内容说："五世纪后期，土耳其人至蒙古边境，以物易茶，首肇其端。"⑧

---

① 范增平：《台湾茶业发展史》，台北市茶商业同业公会编，1992。

② 林满红：《茶、糖、樟脑业与台湾之社会经济变迁（1860—1895）》，台北：联经出版事业公司，1997。

③ 台湾区茶输出业同业公会编《台茶输出百年简史》，台湾区茶输出业同业公会，1965。

④ 姜道章：《台湾茶业贸易史》，台湾《大陆杂志》第 20 卷第 12 期，1960 年。

⑤ 许贤瑶：《台湾茶在中国东北的发展（1932—1944）》，载黄富三、翁佳音主编《台湾商业传统论文集》，台北："中央研究院"台湾史研究所筹备处，1999，第 269—296 页。

⑥ 林满红：《印度尼西亚华商、台商与日本政府之间：台茶东南亚贸易网络的拓展（1895—1919）》，载汤熙勇主编《中国海洋发展史论文集》第七辑，台北："中央研究院"中山人文社会科学研究所，1999，第 585—636 页。

⑦ 孙振玉、梁艳：《中国茶文化的形成及其对外传播》，《中国茶叶》1995 年第 5 期。

⑧ 陶德臣：《简论中国古代茶叶对外贸易的特点》，《茶业通报》2007 年第 2 期。

为中国茶叶出口贸易始自南北朝时期提供了论据。笔者认为，无论是汉代还是南北朝，这些时期的茶叶出口贸易都还处在起始阶段，以茶易物为主，尚未形成大的商业买卖关系。

中国茶叶出口贸易蓬勃发展，是明清时期才发生的。自 17 世纪初，荷兰人从澳门把茶叶运至欧洲，掀起欧洲社会各界的饮茶之风以后，茶叶便源源不断地输往欧洲各国，继而由欧洲移民带到美洲大陆，中国茶叶出口贸易由此进入高速发展阶段。学术界有关这一阶段的研究成果较多，张稚秀、孙云的《西方茶文化溯源》① 对茶叶西行的历史背景、线路、贸易均有概括；李荣林的《茶叶传欧史话》详细介绍了茶叶传入荷、法、英、俄等国的背景和发展情况。② 另外还有零星关于该时期陆路茶叶贸易的研究成果，如庄国土的《从闽北到莫斯科的陆上茶叶之路——19 世纪中叶前中俄茶叶贸易研究》③、齐运东的《试论清代中俄茶叶贸易》④ 等。

随着清末爪哇、印度、斯里兰卡等地植茶、制茶试验的成功，中国不再是唯一拥有茶叶的国家，中国垄断两百年的茶叶出口贸易也在与其他国家的竞争中逐渐衰落。陶德臣在相关方面做了很多研究，如《印度茶业的崛起及对中国茶业的影响与打击——19 世纪末至 20 世纪上半叶》⑤、《英属锡兰茶业经济的崛起及其对中国茶产业的影响与打击》⑥ 以及《荷属印度尼西亚茶产述论》⑦ 等，对本书的写作均有启发。

刘馨秋的《清代粤港澳茶叶出口贸易研究》一文以清代广州、香港、澳门的茶叶出口贸易为研究对象，明确了澳门和香港在清代茶叶出口贸易中所处的重要地位和起到的积极作用，揭示了清代粤港澳茶叶出口贸易对

---

① 张稚秀、孙云：《西方茶文化溯源》，《农业考古》2004 年第 2 期。
② 李荣林：《茶叶传欧史话》，《福建茶叶》2001 年第 3 期。
③ 庄国土：《从闽北到莫斯科的陆上茶叶之路——19 世纪中叶前中俄茶叶贸易研究》，《厦门大学学报》（哲学社会科学版）2001 年第 2 期。
④ 齐运东：《试论清代中俄茶叶贸易》，《中国茶叶》2006 年第 6 期。
⑤ 陶德臣：《印度茶业的崛起及对中国茶业的影响与打击——19 世纪末至 20 世纪上半叶》，《中国农史》2007 年第 1 期。
⑥ 陶德臣：《英属锡兰茶业经济的崛起及其对中国茶产业的影响与打击》，《中国社会经济史研究》2008 年第 4 期。
⑦ 陶德臣：《荷属印度尼西亚茶产述论》，《农业考古》1996 年第 2 期。

中国以及世界茶产业、茶文化发展所带来的深远影响。① 该文对我们了解粤港澳在清代福建茶叶出口中发挥的作用具有很大的帮助。李华云的《闽茶的广州港外销（1757—1842）》，对一口通商时期外销闽茶自国内流通至出口的全过程进行论述，包括外销闽茶国内流通形式、路线，十三行在这一流通过程中起到的作用，西方国家购买闽茶的情况等，同时，结合对外销闽茶经由广州出口的数量、成本、价格、税率等数据所进行的统计、分析，再现一口通商制度下闽茶外销的特点：畸形的广州制度割裂了港口与腹地间的联系，闽茶不能自就近海港出口，而必须远距离贩运到广州再出口，艰辛的国内转运及烦琐的程序大大限制了闽茶的外销规模，使之未能利用全球海洋贸易大发展的机遇得到相应的发展。一口通商制度不仅使闽茶外销陷入低谷，亦对国内产茶区与广州港产生重大影响。② 颜丽金的《清代福建茶叶外销与地区经济发展的互动关系研究》，概述各个时期福建外销茶叶的主要品种、产地及其外销情况，通过分析清代福建地区的经济条件对福建茶叶外销的作用和影响以及福建外销在外销市场中的比重变化，研究国际茶叶市场对福建外销茶叶的作用和影响，进一步探讨福建茶叶外销的兴起、发展及走向衰落过程，对地区经济的发展有什么作用和影响，指出清代福建茶叶外销对区域经济发展所起的互动作用，主要表现在：福建外销茶在外销市场中的比重变化对内地产茶区植茶面积、对沿海地区贸易发展等方面的影响。③ 这三篇博、硕士学位论文，与本书的研究关系更加紧密，为本书的研究提供了翔实的资料基础，但他们又仅从闽茶的水上外销路线进行探讨，对陆上茶叶之路则没有涉及，庄国土等学者的研究弥补了这方面的不足。

庄国土在《鸦片战争前福建外销茶叶生产和营销及对当地社会经济的影响》④《从闽北到莫斯科的陆上茶叶之路——19世纪中叶前中俄茶叶贸

---

① 刘馨秋：《清代粤港澳茶叶出口贸易研究》，博士学位论文，南京农业大学，2010。
② 李华云：《闽茶的广州港外销（1757—1842）》，硕士学位论文，暨南大学，2008。
③ 颜丽金：《清代福建茶叶外销与地区经济发展的互动关系研究》，硕士学位论文，暨南大学，2004 年。
④ 庄国土：《鸦片战争前福建外销茶叶生产和营销及对当地社会经济的影响》，《中国史研究》1999 年第 3 期。

易研究》①《茶叶、白银和鸦片：1750—1840 年中西贸易结构》② 等文中，从陆上茶叶之路的角度关注探讨闽北外销茶生产、营销及其对当地社会经济的影响。

庄国土分别对"以皮毛换茶叶"的中俄茶叶贸易和"以白银换茶叶"的中西茶叶贸易进行了较为深入的研究。前者通过对从闽北到俄罗斯的万里茶路上的贸易兴衰进行研究，探讨了 19 世纪以前中俄关系对茶叶贸易的影响。在研究中，庄国土特别关注了以武夷山为起点的中俄陆上茶叶贸易中的晋商这一群体，指出了国家外交与茶叶贸易之间存在"国势弱、商势弱"的利害关系。后者则从"白银资本"导致的中西传统贸易失衡的角度，讨论了鸦片战争爆发的经济原因，以及在这一过程中茶叶、白银和鸦片三者之间的关系。他指出，白银短缺和中国政府厉行鸦片查禁，使 18 世纪以来的西方以白银、棉花、胡椒等交换中国的茶、丝、瓷器等的传统中西贸易结构失去平衡，难以为继，西人随即诉诸武力，导致鸦片战争的爆发。鸦片战争使西方国家得以用武力重组中西贸易结构，迫使中国接受鸦片。庄国土的研究从宏观的角度将茶叶贸易置于近代国际关系之中进行分析。而林立强在《茶叶·福音·传教——十九世纪来华传教士卢公明弃教从商个案研究》③、《西方传教士与十九世纪福州的茶叶贸易》④，则从较为微观的角度察觉到了传教士这一 18 世纪以来活跃于沿海地区的特殊人群在茶叶贸易中的特殊作用。他通过对 19 世纪来华传教士卢公明弃教从商的个案研究，讨论了茶叶与"福音传播"之间的隐喻关系。林立强认为，茶叶贸易所带来的福州商业环境的巨大变化，是导致很多传教士的传教活动"由衰及盛"，又"由盛及弃"的重要原因之一。"茶叶"与"福音"这两个毫不相干、意思完全不同的名词通过"传教士"这个桥梁紧紧地联系起来了。陶德臣以福建省的外销茶为主要考察对象，对近代中国茶叶市场结构进行

① 庄国土：《从闽北到莫斯科的陆上茶叶之路——19 世纪中叶前中俄茶叶贸易研究》，《厦门大学学报》（哲学社会科学版）2001 年第 2 期。
② 庄国土：《茶叶、白银和鸦片：1750—1840 年中西贸易结构》，《中国经济史研究》1995 年第 3 期。
③ 林立强：《茶叶·福音·传教——十九世纪来华传教士卢公明弃教从商个案研究》，《福建师范大学学报》（哲学社会科学版）2005 年第 5 期。
④ 林立强：《西方传教士与十九世纪福州的茶叶贸易》，《世界宗教研究》2005 年第 4 期。

了解剖分析。他将近代中国茶叶市场分为内销市场和外销市场,并进一步将外销市场分为以产区为中心的茶叶初级市场、以茶埠为中心的周转中心市场和茶叶承销市场三个层次,考察了晚清至民国的中国茶叶市场的内部组织,即茶农、水客(包括茶贩、掮客)、洋庄茶号(通过茶栈交易)、茶栈(通过买办洽谈)和洋行。

　　具体到对闽北地区茶叶产制及运销的研究,上述的研究虽然也都有所提及,但仍然比较笼统。作为近代福建省最早对外运销茶叶的地区,不少学者都对闽北山区的茶叶运销进行了专门的研究。戴一峰所著《区域性经济发展与社会变迁——以近代福建地区为中心》中的"闽江流域经济开发与环境变迁"一章对近代闽北山区的初级市场尤其是茶叶、纸业和木材业市场都有较为详细的论述。他通过对清代《闽产录异》《临汀汇考》中的有关记载与《支那省别全志》"福建省卷"中所载清末民初日本人在上游山区的调查记录,以及民国时期的《福建茶业丛书》《福建之茶》等书所载调查相比较,指出整个近代闽江上游山区的种茶、制茶在生产工具与生产技术上几乎没有什么大的改进或变革。尽管在海外市场的刺激下,茶业一度发展极盛,但这种发展主要表现为面的扩张与量的增加,其生产水平则基本停滞于封建时代的小商品生产阶段。带有资本主义性质的商品生产,为数尚少,发展甚缓。其原因主要是近代闽江上游山区的商品经济受制于传统封建因素,外国资本主义经济侵略以及流域内落后的交通条件。① 陶德臣对武夷茶有较为持久的关注,其发表的一系列论文涉及武夷茶的起源、分类,茶叶的生产制作过程,奇特的组织管理制度以及包装,运销环节等各个方面。陶德臣注意到了由于武夷茶的利润驱使,山中的僧侣道士囤积茶叶抬高卖价,还有流动人口在武夷山的茶叶产制中的重要作用,对武夷岩茶生产中的"包头制"也有很详细的介绍。民国时期林馥泉所著的调查报告《武夷茶叶之生产制造及运销》也是研究武夷茶史的重要资料。

　　对福州茶市做过专门研究的还有:程镇芳的《鸦片战争与福州茶港的

---

　　① 　戴一峰:《区域性经济发展与社会变迁——以近代福建地区为中心》,岳麓书社,2004。

兴起》;① 姜修宪的《制度变迁与中国近代茶叶对外贸易——基于福州港的个案考察》;② 刘锡涛、黄廷的《初探近代闽江茶叶贸易对福州港兴衰的影响》③ 等。(还有一些文章虽然也涉及福州茶市,但都不是对其所做的专门研究,所以这里不再引述)

以上研究都是针对福建茶叶出口的某个方面展开,缺乏系统梳理与整合,特别是对台湾和厦门在福建茶叶出口中起到的作用重视不够。张应龙在《略论鸦片战争后福建的外销茶贸易》一文中指出,在鸦片战争前,福建茶叶就大量输往国外,主要通过广州经海路出口到欧美各国,或者从陆路运往恰克图卖给俄国。鸦片战争后,厦门与福州的开埠使福建茶叶出口发生重大的变化,福建茶叶从此直接从本地输往世界各地,从而掀起了出口茶叶的高潮。在福建茶叶贸易的带动下,与福建隔海相望的台湾也兴起茶叶种植与贸易的热潮,并被纳入以厦门为中心的闽南茶叶贸易圈。④

当然,上述文献侧重于从贸易(流通或需求)角度,对福建某个时期或局部地区的茶产业发展进行探讨,较少从茶产业技术演进(生产或供给)角度进行研究。

(三) 明清茶商与茶业发展史研究

目前从经济史角度进行的茶商研究,一方面,主要是运用制度经济学方法考察和分析茶商的经营方式与经营绩效,如刘建生、吴丽敏在《试析清代晋帮茶商经营方式、利润和绩效》中,通过对晋商经营茶业各个环节的分析,发现:其一,在鸦片战争前,晋商努力寻找内部制度的改进形式(如在茶叶采购中契约形式的变迁及运输中契约形式的选择),通过降低交易费用,改变企业运行中的相对成本,提高了经济绩效;其二,由于后期外部环境的改变,晋商在经营中的绝对成本大大高于与之竞争的俄商的经

① 程镇芳:《鸦片战争与福州茶港的兴起》,《福建论坛》(文史哲版) 1985 年第 6 期。
② 姜修宪:《制度变迁与中国近代茶叶对外贸易——基于福州港的个案考察》,《中国社会经济史研究》2008 年第 2 期。
③ 刘锡涛、黄廷:《初探近代闽江茶叶贸易对福州港兴衰的影响》,《茶叶科学技术》2009 年第 2 期。
④ 张应龙:《略论鸦片战争后福建的外销茶贸易》,《饮食文化研究》2006 年第 2 期。

营成本，加上晋帮茶商在内部制度的缺陷与在外部环境中所处的不利地位，共同导致了他们走向衰亡的结局；其三，在比较晋商与俄商的经营制度之后，可大体得出晋商的经营制度是一种效率相对较低的制度这一结论，但其在经营前期运转良好，可见外部制度环境对经济组织的经营绩效有着不容忽视的作用与影响。[①]

另一方面，有些学者侧重揭示茶商与区域经济社会发展的关系，如《明清徽商与茶叶市场》[②]、《民国时期上海徽州茶商与社会变迁》[③] 等。仅有《清代晋帮茶商与湖南安化茶产业发展》专门论述茶商与茶业发展，[④]此文从晋商整体的视角来研究茶商与茶业发展的关系，但缺乏具体的案例支撑，使分析显得过于笼统和简单。而且，闽台茶商与晋帮、徽帮茶商有很大区别，闽台茶商主要是闽南海商或受海商文化熏陶的闽商，且闽台茶商主要是推动闽台茶叶进入国际市场，与前述面向国内市场的茶商所面临的市场风险及所需的经营能力有很大的不同。因此，现有的对本领域的研究可以为本书的写作提供方法借鉴，但很难提供内容支持。

综上所述，现有文献从各个侧面对清代闽台茶叶出口进行了研究，为我们提供了一定的研究基础。但既有研究的系统性和整合性仍显不足，对茶业发展中的市场主体——茶商等没有给予应有的重视和强调，也忽略了台湾在福建茶叶出口中发挥的作用。本书的研究尝试弥补这几方面的短板。

四 研究框架与方法

本书研究框架如图 0-1 所示：

明清以来，商人在茶、纺织、瓷器等商品的长途贩运过程中，渐渐形成一种群体性行为，出现了以地域、血缘、业缘等为纽带的商人团体即商帮。由于区域文化的差异，不同商帮虽然都继承了中国古代的儒商传统，

---

① 刘建生、吴丽敏：《试析清代晋帮茶商经营方式、利润和绩效》，《中国经济史研究》2004年第 3 期。

② 秦宗财、王艳红：《明清徽商与茶叶市场》，《安徽师范大学学报》（人文社会科学版）2006 年第 4 期。

③ 刘芳正：《民国时期上海徽州茶商与社会变迁》，硕士学位论文，上海师范大学，2009。

④ 梁四宝、吴丽敏：《清代晋帮茶商与湖南安化茶产业发展》，《中国经济史研究》2005 年第 2 期。

```
                        ┌────────┐
                        │  绪论   │
                        └────────┘
                            │
                   ┌──────────────────┐
                   │ 清代闽台茶业发展概况 │
                   └──────────────────┘
                            │
                 ┌──────────────────┐
                 │ 茶商与清代福建茶叶出口 │
                 └──────────────────┘
          ┌────────┐   │          ┌──────┐  ┌──────┐
          │ 闽籍茶商 │              │ 晋商  │  │ 洋商  │
          └────────┘              └──────┘  └──────┘
                            │
                 ┌──────────────────┐
                 │ 茶商与清代台湾茶叶出口 │
                 └──────────────────┘
   ┌──────────────┐ ┌──────────────┐ ┌──────────────┐
   │台湾岛内华洋茶商 │ │茶叶出口运输中  │ │华商在美国的茶 │
   │的竞争与合作    │ │的华洋竞争     │ │叶经营         │
   └──────────────┘ └──────────────┘ └──────────────┘
```

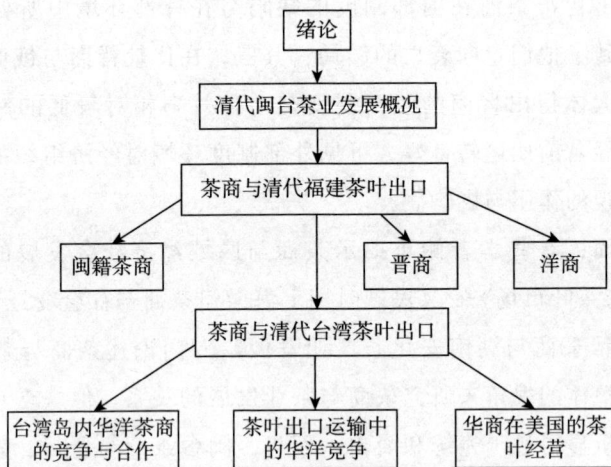

图 0-1　本书研究框架

但因经营不同商品以及所处不同地域特点仍显现出差别。本书将重点探讨清代闽台地区茶叶出口过程中，闽籍茶商（包括广东十三行中的闽籍行商、福建茶商、台湾闽籍茶商）、晋商、洋商各自发挥的作用及其经营方式和绩效，增进学界对茶商的重视，努力实现茶业史研究中的"见物亦见人"。

此外，本书行文中有两点要特别说明一下：

1. 关于"清代闽台地区"的说明

在清代，虽然台湾在行政上曾经有一段时间是隶属于福建的一个府，军事上，台湾镇是福建水师五镇之一，但本书中的闽台地区是指地理学意义上的福建与台湾。具体来说，本书中关于清代闽台地区的含义，与黄国盛在《清代闽台"三通"与两岸经济互动研究》①、卢建一在《试论清代闽台区域一体化的形成》②、盖建民在《从〈庄林续道藏〉看清代闽台道教关系》③ 等研究中所用的"闽台"含义是相似的。

2. 关于计量和计价单位的说明

本书中出现的计量单位主要有担、磅、公斤等，在中国的茶叶量主要

---

① 黄国盛：《清代闽台"三通"与两岸经济互动研究》，海风出版社，2010。
② 卢建一：《试论清代闽台区域一体化的形成》，《东南学术》2004 年第 2 期。
③ 盖建民：《从〈庄林续道藏〉看清代闽台道教关系》，《世界宗教研究》2010 年第 1 期。

以"担"为单位，输出至英、俄、美等国的茶叶量则一般以"磅"为单位。1 担 = 110.23113109244 磅；1 磅 = 0.45359237 公斤；1 担 = 50 公斤。

本书中出现的价格单位主要有银元、海关两、日圆（元）、卢布、戈比、仙、先令等。

在 1933 年南京国民政府财政部宣布废"两"改"元"之前，近代中国的货币制度，一直处于银元、银两并行的状态。不仅有元和两之分，还有实银两与虚银两之别。前者指实际流通的白银，如银锭，其重量和成色，各地不一。后者是一种记账货币，计值单位库平银、关平银等即是虚银两。库平，是清政府征收赋税时，出纳银两所用的衡量标准。清政府的国家预算，用库平计算。关平，是海关收税时，出纳银两所用的衡量标准，较库平大，1 海关两 = 1.0164 库平两。海关统计上的计量是用"海关两"作为计算单位，一般银两和海关两的换算为 1 海关两 = 1.545 中国银元。1865 年至 1895 年中国银元和铜钱的换算大概是 1 块银元 = 1100—1200 文。[①] 中国的银元通常以墨西哥银元作为标准银元。

日据初期日本殖民者调查台湾的经济商业情况时，是以日圆（元）作为计量单位。1897 年兑款的情况是，日本银币 1 圆 = 墨西哥银元 1 圆 = 中国清朝 1040 文。[②] 日本的银圆约略等于中国银元。在当时日本币值中，钱和圆的换算是 1 圆 = 100 钱。

本书中谈到茶叶出口俄国、美国时，1 卢布 = 100 戈比；纽约茶叶交易中所使用的货币名称是"弗"和"仙"。"弗"是英文中的 dollar，"仙"是 cent，1 弗 = 100 仙。[③]

---

① 王世庆：《十九世纪中后期台湾北中部银钱比价变动续探（1839—1895）》，《中国海洋发展史论文集》第八辑，台北："中央研究院"中山人文科学研究所，2002，第 48 页。

② 颜义芳编《台湾总督府公文类纂殖产史料汇编（明治 28 年至明治 35 年）》，南投：台湾省文献委员会，2002，第 109 页。

③ 外务省通商局编『通商彙纂』不二出版、1989、428 页。

第一章
清代闽台茶业发展概况

清代中国茶业发展水平较高，茶叶产区面积最大时包括四川、陕西、湖北、云南、广西、贵州、湖南、广东、福建、江西、浙江、江苏、安徽、河南、山东、河北、山西、辽宁等18个省。清代茶树栽培技术也取得较大进展，从较为原始的种子直播方式转变为茶树插枝等更加科学的无性繁殖方式。施肥、除草、防冻、除虫等茶园管理方面的技术也较为成熟，台刈、覆草等方法沿用至今。在茶叶加工方面，绿茶、红茶、黑茶、青茶、白茶、黄茶六大基本茶类已经形成，花茶窨制方法也趋于成熟。在国内贸易与边茶贸易继续发展的基础上，海上茶叶出口贸易扩张迅速，中国茶成为全球性饮料舞台上的主角。在这一过程中，福建与台湾，因自身较好的产业基础和内在条件，在清代茶叶出口贸易中占有重要地位。

第一节　清代福建茶业发展概况

福建是红茶、乌龙茶、白茶和花茶的发源地，也是台湾与东南亚茶业的起源地。作为福建的优势与特色产业，福建茶产业发展历史悠久。晋代福建已有产茶，在唐代获得一定的发展。宋元以降，福建茶产业获得进一步发展，成为中国主要产茶区之一，并逐渐形成闽北、闽东、闽南和闽中各具特色的茶区格局和产业布局。

一　清代福建茶叶产区

唐代陆羽《茶经·八之出》载："（茶）岭南生福州、建州、韶州、象州。其思、播、费、夷、鄂、袁、吉、服、建、韶、象十一州未详，往往得之，其味极佳。"① 可见以今福州、建阳为中心的茶产，当时就很有名。"武夷茶""方山露芽"在唐代时被视为珍品，后者还被用来进贡。② 宋代，凤凰山麓北苑贡焙闻名遐迩，龙凤团茶精巧绝伦，甚为珍贵，据史料记载，当时"茶之品，莫贵于龙凤，谓之小团……重一斤，其价直金二两。然金可有，而茶不可得"。③ 可见当时龙凤茶的稀缺与珍贵。据刊行于明代的《八闽通志》记载："（福州）诸县皆有之，闽之方山、鼓山、侯官二水西、怀安之凤冈尤盛。……（建宁）八县皆出，而龙凤、武夷二山所出尤号绝品……（邵武）光泽、泰宁二县为多。"④ 同时，明代《闽书》中又载："宋时，建州之茶名天下，以建安北苑为第一，而今武夷贵矣。"⑤ 由此可推测，明代北苑茶已衰败，武夷茶代之而起。

清初，福建闽北茶叶生产基本上保持明代水准，但就省一级生产状况来说，福建又远逊于全国先进地区。经过数十年的努力与发展，到18世纪30年代后，闽茶生产规模很大进步，福建跨入产茶大省行列。武夷山九十九岩，岩岩有茶。周亮工云："武夷、紫帽、龙山，皆产茶。"但做工欠佳，"僧拙于焙"，用途不广，以至"前朝不贵闽茶，即贡者亦只备宫中洗灌欧盏之需"。⑥ 为改变此种情况，崇安县令聘黄山僧以松萝法制之，声名大振，武夷茶成为与松萝茶并驾齐驱的名茶，⑦"享天下之盛名"，⑧ 崇安也成为武夷茶的生产中心。"山中土气益茶，环九曲之内，不下数百家，皆以种茶为业，岁所产数十万斤，水浮路转，餐之四方，而夷茗甲于海内矣。"⑨ 山中茶园，大多为外来僧侣占据，所谓寺僧"多晋江人，以茶坪为业，每寺订泉州人为茶师"。⑩ 当时武夷山产茶区面积非常广阔，"周围一百二十

---

① （唐）陆羽：《茶经》卷下《八之出》，宋一明译注，上海古籍出版社，2009，第125页。
② （唐）李肇：《唐国史补》，卷下"民俗贵茶"，上海古籍出版社，1979，第2页。
③ （宋）熊蕃：《宣和北苑贡茶录》，中华书局，1991，第10—11页。
④ 《八闽通志》卷二五《食货·土产》，福建人民出版社，1989。
⑤ 《闽书》卷一五〇，《南产志·茶》，福建人民出版社，1995，第4450页。
⑥ （清）周亮工：《闽小记》，《闽茶》，台北：成文出版社，1975，第14—19页。
⑦ （清）周亮工：《闽小记》，《闽茶》，第14—19页。
⑧ （清）袁枚：《随园食单·茶酒单·武夷茶》，江苏古籍出版社，2002，第81页。
⑨ 嘉庆《崇安县志》卷二《物产》，抄本，第40页。
⑩ （清）郭柏苍：《闽产录异》卷一《货属·茶》，胡枫泽校点，岳麓书社，1986，第50页。

里，皆可种茶"，① 其"崇（安县）、建（宁府）、泉（州府）随地皆产"，只不过"唯武夷为最"，其中又以"岩为上品"。② 种茶业发展迅速，至乾隆时，整个武夷山区茶田"迩来开垦栽种，环山前后，无寸土空间适"。③

鸦片战争前，武夷茶的种植遍及福建七府州。包括建宁府的崇安、建阳、瓯宁、浦城、政和，延平府的沙县，福州府的连江，以及邵武府、台湾府。其中以建宁府的崇安、建阳、瓯宁三县所产茶最多。总之，仅就产地来看，在鸦片战争前，武夷茶生产规模已是相当大了。

鸦片战争后，发酵茶的制法引进安徽、浙江等省，各省各地的茶叶都打出自己的牌号，不再以武夷茶之名出口。但这时福建仍是中国外销发酵茶的主要产地。

这一时期，闽东红茶区逐渐形成。1853 年，太平天国战争波及闽北建宁府、邵武府，导致茶商大量东移。部分茶商赴闽东开辟新茶园，数年间，闽东茶业便成为全省之冠，产量和质量皆超越闽北，并创立"坦洋工夫"和"白琳工夫"两个著名品牌。

至 19 世纪 70—80 年代，福建茶业蓬勃发展，卞宝第所著《闽峤辀轩录》指出，当时福建产茶县包括霞浦、福鼎、福安、宁德、安溪、大田、南平、沙县、永安、建安、瓯宁、建阳、崇安、浦城、政和、松溪、邵武、光泽、采宁、建宁等二十个县，覆盖建宁府、邵武府、延平府、泉州府、福宁府、永春州等六府州地区。④

从闽省方志中可见当时各地产茶之盛，如将乐县茶"城乡皆有"，⑤ 屏南"茶山皆有，或似武夷，或似松萝。唯产于岩头云雾中者佳"。⑥ 关于闽省各地种茶状况，大多地区方志均有记载，此不赘述。卞宝第《闽峤辀轩

① 《武夷九曲志》卷一六《物产考·茶》，康熙五十七年刻本，收录于《四库全书存目丛书》《史部·地理类》，齐鲁书社，1996。
② 乾隆《武夷山志》卷一九《物产·艺属·茶》，乾隆十六年修，道光二十五年重刊本，台北：成文出版社，1974。
③ 何瀚《九曲棹游赋》，乾隆《福建续志》卷八七《艺文》。
④ （清）卞宝第：《闽峤辀轩录》，清光绪刻本。
⑤ 乾隆《将乐县志》卷五《土产》，乾隆五年刻本。
⑥ 乾隆《屏南县志》卷七《物产》，乾隆三十年刻本。

录》中记载：

> 霞浦县……物产茶。福鼎县……物产茶，白琳地方为茶商聚集
> 处。宁德县……物产茶、纸、粗磁。安溪县……物产茶、杉、松、
> 桐、竹。大田县……物产茶。南平县……邑治山多田少……物产茶，
> 大利所在，泉、永、汀、广之人，春来秋去，往返经商。沙县……黄
> 山、莲花山、幼山皆在西北，三路通归化……山皆种茶，商民辐
> 辏……大溪，一名沙溪，又名太史溪，由永安入境，物产茶。土著不
> 善栽植，山地皆租与汀、广、泉、永之人，并有山旁沃壤弃而出租
> 者。轻本重末，大妨农业。由是客民众多，棚厂联络。又有琅口地
> 方，茶商所聚，汀兴等郡，远来觅食者，实繁有徒，奸匪潜滋，抢夺
> 蜂起，此产茶之利，亦产茶之害也。永安县……田土瘠薄，产米不敷
> 民食，赖宁化、归化贩运接济。物产茶、贡川纸、笋干、香菇、槟桐
> 木。建安县……物产茶。瓯宁县……物产茶、苎布、瓦器。建阳
> 县……物产茶、纸、苎布。崇安县……物产茶、纸、蜜。政和县……
> 物产茶、苎。松溪县……物产茶。邵武县……物产茶、笋、竹、纸、
> 香菇、竹鼠。光泽县……物产茶。泰宁县……物产茶、苎布。建宁
> 县……物产茶、葛、磁器、杉木。①

　　从这段文字中可以看出，随着茶叶生产比重的增加，茶叶生产的发展甚至排挤了稻米等粮食作物和森林植被以及桑蚕等的地盘，由于"茶与稻相较，是茶利厚于稻多矣，故种稻皆改种茶"，乃至造成了"建属七邑，向种之稻，本不敷食，仍借他方运来"。② 同时还应注意到，茶叶的生产还吸引了大量本地和外地的劳动力。

　　由上可见，鸦片战争前武夷山区茶叶生产已十分兴盛，并影响到周边各县，推动了其他地区茶叶的生产与种植，使全省各地茶叶生产均有发

---

① 卞宝第：《闽峤辀轩录》，转引自陈祖槼、朱自振主编《中国茶叶历史资料选辑》，农业出版社，1981，第413—414页。

② 刘世英：《芝城记略》，转引自陈祖槼、朱自振主编《中国茶叶历史资料选辑》。

展。有学者估计鸦片战争前，仅闽北茶叶产量便可能达到 20 万—30 万担，依茶为生的生产者达 300 万以上。①

二 清代福建茶叶加工业

清代福建茶叶种植业的发展，使福建茶叶搭乘海外贸易的便利，大量以外销为目标的粗制、精制茶厂涌现，成为山区一种新兴手工业形态，数量居全国各产茶区之冠。在这个过程中形成了以武夷为代表的闽北乌龙茶与红茶区、以安溪为代表的闽南乌龙茶区、以福州为代表的闽中花茶区、以宁德（福鼎）为代表的闽东绿茶与白茶区四大产茶区。其中闽北武夷茶区最具代表性。以建阳县为例，"茶山袤延百十里，寮厂林立，当春采摘时，招集外间游民甚众"，② 产茶旺季，茶人忙碌得"山中一月闲人少"。茶农不仅白天采茶，晚上还得制茶，所以才有"家家小灶起新烟"，以及"满山晴日焙茶香"。③

发达的茶叶加工业，吸引集聚了大量外来人口。由于茶叶生产具有季节性特征，同时采茶、制茶需要专业技术，常出现人手不够的状况，只好雇用大批外来劳动力。所以一到茶季，武夷山"外方来采茶者万余"，④ 众多临时采茶、制茶工自江西进入建阳，"春二月突添江右数十万人，通筏市集、饭店、渡口，有击（接）踵摩肩之势"。⑤ 而闽北延平、建阳、邵武三府山区，很多游民"皆江西、广东及本省（长）汀、漳（州）等郡无业游民，十居其八，租山盖厂，开垦播种，出资不多，糊口颇易"，⑥ 外来劳力的聚集，不仅解决了雇工缺乏的问题，同时也推动了茶产区商品经济的发展。

可以说，清代是福建省茶业的全面发展时期，八闽各府均产茶，而且茶类品种齐全。鸦片战争前，福建茶业在前代发展的基础上有了很大提

---

① 傅衣凌、杨国桢编《明清福建社会与乡村经济》，厦门大学出版社，1987，第 207 页。
② 道光《建阳县志》卷二《舆地·风俗》，建阳县地方志编纂委员会，1989。
③ 查慎行：《武夷采茶词》，乾隆《福建续志》卷八九《艺文》，乾隆三十二年刻本。
④ 何瀚：《九曲棹游赋》，乾隆《福建续志》卷八九《艺文》。
⑤ （清）陈盛韶《问俗录》卷一《建阳茶山》，北京出版社，2000，第 240 页。
⑥ （清）徐栋、丁日昌辑《保甲书辑要》卷二《成规上》，清同治十二年刻本，台北：成文出版社，1986 年影印。

高，主要表现在：扩大了栽种面积，提高了栽培技术，改进了茶叶加工技术等方面。鸦片战争后，海运开禁，五口通商，福建因拥有福州、厦门两大通商港口，茶业更是发展迅速。五口通商后，福州成为福建茶叶最主要的集散地，闽茶由福州商埠销往英、美、俄等国家。值得一提的是，清代，福建茶被引种到台湾，台湾茶产业由此起步；后来福建茶又传入印度、锡兰，成为当地红茶始祖。

笔者认为福建茶业迅猛发展的原因，首先是国际市场的需求，其次是供给端闽茶生产者，善于针对外销情况灵活制定生产销售策略。正是凭借强劲的生产力和灵活的产销策略，福建才成为外销红茶的主要货源地。

三　清代福建茶叶出口迅速发展的内在条件

19 世纪以前中国茶叶贸易主要是为了满足国内市场的需要。茶叶不仅是中国人日常生活的必需品，而且曾经作为一种战略物资，长期受到政府的控制。从清中期开始，传统茶叶市场逐渐发生变化，主要表现为：第一，因为清朝边疆的开发和政府建立养马牧场，传统的茶马市场不断衰落，政府逐渐放松对茶叶市场的控制，市场自我调节的力量越来越强，这为茶叶市场的进一步繁荣提供了条件；第二，国外茶叶市场的重要性越来越凸显，18 世纪是中国茶叶走向世界的关键时期。[1] 清代福建茶叶出口迅速发展，首先是源于全球茶叶需求的拉力。16—18 世纪海外市场对中国商品需求大量增加，这为中国茶叶出口创造了重要外部环境。16—18 世纪的欧洲商业革命使欧亚之间贸易规模大幅扩张。麦迪森认为，从 1470 年到 1780 年，欧洲商船的运载量增加了 30 余倍，从 1470 年的 120000 多吨增长到 1780 年的 3856000 吨；[2] 而从欧洲到达亚洲的商船数目则从 1500—1599 年的 770 只，增加到了 1600—1700 年的 3161 只和 1701—1800 年的 6661 只。[3]

从 1545 年到 1800 年，欧洲从美洲大陆获得了大约 137000 吨白银，从

---

① 仲伟民：《茶叶与鸦片：十九世纪经济全球化中的中国》，第 47 页。
② 〔英〕安格斯·麦迪森：《世界经济千年史》，伍晓鹰等译，北京大学出版社，2003，第 69 页。
③ 〔英〕安格斯·麦迪森：《世界经济千年史》，第 54 页。

美洲和非洲获得了 2000 多吨的黄金，[1] 这使欧洲大陆的货币储蓄量增加了 5 倍之多。[2] 拥有大量贵金属不但提高了欧洲商人在欧洲本地的购买力和竞争优势，而且也使他们在与亚洲贸易的竞争中占据优势，欧亚之间以往所谓的奢侈品贸易遂变成了大众消费品贸易，中国的丝绸、瓷器、茶叶、棉布等商品随之大量流入欧洲。

茶进入西欧或许具有一定的偶然性，但从全球化的历史过程来看，这更是一种历史的必然，因为"近代使东方与西方发生接触的是商业"。[3] 西欧各国为了获得商业利益接连来到东方，积极地将各种东方的产品引入西欧。由于葡萄牙人过于重视香料生意，所以没能认识到茶所具备的商业价值，随后而来的荷兰人则首先将茶叶运到了西欧，中国同欧洲茶叶贸易由此开始。随着北欧地区茶叶消费的增长，茶叶贸易逐渐成为欧洲各国东方贸易公司中"最重要的盈利最大的贸易"，[4] 荷兰人尽管在茶叶贸易中占有了先机，但是并没有对此足够重视，英国人则抓住历史机遇发展茶叶贸易，从而在中西茶叶贸易中占据优势地位。鸦片战争前的一百多年中，欧美贸易公司花费白银达 169437564 两，用来购买以茶叶为主的中国商品。[5] 闽北茶叶占中国外销茶价值的 40%—60%，每年 40% 以上流入中国的洋银

---

① 根据布罗代尔和斯普纳的估计，1500 年前，欧洲大陆大约有 3600 吨黄金和 37500 吨白银的贵金属储备量（见〔德〕贡德·弗兰克《白银资本——重视经济全球化中的东方》，刘北成译，中央编译出版社，2000，第 202 页）。从 16 世纪到 18 世纪，欧洲仅从非洲就获得了 200 多吨黄金，约占殖民地黄金获得总量的 30%〔〔德〕贡德·弗兰克：《白银资本——重视经济全球化中的东方》，第 211 页）。另根据樊亢、宋则行主编《外国经济史》，"……整个殖民地时期西班牙从美洲殖民地榨取了 250 万公斤黄金"（樊亢、宋则行主编《外国经济史》，人民出版社，1984，第 25 页）。

② 根据一些学者的研究，美洲矿产使 16 世纪欧洲货币存量约变为原来的 5 倍：从 1500 年到 1520 年，货币存量可能翻了一番；从 1520 年到 1550 年，可能又翻了一番；从 1550 年到 1600 年，可能再增加了一倍多。而 17 世纪、18 世纪和 19 世纪上半叶，欧洲货币存量也各增加一倍以上。参见张宇燕、高程《美洲金银和西方世界的兴起》，中信出版社，2004，第 38 页。

③ 〔英〕格林堡：《鸦片战争前中英通商史》，康成译，商务印书馆，1961，第 1 页。

④ 庄国土：《鸦片战争前 100 年的广州中西贸易（上）》，《南洋问题研究》1995 年第 2 期。

⑤ 较系统对福建外销茶的生产作详细研究的是美国学者卡德拉（Gardella），他对茶叶的生产与营销程序作细致分析，但对茶叶生产与营销的生产关系及其特点未做进一步的剖析。详见 Gardella, "The Minpei Tea Trade during the late Chienlung and Chiach'ing Eras," in *Development and Decline of Fu-chien Province in the 17th and 18th Centuries*, ed. E. B. Vermeer, Boston: Brill Academic Pub, 1990, pp. 317–347.

被用来购买闽北茶叶。

当然，福建茶产区的自身内在条件适时契合了国际茶叶需求，才使其在18世纪30年代以后独占茶叶出口之利。这些内在条件主要有以下几方面。[①]

1. 制茶技术的变革

技术创新是市场发展的基础，技术创新引领的产品创新，可以引导消费。清代顺治、康熙之际武夷山区发酵茶制作技术的发明，为武夷茶开拓国内、国外市场创造了坚实的条件。[②]

众所周知，武夷山区是发酵茶的发源地。18世纪初，王草堂所著的《茶说》中记载了武夷茶的制作方法：

> 茶采后，以竹筐匀铺，架于风日中，名曰晒青。俟其青色渐收，然后再加炒焙，阳羡芥片，只蒸不炒，火焙以成；松萝、龙井皆炒而不焙，故其色纯。独武夷炒焙兼施，烹出之时，半青半红，青乃炒色，红乃焙色也。[③]

这是青茶的制作方法，也是国内发酵茶制法的最早记载。18世纪，武夷山区出现了红茶，刘靖的《片刻余闲集》写道：

> 外有本省邵武、江西广信府等处所产之茶，黑色红汤，土名江西乌，皆私售于星村各行，而行商则以之入于紫毫芽茶内售之，取之价廉而质重也。[④]

发酵茶的发明具有重要意义。第一，发酵茶是茶叶制作技术史上的第三代新技术。我国制茶技术大约可分为三代：第一代是唐宋时期的茶饼，

---

① 庄国土：《鸦片战争前福建外销茶叶生产和营销及对当地社会经济的影响》，《中国史研究》1999年第3期。

② 徐晓望：《清代福建武夷茶生产考证》，《中国农史》1988年第2期。

③ （清）王草堂：《茶说》，转引自徐晓望《清代福建武夷茶生产考证》，《中国农史》1988年第2期。

④ （清）刘靖：《片刻余闲集》，转引自徐晓望《清代福建武夷茶生产考证》，《中国农史》1988年第2期。

第二代是明代兴起的散炒绿茶，第三代即是发酵茶。茶叶经过发酵，可以除去其中的苦涩味，因此香味更加浓烈，更易被人们接受。当前世界上红茶的消费量远远超过绿茶，这也是主要原因之一。

第二，制作技术的革新有效提升了武夷茶的品质，使武夷茶成为国内一流名茶。明末清初，武夷茶制作技术还不成熟时，人们对武夷茶的品质评价不一，但贬多褒少。当武夷茶制作技术成熟后，人们对武夷茶的评价越来越好，逐渐认为它是国内一流。袁枚《随园食单》指出："尝尽天下之茶，以武夷山顶所生冲开白色者为第一。""故武夷享天下盛名，真乃不恭。"和武夷茶相比："龙井虽清而味薄矣，阳羡虽佳而韵逊矣。"[1]

张泓《滇南忆旧录》也盛赞：

> 武夷茶中最佳者曰乔松本山，一年所得，不过斤许。馈人皆用银瓶，止一二钱。茶之妙，可烹至六七次，一次则有一次之香。或兰，或桂，或茉莉，或菊香，种种不同，真天下第一灵芽也。[2]

文人的夸赞和推崇，提升了武夷茶的知名度，为其打开国内市场奠定了良好口碑。因此，清代武夷茶的市场已遍及福建、广东、江西，并扩展至其他地区，在国内市场上的销售量由此大增。

第三，发酵茶的发明也助力中国茶叶迈向世界市场。中国人因习惯了喝茶，虽说绿茶味带苦涩，但也不觉得难喝。但对于从未喝过茶叶的欧洲人来说，情况则大不相同。明末来到中国的利玛窦指出："它（绿茶，引者注）的味道不是很好，略带苦涩"。[3] 因此，凭借绿茶，中国茶很难打开欧洲市场。据英国史料，17—19世纪，英国人对武夷茶之偏好甚为狂热，为此甚至改变了饮食习惯，牛奶红茶成了他们的早餐常客，可以说，武夷茶已经成为英国人生活中不可或缺的食品。武夷茶外销增长迅猛，销量呈几何级数拓展，到鸦片战争前已达3300多万磅。

---

① （清）袁枚：《随园食单·茶酒单·武夷茶》，第82页。
② （清）张泓：《滇南忆旧录》，上海古籍出版社，1992，第63页。
③ 〔意〕利玛窦、〔比〕金尼阁：《利玛窦中国札记》，何高济等译，中华书局，2010，第17页。

2. 生产关系的变化

生产力发展决定生产关系，但生产关系发展反作用于生产力。从明末到清中期，农村雇工对雇主的人身依附关系趋向宽松，这是清代福建茶产业得以发展的重要社会条件。万历十六年新题例规定："今后官民之家凡请工作之人，立有文券、议有年限者，以雇工人论；止是短雇月日，受值不多者，依凡（人）论。"① 这说明打短工者不被认为是"雇工人"，与雇主在法律上地位平等，没有人身依附关系。清承明律，乾隆二十四年（1759）对万历十六年的新题例进行修订："其雇请工作之人，若立有文契、年限，及虽无文契而议有年限，或计工受值已阅五年以上者，于家长有犯，均依雇工人定拟。"② 这说明，即使是长工，只要有侵犯雇主的行为，就按雇工人看待。到乾隆五十三年（1788）修律例时，又补充"若农民佃户雇请耕种耕作之人，并店铺小郎之类，平时共坐进食，彼此平等相称，不为使唤服役，素无主仆名分者，亦无论其有无文契年限，俱依凡人料断"。③ 以上史料表明，自明末到清代乾隆末年，法律上的雇主与雇工之间的依附关系逐渐减弱，这对于需要大量雇佣短工的茶业意义重大。

此外，劳动力的流动也是产业集聚发展的必要条件。清律规定"人户以籍为定"，即居民只能在向国家登记土地财产、纳粮和应役的地方居住，不可随便迁徙。如需离开居住地，跨区到外县或外省，需征得地方官同意并发给路引，才能持引通行前往，否则就触犯"私越冒渡关津"律。④ 雍正三年（1725），路引规定被删除。雍正九年（1731）又规定"流民"已佣工得食者，听其自便。劳动力流动限制的取消，这使茶业生产所需的外地劳动力可以自由流入产茶区。

3. 有利的茶叶政策

清代前中期闽茶产量的提高不仅得益于国内外市场需求量的增长，更重要的是得益于清代的茶政。《清史稿·食货志》记载：

---

① 《明律集解附例》卷二，台北：成文出版社，据清光绪二十四年重刊本影印。
② 《大清律例》卷二八《刑律》，张荣铮等点校，乾隆五十五年刊本，天津古籍出版社，1993，第15—16页。
③ 《大清律例》卷二八《刑律》，第15—16页。
④ 参阅雍正以前明清律例的《人以户籍为定》《私越冒渡关津》《诈冒给路引》等条。

盛京、直隶、河南、山东、山西、福建、广东、广西均不颁引，故无课。①

福建巡抚吕佺孙也曾说过："闽省商贩茶叶，向不颁给执照征收课税。"②茶引制度限制了茶叶生产区域、生产的数量和贸易的自由，且极易滋生弊病。《清史稿》记载茶引制度：

> 商茶，给引征课……召商发引纳课。间有商人赴部领销者，亦有小贩领于本籍州县者，又有州县承引，无商可给，发种茶园户经纪者。③

幸运的是，清代福建并无沿用茶引制度，这对武夷茶的生产是相当有利的。据统计，康熙二十二年（1683）全国各省茶课共得银 33642 两，其中浙江一省就占 18113 两，四川省有 4200 多两，而福建省仅为 359 两。尽管清代设立关卡对茶叶征收过境税，④ 福建省也于康熙二十二年施琅收复台湾后开始设关卡收税，"初仅福厦两处，雍正七年，增子口二十处，皆内地税钞"。但厦门海关对茶叶征收税则是："细茶每百斤例六钱，中三钱，粗一钱。"⑤ 这一茶税是低于其他省份的，而且这个低税额很久之后才有变动，为福建茶业发展降低了不少额外成本。

4. 商业网络优势

清初至清中期，素有"中国海上马车夫"之称的漳泉商人，秉承宋元以来形成的海商传统，敏锐发现茶叶这一商品既有本地特色，又有强烈的国际市场需求，可以大为获利，遂发挥经商优势，介入茶业经营。事实上，闽南人经营闽北茶叶历史悠久。清初以后，武夷茶生产制作者多为寺僧，而这些寺僧"多晋江人，以茶坪为业，每寺订泉州人为茶师，清明后

---

① 《清史稿》卷一二四《食货五·茶法》，中华书局，1977。
② 刘锦藻：《清朝续文献通考》卷四二《征榷十四》，浙江古籍出版社，2000，第 27 页。
③ 赵尔巽：《清史稿》卷一二四《食货五·茶法》。
④ 赵尔巽：《清史稿》卷一二四《食货五·茶法》。
⑤ 徐晓望：《福建历代茶政沿革考（下）》，《福建茶叶》1986 年第 2 期。

谷雨前，江右采茶者万余人"。[①]

　　闽南商人不仅活跃于产茶区，而且于闽茶外销方面也极为活跃。不管是清前期的厦门闽茶出口，还是广州一口通商时的闽茶长途贩运，都有闽商忙碌的身影，最早与洋商进行茶叶交易者也不乏闽人。乾嘉年间广东"十三行"著名行商中，潘同文（同文行）、任怡和（怡和行）、叶义成（义成行）、潘丽泉（丽泉行）、谢东裕（东裕行）、黎资元（资元行）等人俱闽籍，且闽籍行商全属漳泉商人。[②] 就连到境外贩茶者，也有闽南人的参与。总之，闽籍商人，特别是漳泉商人长期经营形成的贸易网络，推动闽茶海外贸易的发展，是促进闽茶生产的主要动力之一。

四　清代福建茶叶出口情况

　　清代福建茶叶出口先后有武夷茶、工夫红茶、乌龙茶等茶种。

　　早期福建的外销茶有松萝茶、武夷茶，松萝茶是绿茶。后来，因武夷红茶具有味道浓烈、多次冲泡而味不散的特点，相比绿茶更得外国消费者的喜欢，18世纪西方茶叶消费遂从绿茶为主转向红茶。据《东印度公司对华贸易编年史》记载，从1722年开始武夷茶已经占最主要地位（见表1-1）。

表1-1　1704—1830年英国东印度公司采购红茶情况

年份	货单中茶叶总数量（担）	武夷茶		工夫茶	
		数量（担）	比重（%）	数量（担）	比重（%）
1704	787.5	150	19.0	——	
1722	5500	3000	54.5	500	9.1
1730	11300	2300	20.4		
1731	5400	4000	74.1	400（包括白毫）	7.4
1736	3307	1446	43.7	298	9.0
1740	6646	1890	28.4		

---

① （清）郭柏苍《闽产录异》，岳麓书社，1986，第15页。
② 梁嘉彬：《广东十三行考》第3章"广东十三行行名人名及行商事迹考"，国立编译馆，1937。

年 份	货单中茶叶总数量（担）	武夷茶		工夫茶	
		数量（担）	比重（%）	数量（担）	比重（%）
1759	17400	11500	66.1		
1764	34976	23800	68.0		
1767	33009	19960	60.5		
1769	67950	40400	59.5	5154	7.6
1772	27655	12500	45.2		
1774	14419	13429	93.1	530	3.7
1775	4067.5	3000	73.8	792.5	19.5
1778	20300	12000	59.1		
1783	4760	3180	66.8		
1784	43000	32000	74.4		
1786	153011	54145	35.39	35000	22.87
1793	96194	22260	23.1	66000	68.6
1798	92645	10838	11.7	61175	66.0
1800	103835	21995	21.2		
1803	117170	19200	16.4		
1806	211066	13027	6.2	144111	68.3
1807	150769	10150	6.7	94325	62.6
1808	49864	7200	14.4		
1809	68880	10800	15.7		
1810	123940	12480	10.1		
1811	115440			84000	72.8
1812	186354			146029	78.4
1813	129460	13300	10.3	88000	68.0
1814	126517.5	7500	5.9	105600	83.5
1819	185565	45765	24.7	112200	60.5
1821	175577	10000	5.7	135577	77.2
1822	178500	29700	16.6	118800	66.6
1823	206688	27000	13.1	149688	72.4

年　份	货单中茶叶总数量（担）	武夷茶		工夫茶	
		数量（担）	比重（%）	数量（担）	比重（%）
1827	184503	27000	14.6	109786	59.5
1830	167665	32364	19.3	91665	54.7
1704—1784	270477	184555	68.2		
1793—1830	2206943.5	306765	13.9	1506956	68.3

资料来源：摘自或根据马士《东印度公司对华贸易编年史》统计得出；统计表的茶叶总量，除了武夷茶、工夫茶外，还包括绿茶和其他红茶，转引自颜丽金《清代福建茶叶外销与地区经济发展的互动关系研究》，硕士学位论文，暨南大学，2004。原表中"1793—1840 年"武夷茶数量为空白，本表格系依据当年总数及比重推算得出。

武夷茶在国际国内市场畅销，刺激了茶叶生产规模的扩大和品种更新，人们在武夷茶制作基础上进行技术改良，产生了工夫茶、小种红茶、白毫和色种等上好的红茶品类。

18 世纪初，工夫茶作为更高级的红茶，与武夷茶一同出现在英国的茶叶采购单中。但在 18 世纪 80 年代中叶之前，其出口的数量远不及武夷茶。从表 1-1 中，我们可以了解武夷茶和工夫茶在出口英国茶叶中的地位兴替过程。如果说武夷茶是敲开了福建茶叶走向世界之门，那么工夫茶的畅销则将福建茶叶外销推向高潮。

在工夫茶走俏英国市场的同时，福建的小种红茶也在美国市场上找到了销路（见表 1-2）。小种红茶从 19 世纪 30 年代开始畅销，在英国进口红茶中，仅次于工夫茶；在美国进口的红茶中，则位居首位，远胜工夫茶。工夫茶和小种红茶分别为英国、美国所青睐，使福建红茶的外销总额长期位居茶类外销之首。

表 1-2　1836—1840 年中国对英美茶叶输出表

（自 7 月 1 日起至次年 6 月 30 止）　　单位：磅，%

年份	1836—1837		1837—1838		1838—1839		1839—1840	
国别	英国	美国	英国	美国	英国	美国	英国*	美国
武夷	90533				65333		287451	14133
工夫	23819200	186800	22624134	63600	29292600	243457	19134891	306606

年份	1836—1837		1837—1838		1838—1839		1839—1840	
国别	英国	美国	英国	美国	英国	美国	英国*	美国
小种	2444400	2331067	1010267	4110266	866333	903866	832873	2587733
红茶总量	29021200	2916401	25827468	4900933	32495066	1650400	21599987	3596265
茶叶总量	37839865	16581467	33388801	15185067	40223866	9821067	29069908	19333597
红茶占茶叶总量比重	58.7		63.3		68.2		52.1	

资料来源：根据 *Chinese Repository*，Vol. IX，1840 年，p.191.

* 包括运往新加坡及印度的数字；另外，红茶总量统计来源除了武夷茶、工夫茶、小种茶外，还包括白毫等其他未入列的高级外销红茶，转引自颜丽金《清代福建茶叶外销与地区经济发展的互动关系研究》，硕士学位论文，暨南大学，2004。

综上所述，福建红茶外销市场主角从武夷茶转变到工夫茶、小种红茶的过程中，出口对象国也发生了较大变化，一是英国排挤欧洲其他国家的茶叶贸易，垄断了中国茶叶出口市场；二是美国成为新兴的茶叶进口国，并成为最大的绿茶进口国；三是清代后期，英国对中国茶叶的购买总量和购买意愿急剧下降，与此相反，俄国购买中国茶叶的热情却稳步上升。

第二节　清代台湾茶业发展简况

福建与台湾自古以来关系密切。12 世纪宋朝将澎湖划归福建泉州晋江县管辖，并派兵戍守。1360 年元朝于澎湖设置巡检司。1684 年清朝建福建省台湾府，下设台湾、凤山、诸罗三县，以加强对台湾的治理。1885 年清朝在台湾建省。可见，台湾在历史上有很长一段时间归福建省管辖。闽台茶产业有深厚渊源，台湾茶叶在品种和技术上都和福建密切相关，而且清代台湾茶叶必须经厦门转口外销。研究清代福建及其所辖的台湾茶业发展情况，需要对清代台湾茶业的发展简况做一梳理。

一　清代台湾茶业发展脉络

台湾外销茶主要产自台湾北部，其茶树树种在清代嘉庆年间（1796—1820）由福建引进。这时期茶叶消费市场是在台湾岛内，偶尔销往福建，《台湾通史》记载："台北产茶近约百年，其始仅销各地。道光间，运往福州。"① 这说明道光年间（1821—1850），台湾茶才经厦门外销。1860—1863 年，清政府在《天津条约》签订后，正式开放了淡水、基隆、打狗、安平等通商港口，允许外商到台湾经商。1860 年淡水港开港，台湾茶叶贸易模式由此发生较大改变，外商开始主导台湾茶贸。

19 世纪中叶是福建茶风行世界的时候，茶叶价高，商人为了获得更高利润，制作越发粗滥，造成茶叶品质下滑。西方人为了寻求适合的土地，获得价廉品优的茶叶，陆续来台湾勘察。咸丰十年（1860），英国人 Swinboh Robert 来台勘察后，将台湾所生产的茶叶寄给几个茶叶检验专家，检验专家的意见是："该茶之味道甚佳，惟制茶及包装方式过于粗陋是缺点，茶山离海港不远，倘若热心的生意人能躬亲到现场看看茶山，做适当的安排，不难矫正。"②

同治四年（1865），英国人杜德（John Dodd）来到台湾考察樟脑，见到台湾北部的茶业有发展空间，于 1867 年，在台湾创立宝顺洋行（Dodd & Co），从泉州带茶苗来台湾试种，请人加工，之后送往澳门、纽约试卖，获得好评，因此他继续扩大经营生产。③ 随后，其他的洋行和不少华商看到有利可图，纷纷参与台湾茶的制造与贸易。

可见台湾茶业是随着西方国家对东方茶叶的需求增加而发展的，其茶叶贸易迅速发展主要在清末（1865—1895）。

二　清代台湾茶叶产销区

（一）台湾产茶区。

台湾几个主要茶产区的茶园状况如表 1-3 所示。

---

① 连横：《台湾通史》卷二七《农业志》，广西人民出版社，2005。
② L. W. Davidson：《台湾之过去与现在》第二册，蔡启恒译，台北：台湾银行经济研究室，1972，第 48 页。
③ 连横：《台湾通史》卷二七《农业志》，第 455 页。

表1-3　台湾主要产茶区发展情况①

茶区生产情况		文山堡	八里坌堡	海山堡	桃涧堡	新竹地区	台中地区
茶种来源		嘉庆二十四年(1819)，引进了福建省武夷山和北溪地方的茶树	茶种是由摆接堡和文山堡移植过来	约在同治五年（1866）由文山堡赤坩垵庄移植过来	约在 1870—1871 年从文山堡及海山堡移植茶树过来	在 1882 年大稻埕的茶商引进的	
至1896年种茶规模	茶树(丛)	1770 万	3500 万	1500 万	5000 万	新竹县的各堡在1897年时种茶才刚起步	到 1897 年的时候生产的数量仍然不多，一年大约 6 万8 千余斤
	种植者(茶庄茶户)	有 204 庄 4669 户人家种茶	有 48 庄以茶业为生	有 45 庄以种茶维生	有 64 庄以种茶维生		
	产茶价值		一年制茶大约 124 万斤，茶叶价值 40 余万元	18 万余元	170 万到 180 万元		约 100 万元
茶贩人数		约有 188 名茶贩，资本额大概是两三百元到六七千元	约有 100 名茶贩，属于小资本		大概有 200 名茶贩，资本在四五千元左右	茶贩为数甚少，都是小资本	

资料来源：藤江胜太郎『台北外二縣下茶業』、209—235 页，主要内容转引自刘至耘《清末北台湾的茶叶贸易（1865—1895）》，硕士学位论文，台湾"暨南大学"，2004，第35—38 页。

在 1870 年有茶叶加工厂设立之后，大稻埕附近的土地也逐渐开辟成茶园。

1887 年种茶地区以大稻埕为中心往四方发展，主要往西方和南方发展。② 茶园地区扩及台湾北部的摆接堡、海山堡（今日新庄地区）、文山堡（今日新店木栅安坑坪林）、八里坌堡（淡水）、石碇堡（石碇地区）（以上七者位于现在台北县市）、基隆堡（今日的基隆）、桃涧堡（今日的桃园县）、竹北一堡、竹北二堡、竹南一堡（以上三者

---

① 藤江勝太郎『台北外二縣下茶業』、209—235 頁。
② L. W. Davidson：《台湾之过去与现在》第二册，第 262—263 页。

在现在新竹县）。在清领时期台湾茶园主要在新竹以北。①

各个茶区产出茶叶的质量优劣受到茶区地理环境，特别是土质的影响很大。当然茶叶品质必然也影响着茶叶价格。比如，八里垒堡的茶种虽是从摆接堡和文山堡移植过来，但比起文山堡，八里垒堡的茶叶土质较差，尽管采摘者在摘采茶叶时会特别注意采集较嫩的叶片，但是制作出来的茶叶仍然比较硬，所以茶价比文山堡的茶叶价格差了两成（见表1-4）。新竹地区的茶叶比起文山堡的茶叶价格低了三成，因为该地区土质和茶种都比不上台北县，制造过程也较为粗糙。

表1-4　文山堡和八里垒堡的每斤茶叶价格比较

单位：钱

不同类茶价格	等级	文山堡	八里垒堡
春茶每斤价格	上	45—57	35—40
	中	35—37	28—33
	下	24—28	20—25
夏茶每斤价格	上	150—200	100—200
	中	80—120	50—80
	下	45—50	30—45
秋茶每斤价格	上	45—50	35—40
	中	35—38	28—33
	下	27—30	18—25
冬茶每斤价格	上	35—40	30—38
	中	27—30	20—29
	下	20—25	18—25

资料来源：藤江勝太郎『台北外二縣下茶業』、229、221 頁。

（二）茶叶加工、贸易集中区——大稻埕。清代台湾的茶叶精制工厂主要在北部的港口附近。1860 年淡水依据《天津条约》开港后，淡水河沿岸港口周边成为茶叶精制工厂的设立地点。但是茶叶加工厂和交易地区，

① 藤江勝太郎『台北外二縣下茶業』台北帝國大學理農學部、1897、251 頁。

并未出现在当时淡水河岸的大城艋舺。因为艋舺地区民众对外国人非常排斥，使最早到台湾进行茶业生产的宝顺洋行将兴建茶叶加工厂的地点移到大稻埕，其他外商也随之跟进，台湾的洋行和茶叶加工制造厂遂集中于大稻埕。大稻埕不但是台湾茶叶加工厂的集中地区，也是台湾茶叶买卖的中心。本书后面章节将重点论述。

三 清代台湾茶叶出口情况

《台湾通史》说："夫乌龙茶为台北独得风味，售之美国，销途日广，自是以来，茶叶大兴。"[1] 台湾茶叶发展的盛况，从出口数量可见一斑。台湾乌龙茶为清代出口主力，1869 年直销美国获得成功之后，出口逐年增加，到了 1896 年，台湾茶叶输出占 3.6%。[2]

表 1-5　1865 年到 1930 年台湾乌龙茶出口公斤数

年份	出口数量（公斤）	出口价值（元）	年份	出口数量（公斤）	出口价值
1865	82022		1900	7255673	4669211
1870	632407		1905	8668425	5456023
1875	2494413	1049316	1910	8104412	4416634
1880	5428553	3277941	1915	8888846	5315010
1885	7363800	4122501	1920	2873305	2563016
1890	9836912	4687241	1925	4.828231	5252188
1895	8039580	5997750	1930	3178672	2628699

资料来源：台湾総督府熱帯産業調査会『茶業ニ関スル調査書』、71—72 頁。

由表 1-5 可知，台湾乌龙茶出口量一直增加，到 1893 年达到巅峰，数量在 800 万到 900 万公斤之间。日据时期也保持在 800 万公斤左右。台湾茶除外销美国外，也逐渐被英国所接受，由厦门转口销往英国的台湾乌龙茶数量也有增加，但相比之下，美国还是台湾茶的主要销售市场。[3]

---

[1] 连横：《台湾通史》卷二七《农业志》，第 445 页。

[2] 台湾総督府熱帯産業調査会『茶業ニ関スル調査書』台湾総督府殖産局特産課、71—72 頁。

[3] 陈慈玉：《近代中国茶叶的发展与世界市场》，台北："中央研究院"经济研究所，1982，第 185—186 页。

第三节　清代闽台茶业产销比较

一　茶叶生产制作过程比较

茶叶的制造分初加工和再加工两部分。在初加工阶段即粗茶制造阶段，闽台两地制作步骤是相似的，但因为外销茶叶种类不同，在再加工阶段，闽台两地所用的技术有所不同。

（一）福建茶叶制作过程

在福建，初步加工后的茶叶称作"毛茶"，毛茶经过再加工之后才是送到市面上包装、出售给消费者的茶叶。

毛茶制作的过程为：将摘采的生叶在晴天的时候"晾青"，用脚踏使之柔软，再以双手"揉捻"，除去苦汁（又称为"投青"），放在竹盆之中使其发酵。发酵完毕的茶叶再放到铁锅中以炉火加热，用两手搅拌，使茶叶变柔软，发出香气，再移到竹盆中干燥。制成毛茶的时间大概是 4 月上旬到 8 月下旬。[①]

茶叶再加工的步骤有：

1. 拣别：将毛茶依照种类区分，准备制造成不同种的茶叶。

2. 再制：将分好的茶叶放入热锅中，由技工以双手反复加工炒干，如果技工技术熟练，则叶片会坚实完整，在运送的时候不会碎成粉末，因此这项工作对技工的手艺要求很高。炒后的茶叶再放入焙笼之中烘焙，使其干燥。

3. 调和：根据市场的需要，将制好的各种茶叶重新加以混合，制成适当品质的茶。

4. 包装：将制好的茶叶装进铅罐、锡罐或是箱中。茶叶经过烘焙之后质地轻脆，很容易碎掉，包装时需要熟练的工人操作。以锡罐铅罐装载是为了避免潮湿。[②]

---

① 陈慈玉：《近代中国茶叶的发展与世界市场》，第 51 页。
② 陈慈玉：《近代中国茶叶的发展与世界市场》，第 56—57 页。

福建对外输出的茶叶种类较多,主要是红茶和绿茶。红茶属于全发酵茶,绿茶则属于不发酵茶,差别在于加工过程中的再制,红茶的炒干和烘焙次数较多,时间较长,因而发酵程度高;绿茶的烘焙时间较短,且烘焙次数只有一次。福建茶叶输出的主要是红茶,绿茶较少,出口的红茶有工夫茶、小种茶、白毫茶、珠兰茶;出口的绿茶有三种:珠茶、雨前、熙春。①

(二)台湾茶叶制作过程

台湾的茶叶制造过程是先将生茶叶制成粗茶,再加工制造为乌龙茶或是包种茶。

粗茶的制作步骤包括:晒、翻、炒、揉、烘、筛。也就是:将生茶叶用日光曝晒发酵,放到竹制圆盘中由多人合作搅翻茶叶,之后阴晾让茶叶萎凋。再将茶叶放进锅中炒、由揉茶师傅搓揉、烘焙,接着分成大叶、小叶、茶屑,再放回焙笼中烘,烘完再揉一次,然后装袋完成。

粗茶完成之后,还要继续加工,才能成为一般市面上所贩卖的茶叶。粗制茶因加工方式的不同分成绿茶、包种茶、乌龙茶、红茶四种。绿茶是完全不发酵,乌龙茶和包种茶是稍微发酵,红茶是全发酵。清代和日据初期台湾不生产绿茶,红茶到 1928 年后才有生产,1860—1895 年间,台湾所生产的茶只有乌龙茶和包种茶,而且以乌龙茶为主。② 乌龙茶和包种茶除了发酵的程度不同,还有区别在于在加工时包种茶要熏花,乌龙茶不熏。但不管有没有加花,都需要加烘让茶叶更为干燥。烘好的茶叶还要再筛再拣,重新依照比例混合,包装成各种等级的茶。

二 茶业产销组织比较

(一)福建茶产销组织

清代和茶叶生产、制造有关的组织有山户、茶庄、茶栈与洋行。

山户种植茶树,并将茶叶摘采、揉捻、干燥,制造毛茶。茶庄购买毛茶,且负责将其再炒、捡别、调和、包装等制造过程,并兼营输送的加工者或批发商。茶庄有时会租山种茶以支配生产,其不但在茶叶的制作上投

---

① 中央银行经济研究室编《华茶对外贸易之回顾与前瞻》,上海商务印书馆,1935,第 87 页。
② 张我军等:《台湾之茶》,台北:台湾银行总务部调查课,1949,第 2 页。

资，还在租借土地、种植茶叶上投资。"彼厂户种茶下土，既出山租，又费资本。"①

茶叶再加工制造的过程需要很多人手。在 19 世纪末，这些茶工的工资，除了供应饮食之外，男工日薪 20—25 文，女工为 10 文。②

茶栈自茶庄采购茶叶，再干燥、装箱，卖给洋行以便出口，经营者多半是洋行买办。

陈慈玉在分析茶栈的功能时提到：

> 他们（洋行）派买办深入内地买茶，或在内地的茶庄精制成适合外国人口味的茶，或兼营制茶手工工厂。而买办有自营事业者，他们在商港或产茶的内地设立茶栈，办理与洋行之间的交易事宜，并投资制茶工厂……茶栈的出现是因应外商对茶叶的需要而出现，茶栈居于外商洋行和中国茶庄的中间，并自设茶厂，收买山户的毛茶，加以精制，卖给洋行。③

陈慈玉指出，与其说茶栈由买办所经营，不如说茶栈是买办所经营的茶庄。买办是外商到中国后，因为对中国语言、风俗、地方习惯不了解，所请的中国籍办事员。④ 买办的角色多元，是洋行的雇员、是掮客、是代理商、是承包商、是独立商人。茶栈在茶叶生产中所扮演的角色应该是洋行的代理人，他可能只是洋行的雇员，替洋行到内地买茶，也有可能身兼茶庄的角色，将自己茶庄的茶叶售给洋行。茶栈可以身兼茶庄、代理商、洋行代表的三重身份。如果要将茶栈算作独立的产销组织，它应算是代理商的角色。

洋行指外国商人来中国所设的贸易公司，洋行在采购茶叶之后，将茶

---

① 彭泽益编《中国近代手工业史资料》第一卷，生活·读书·新知三联书店，1957，第431 页。

② 东亚同文会编《支那省别全志 福建省》，台北：南天书局，1988，第 475、481 页。

③ 陈慈玉：《近代中国茶叶的发展与世界市场》，第 58 页。

④ 〔美〕郝延平：《十九世纪的中国买办——东西间桥梁》，李荣昌等译，上海社会科学院出版社，1988，第 258 页。

装船运回消费市场，卖给消费者。

山户、茶庄、茶栈、洋行之间的资金流通关系，如图 1-1 所示：

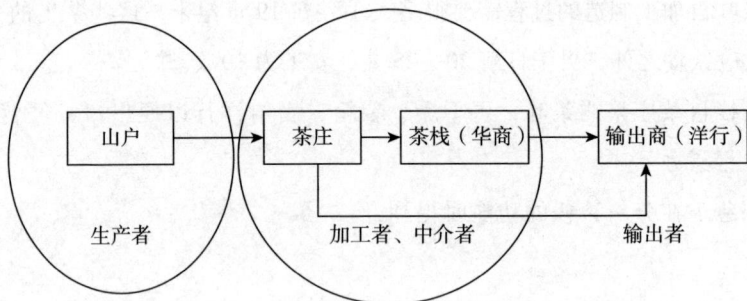

图 1-1　福建茶叶 1860 年前的买卖关系

1860 年之前福建茶业一般遵循着"山户→茶庄→茶栈→洋行"这样的买卖流程，山户生产粗茶，将茶叶卖给茶庄，茶庄再卖给茶栈，茶庄或是茶栈将茶叶加工完成，并卖给洋行。这个过程中的各方可简单地分为生产者、加工者、输出者。其中加工者兼有中介者的身份，在交易中连接上下游业者，将内地的粗茶或制造好的茶叶运到沿岸，粗茶卖给加工者制作，制作完成的茶叶则卖给输出者。

输出者购买茶叶的价格是茶叶的成本价格加上生产者和中介者需要的利润，输出者为了尽量压低购入茶叶的成本，除了自行生产茶叶外，便是越过中介者，直接向生产者和加工者购买茶叶，也可获得数量更多的茶叶，19 世纪 60 年代所兴起的"内地收购"便是由此而生。

"内地收购"是指输出者派代理人到内地的产茶区购买所需数量的茶叶，不再从中介者手上购买茶叶。洋行通常派的是买办，为了确保获得预期数量的茶叶，"内地收购"实行预付制，在茶叶尚未摘采之前输出者先与山户或是茶庄谈好价格，预订茶叶，将款项预先付给一半。这笔货款有订货的意思，也有贷款给山户从事生产的意思。将来茶叶制成，全归预付者所有，买卖价格则照预定时所出的价格。付清剩下的货款时，还要扣除这种贷款所生的利息，因此实际输出者拿到茶叶时所付的货款，会比预订时所谈的总价格低一半。这种预付制即"资金前贷"，[①] 它的存在是因为生

_____

① 〔美〕郝延平：《十九世纪的中国买办——东西间桥梁》，第 89—90、93—96 页。

产者或是加工者急需资本。因为茶叶并不是种下之后当年度就马上可以采收的农产品，而且茶叶制作过程中所需要的摘采人手、制茶工具、耗材都需要金钱支付。采用预付制的方式，山户将资金借贷给种茶者，并谈好来年收购的价格；但即使山户生产出可以获得极好价格的优良茶叶，但因被输出者预定，且必须照预定时价格卖出，山户得到的利益被压缩了。① 输出者则可以得到大量便宜的茶叶。因为内地收购是直接向生产者和加工者购买，排除了中介者的插手，原本从事中介转手买卖的茶庄或是茶栈逐渐退出茶业。在 19 世纪 60 年代"内地收购"盛行之后，福建茶叶的买卖关系如图 1-2 所示。

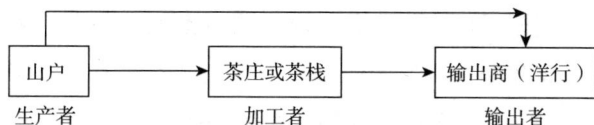

图 1-2　福建茶业在 1860 年后的买卖关系

与图 1-1 比较，买卖流程中中介者被排除了，主要流程变成：山户→茶庄→输出商。原本担任中介的华商无法通过转卖获得利益。作为输出商的洋行则因为直接向加工者购买，所以省下了中介费用，并且可以以更低的价格购入茶叶，增加利润的空间。

此外，因为内地收购和预付制的运用，输出者可以得到数量稳定且价格低廉的茶叶，并且有时候可以将剩余的茶叶在市面上出售。② 于是洋行可以利用内地收购预付制，投下大笔资金，将本由福建种植要卖出的茶叶，在未摘采时就预先订下，以此垄断内地茶叶交易。

1855 年怡和洋行的买办带了价值 440065 元的财物（金钱以及鸦片的总值），到福建内地购买茶叶；1855 年宝顺洋行在福建内地采购上花了400000 元。③ 这样的数字或许无法看出金额的大小，但参照 1857 年琼记洋行买办提交的内地采购开支表中有一项："租用房屋六栋，每栋年租 250 元。"④

①　东亚同文会编《支那省别全志 福建省》，第 477、482—483 页。

②　Stephen C. Lockwood, *Augustine Heard and Company, 1858-1862: American Merchants in China*, Harvard University Asia Center, 1971, pp. 46-47.

③　〔美〕郝延平：《十九世纪的中国买办——东西间桥梁》，第 95—96 页。

④　〔美〕郝延平：《十九世纪的中国买办——东西间桥梁》，第 11 页。

大概可以知道 400000 元是多大的数目。在福建实行内地收购的洋行并不只这两家洋行。在 19 世纪 60 年代许多洋行都从事内地收购，并实行资金前贷，使福建的茶叶生产逐渐受到洋行的控制。

（二）台湾茶产销组织

台湾茶业的产销组织有：茶农和粗茶制造者、茶贩、茶栈、茶馆、买办和妈振馆、输出商。

茶农和粗茶的制造者种植茶树，经营茶园，摘取茶叶之后，将茶叶经过晒、翻、炒、揉、烘、筛六个步骤之后制为粗茶。①

茶贩收购粗茶。茶贩分成两种。一种住在山上，有时候他们也有茶农的身份，或是茶园附近的农人，茶贩收购附近茶农的粗茶，卖给从市场来的茶贩。大概在每年制茶刚开始或是茶市（茶叶交易有季节性，大约是清明过后到 12 月底进行交易）刚开始的第一个月，山上的茶贩开始经营生意，收购茶叶卖到市场，直到茶季结束。山上的茶贩只是单纯的中间商。

另一种茶贩是从市场来的。台湾茶业刚开始发展时，这种从市场来的茶贩大多为泉州人或是漳州人，后来慢慢地有其他地方的人加入。从市场来的茶贩每年茶季初期才会到山上茶园，带着资金（现金或是大稻埕的本票收据）、袋子还有天秤，大概在山上逗留 4 到 5 天，他们会到山上茶农多的地方或是到各茶农家里收购粗茶，大概会买到六七百斤粗茶，然后雇工人由水运运到大稻埕，他们会将好坏不同的粗茶适度拼配好，分出质量高低，再卖给茶栈、茶庄或是洋行。

茶栈的主要工作是将买来的粗茶以适当的比例拼配装袋，一般茶栈所包装的茶是卖到本地市场，不外销。大概有三分之一的茶栈兼有茶贩的功能，也有少部分的茶栈兼有茶馆的功能，从事粗茶的加工。

茶馆是茶叶的加工者，粗制茶叶的加工主要是由茶馆负责。茶馆有两种，一种是在大稻埕，一种是在茶园附近。在山上的茶馆结合了茶贩、茶栈的功能，先买进粗茶，然后将茶叶按大叶、小叶和茶末分开，再次烘干加工装箱，卖给洋行。大稻埕的茶馆，原为洋行所设立的茶叶加工厂，后

---

① 台湾銀行総務部調査課『台湾烏龍茶ノ二況竝同茶金融上ノ沿革』台湾銀行総務部調査課、1912、21 頁。

来华人加入茶叶加工行业，日益兴盛，华商所经营的茶馆也越来越多。从
1875 年有福建安溪茶商来大稻埕设立茶馆开始，接连有许多福建人、广东
人也加入经营茶馆，有的茶商只有茶季才来买卖茶叶，有的是委托大稻埕
的茶馆代理。

　　1895 年，泉州和漳州茶商数量占大稻埕市场的 70%，广东商人占 30%
左右，日本商人大概只有 2%，1895 年后茶馆逐渐减少，因为进入日据时
期之后物价上涨，制茶成本增加，造成茶馆经营困难，小资本的茶馆逐渐
被淘汰，只剩下资本较大的茶馆。一些中国商人也逐渐离开大稻埕，而日
本商人逐渐增加。[①] 但在 1896 年 1 月，大稻埕还有 252 家茶馆。[②]

　　日据初期，大稻埕的茶馆减少，但是位于山上的茶馆却增加，这些
山上的茶馆大多在枋桥、埔墘庄、溪洲庄、土城、柑林埤庄、清水坑庄
（以上属于摆接堡），士林（大加蚋堡），新庄、海山头庄（以上属于兴
直堡），水返脚（石碇堡），新店街、安坑庄（以上属于文山堡）。这些
山上的茶馆在日据初期发展较快，从 1900 年的 5 家增加到 1910 年的 26
家，同一段时间，大稻埕的茶馆由 1902 年的 70 家减少到 1910 年的 28
家，而在 1910 年时，山上茶馆的总制造量达 3773385 斤（1900 年总制
造量为 582249 斤），快要赶上大稻埕茶馆总制造量 5150688 斤。山上茶
馆增加的原因是山上的物价比城市低，制造成本也较低，比在大稻埕的茶
馆容易经营。[③]

　　买办通常居住在洋行或是茶馆内，担任洋行的茶贩，帮洋行买进加工
制造好的茶叶。买办要在对洋行做出担保后，才能代理洋行买卖茶叶。买
办除了领取洋行付给的薪水之外，所得的利益还有两种，一种是银水，就
是赚取金银汇兑时的差价，另一种是买办买卖茶叶时所赚取的中介费。

　　早期在厦门的洋行尚未在台湾设有分行时，代理的买办可以趁机动手
脚获取利益，诸如茶箱的包装、经手费、鉴定等名目。但买办并非只替洋
行做事，他交给洋行的保证金其实近似合股的费用，因为在代理洋行买卖

　　① 台湾銀行総務部調査課『台湾烏龍茶ノ二況竝同茶金融上ノ沿革』、23—28 頁。
　　② 曾乃硕：《清季大稻埕之茶业》,《台北文物》第 5 卷第 4 期，1957 年。
　　③ 台湾銀行総務部調査課『台湾烏龍茶ノ二況竝同茶金融上ノ沿革』、28—29 頁。

时，他也可以一起经营自己的生意，所交的保证金通常每年所赚取的利益已经足够补回。

另外一个近似买办角色的组织是妈振馆，妈振馆是英文 Merchant 的音译，是一种转贷资金的机构。经营妈振馆的人以厦门、汕头等地的人较多，在中国都有相当的资产，所以洋行和外国银行愿意借给妈振馆资金。

在 19 世纪 80 年代末期，妈振馆有二十多家，资本额在五千到四五万元不等，较著名的有广东人所经营的忠记、德隆、钿记、安太、英芳，汕头人所经营的隆记，厦门人所经营的瑞云。① 妈振馆的本店通常在厦门，在台北设有分店，以方便借贷资金给台湾的茶叶生产加工者。妈振馆向洋行借贷资金，如果与洋行有签订契约，必须按照契约优先卖给借贷资金的洋行；如果没有与洋行签订契约，可以在市面上将茶叶抛售，卖给其他的洋行。因此妈振馆的角色也近似于买办，协助洋行收取茶叶。②

茶叶输出商既有外国人，也有华人。外国商人在中国所经营的商行称为洋行，洋行买入已经加工完成的茶叶，或是从茶贩手中买入粗茶，自行或是委托他人加工再制，最后将成品茶叶外销。华人的茶商是将买入粗茶加工制造包装成箱，再进行销卖。

台湾的洋行在 1872 年已经有和记洋行（Boyd & Co.）、德记洋行（Talt & Co.）、水陆洋行（Bown & Co. 英国），因为中英《天津条约》的签订，使英国人比其他国家的商人有较多商业优势，因此在台湾的英国洋行的数量较多。到日本侵占台湾之后，英国的商业优势便消失了。在 1875年华商大举加入茶业之后直到 1896 年，台湾茶业产销组织间的关系大致如图 1-3 所示。

生产者是茶农，加工者和中介者有茶贩、茶栈、茶馆、买办、妈振馆，这三者间是可以相互结合，或者两者身份皆是。输出者是输出商。茶叶买卖的流程是：茶农→茶贩→茶栈→茶馆→买办→输出商，有时候外商会直接在大稻埕市面上购买茶叶，因此流程会变成：茶农→茶贩→茶栈→

---

① 台湾区茶输出业同业公会编《台茶输出百年简史》，台北：台湾区茶输出业同业公会，1965 年，第 33—36 页。旧慣調查会『経済資料調查報告』上卷、1973、102 頁。台湾総督府民政局殖産部『台湾産業調查録』、1896、48 頁。

② 陈慈玉：《近代中国茶叶的发展与世界市场》，第 193 页。

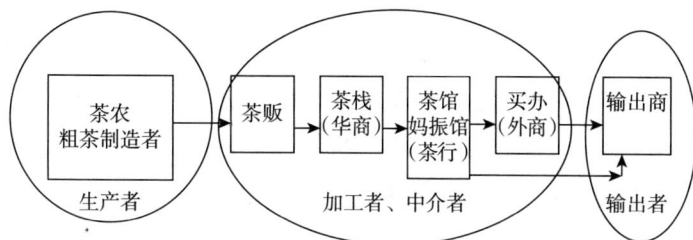

图 1-3　台湾茶业的买卖关系

茶馆→输出商。

　　在资金的流通上，茶农的资金可能是借贷来的。如宝顺洋行的杜德在台湾试行茶叶栽培时，将茶种交予农人，贷款给农人，茶叶收成之后自行加工制造。所以台湾茶叶发展的初期，茶农种茶的资金是来自洋行。

　　1875 年后华商逐渐加入茶业后，为了确保茶叶的来源，茶商也会贷款给农民。但由茶贩向茶农购买粗茶转卖与大稻埕的茶商判断，茶农借贷资金的对象主要是与他们常接触的茶贩，而不是从事加工者或是输出者的商人。

　　前文说，收购粗茶的茶贩分成两种。住在山上的茶贩大多是一小团体，每个参与者出资 50 元到 80 元（这里的元是日本的币值），集资三四百元到七八百元，很少有四五千元资本额的，如果合资的资金不足，有时候他们会向大稻埕的茶商借钱筹措资金。从山下市场来的茶贩，资本额一般是两百元，比较多的有五六百元，有的资金不够时也会向大稻埕茶馆商借。①

　　茶贩和制造粗茶的人用现金交易，多半不会一次全部付清，通常是付40% 到 60% 的现金，等粗茶卖给加工厂后再来结算（大概十天）。而茶贩也会借资金给粗茶制造者或是茶农，通常是在冬季出借，到第二年的茶季开始之后收回，利息大概是 11.2%。不过因为如果茶农和粗茶制造者向茶贩借钱，等于被限制了明年的价格和买卖机会，所以借钱者并不多。②

　　茶栈的资本大概有六七百元，所在地通常是大稻埕。因为他们通常和茶馆有所往来，而茶馆多半位于大稻埕。大稻埕里独资撑起店面的茶馆不

---

① 台湾銀行総務部調査課『台湾烏龍茶ノ二況竝同茶金融上ノ沿革』、23—24 頁。

② 台湾銀行総務部調査課『台湾烏龍茶ノ二況竝同茶金融上ノ沿革』、26 頁。

多，十分之九的茶馆都是众人集资合股成立，一间茶馆的资本约两千元，这样的茶馆信用很薄弱，不容易维持。有的茶馆接受厦门茶商的委托，厦门茶商付出金钱委托他们制作或是收购茶叶，有的茶馆经营不善，连带委托的厦门茶商损失惨重，因此后来厦门茶商会和台湾茶馆签订为期一年的契约，两者间的委托关系转成借贷关系，由厦门的茶商提供资金，茶馆提供足够数量的茶叶。

茶馆和厦门商人由原本的委托关系转成借贷关系，后来转化成妈振馆的经营。之前提到，经营妈振馆的人以厦门汕头等地较多，妈振馆的本店通常在厦门，在台北有分店，以方便借贷资金给台湾茶叶生产加工者。妈振馆出借资金给商人，商人将资金投资在种茶上，所得的茶叶交给妈振馆。妈振馆以市价计算茶叶所卖的金额，扣除商人的贷款，多余的钱就退给商人，如果不够，商人必须补足不够的部分。① 如果当年无法偿还，可以在下年度偿还，利息是月息五厘。妈振馆的资金来源是洋行或是汇丰银行、中国的钱庄，比例大概外国资本 70%、中国钱庄 20%、本身的资金 10%。在茶叶盛产期间，妈振馆所借出的资金，以信用贷款计算，估计不低于 15 万到 20 万银元（包括台北和厦门等地）。妈振馆不只收取茶叶作为抵押，有的茶商向妈振馆借贷资金不以茶叶而以其他的货品抵押借款，如果将抵押的货品换算成金钱，妈振馆所借出的资金大概能达到 100 万银元。②

洋行在台湾从事茶业，起初是来台湾设立分行，自行建立茶叶加工厂，如前述的宝顺洋行。有的洋行是委托买办另找工厂加工茶叶，由买办负责监督，像和记洋行、德记洋行都是请买办代理负责。洋行将资金提供给买办，由买办处理，如此会比直接购买市面上加工完成的茶叶更便宜。买办也可以在茶叶加工完成之后，将交给洋行之外的茶叶私下卖出，赚取利益。像和记洋行买办自己经营的商家永顺隆号，美时洋行买办自己经营的逢泰号，华利洋行的买办自己经营四德、联利两个商家，他们在大稻埕都有自己的茶庄店面。③

---

① 颜义芳编《台湾总督府公文类纂殖产史料汇编（1895—1902 年）》，台湾省文献委员会，2002，第 106 页。
② 台湾総督府熱帯産業調査会『茶業ニ関スル調査書』、71 页。
③ 台湾銀行総務部調査課『台湾烏龍茶ノ二況竝同茶金融上ノ沿革』、33—35 页。

　　洋行委托买办购进茶叶之后，要经过检查确定茶叶的质量才会签订买卖契约，洋行会直接检查现场的货物，检查的方法是每一口茶叶（80 箱茶叶）打开 5 箱以上检查质量，将拿出来检验的 5 箱称重算出一箱的平均重量，再加乘计算整批茶叶是否有过轻或过重的情况。如果打开的茶箱中茶屑超过 30%或 40%，就算是不合格，洋行可以退货要求买办赔偿，或是拿买办跟洋行缔结契约时所用抵押品来赔偿。①

　　洋行除了要支付买茶、聘请买办的费用，还有买办在为洋行办事时的花费诸如制茶的费用、包装费、运输费等，这些占据了总收入的一半，洋行的代表人每年一次回本国调查状况的旅费也是一项不小的支出，如果茶叶买卖没有相当的利益，一般洋行在台湾进行茶叶买卖要维持生存是不太容易的。②

　　（三）清代闽台茶产销组织比较

表 1-6　福建茶业和台湾茶业的比较

	福建茶业	台湾茶业
兴盛时代	19 世纪 60 年代	19 世纪 80 年代之后
生产取向	一开始并非土地主要种植作物。在茶叶需求量高的时候才扩大种植面积	与福建相同
粗茶制作方式	毛茶：将生茶叶在晴天时"晾青"，用脚踏使之柔软，再以双手"揉捻"，在竹盆中发酵。发酵完毕的茶叶用以炉火加热，用两手搅拌，使茶叶变柔软，再移到竹盆中干燥，最后装袋完成	粗茶：将生茶叶用日光曝晒发酵，放到竹制圆盘中由多人合作搅翻茶叶，之后阴晾让茶叶萎凋。再将茶叶放进锅中炒，由揉茶师父搓揉、烘焙，接着分成大叶、小叶、茶屑，再放回焙笼中烘，烘完再揉一次，然后装袋完成
加工方式	将毛茶依照种类分开，将分好的茶叶放入热锅中，反复炒干。炒完再放入焙笼之中烘焙，使其干燥。将制好的茶叶重新混合，以做成适当品质的茶。最后包装	将粗茶重新分类再度烘焙。烘好的茶叶还要再筛再拣，重新依照比例混合包装成各种等级的茶，最后包装
主要输出的茶种	发酵茶、半发酵茶	乌龙茶为主

---

①　台湾総督府熱帯産業調査会『茶業ニ関スル調査書』、19 頁。
②　台湾銀行総務部調査課『台湾烏龍茶ノ二況並同茶金融上ノ沿革』、36—40 頁。

续表

	福建茶业	台湾茶业
产销组织	山户、茶庄、茶栈、输出商；在 19 世纪 60 年代内地收购盛行之后转为：山户、茶庄、输出商	茶农和粗茶制造者、茶贩、茶栈、茶馆、买办、输出商
资金借贷关系为主	有预付制的习惯	有借贷也有合资，预付制不盛行

由表 1-6 可知，在生产过程中，福建的毛茶和台湾的粗茶制作步骤是相似的，但在加工的步骤上，因为外销的茶叶种类不同，在加工的技术上也不同。

在生产资本上，因为资金前贷，福建茶业受到洋行的控制，从事中介的华商因为洋行实行内地收购而逐渐衰落。台湾茶业中洋行逐渐不介入生产过程，而退守到直接购买成品，也不再将资金直接投资到生产过程中，而是从生产上游取得货品，华商在茶业中仍占有一席之地。台湾茶业产销组织的资金来源主要是彼此合资，以减少因借贷而被控制的风险。妈振馆虽然借贷资金给茶商，但借贷的形式与资金前贷不同，无法以借贷的关系控制货物的买卖。

因此，台湾茶业虽然在生产方式和生产组织上与福建相似，但在产销组织间的关系则不同。不同的产销关系使台湾的茶业没有和福建茶业一般被洋行所控制，而有自己的特色，因此在讨论台湾茶叶生产的时候应当注意到它的产销过程及独特性。

第二章

闽商与清代福建茶叶出口贸易

第一节　闽南人与武夷红茶外销

红茶是近代世界六大茶类（红、绿、青、黑、黄、白）中产销量最大的茶类。正山小种红茶创制于明末清初，起源于武夷山市星村镇桐木村，为中国乃至世界红茶的始祖。正山小种在其出现之初便传入欧洲，受到英国女王的喜爱，并带动了欧洲的饮茶风尚，这是由特定的条件决定的。首先，正山小种的产地桐木村位于武夷山脉最高地段，闽赣二省的交界处，为交通要道，北距重要的内河港口江西铅山河口镇 80 余公里，南距重要的茶叶集镇星村镇仅 40 余公里，有天然的贸易优势；其次，武夷山在历史上久负盛名，历来为名人雅士所喜，各界人士来往频繁，信息灵通，因此，早在宋代武夷茶便享有盛名，星村镇是茶业行商萃聚之所，这为红茶能迅速流行创造了条件。但在众多促成正山小种迅速传播并畅销欧洲的条件中，还有一个重要因素，即闽南人尤其是漳泉籍商人在红茶的传播中起到了重要作用。

一　闽南籍移民和僧人主导武夷红茶产制

明末清初，大批闽南移民和僧人迁徙到闽北武夷山。当时，武夷山有大小寺庙庵院五十多处，几乎每一个山头都有寺庙，且山僧多为闽南人。在这批移民中就有同安籍的释超全；漳浦籍的僧衍操，释超位、铁华上人；龙溪籍的僧如疾、释超煌、道桓、明智；晋江籍的兴觉、真炽；泉州籍的净清；漳州籍的性坦；等等。[1] 茶和寺院、佛教一直以来关系密切，这批迁徙到武夷山的僧人不仅善于品茶，不少人还是制茶高手，如释超全。释超全[2]（1627—1712）俗名阮日锡，同安（厦门市同安县）人。明末布衣，曾樱（南明文渊阁大学士）门人，师事曾樱传性理学，患难与共，性嗜茶，幼习茶书，随师在郑成功储贤馆为幕僚，善烹工夫茶，有制茶工艺。明亡，师尽节，弃家行遁，身怀工夫茶艺而奔走四方。遍览名山大川，尽尝天下名茶，慕武夷之名，约于康熙二十五年（1686）入武夷天心禅寺为茶僧。与闽南籍僧人超位、超煌等人交好，常在寺院共赴茶宴，在一起交流工夫茶艺，以茶谈禅，以茶论道，以茶说经，还与"毁家从军抗清，明亡隐居茶洞"的李卷相好，传习茶艺。他的《武夷茶歌》与《安溪茶歌》是研究武夷茶文化的名篇。《武夷茶歌》对武夷茶的历史和茶叶制作技术进行了记录，是福建乌龙茶创于武夷山的历史佐证，也是记载乌龙茶制作技艺的第一手资料。

释超全返居厦门期间，写下了《安溪茶歌》："迩来武夷漳人制，紫白二毫粟粒芽。西洋番舶岁来买，王钱不论凭官牙。"为我们再现了闽南人产制武夷红茶的画面和300年前武夷红茶在厦门港经由西洋运茶船外输贸易的盛况。清代武夷茶在国内的市场集中在闽粤二省，徐珂在《清稗类钞》"功夫茶"条写道："闽中盛行功夫茶，粤东亦有之，盖闽之汀、漳、泉，粤之潮，凡四府也。"[3] 可见，工夫茶是一种喝茶方式，而武夷茶则是饮用的茶类。在国内，最早推崇饮用武夷茶的是汀漳泉潮之人，这四府也一直是武夷茶的主要消费地，饮用武夷茶之风正是由此流传至四方，当然其中的漳州府人与武夷茶关系最深。"迩来武夷漳人制"说明漳州人很可能是武夷茶的直接发明者。在康熙年间漳州人就流行喝武夷茶，出版于康熙五十二年的《漳州府志》"杂俗"条写道："灵山寺，出北门十里，地宜茶，俗贵之。近则移嗜武夷茶，以五月至，至则斗茶。"[4] "移嗜武夷茶"

---

① 彭一万编著《闽南饮食》，鹭江出版社，2009，第 118 页。
② 凤凰网，http://fo.ifeng.com/chanchayiwei/detail_2010_01/19/295859_1.shtml。
③ （清）徐珂：《清稗类钞》，商务印书馆，1918，第 17 册。
④ 康熙《漳州府志》"杂俗"，转引自徐晓望《清代福建武夷茶生产考证》，《中国农史》1988 年第 2 期。

这种饮用风尚也是武夷茶发展的重要消费环境。

此外，由于明清两代实行过海禁，在闽赣边界还有许多从沿海内迁的闽南人。沿海地区地贫，靠出海谋生人数也是有限，故一部分人移民闽北。以南平县为例，"依山傍谷，诛茅缚屋而居，曰棚民。携山禾、山芋、桐、茶、杉、漆、靛、竺、番薯之种，挈眷而来，披荆棘，驱狐狸种之，率皆汀、泉、漳、永之民……"。[1] "纲鉴纪事本末，闽王延钧时度民二万八千为僧，由是闽中多僧"。[2]《铅山县志》记载："仅明、清二代福建移至此的移民新建村落达 523 处。"《上饶县志》记载，全县 35 个公社、场几乎都有福建人，其中与铅山县邻近的南部尤其多，迁入者多来自泉、漳、汀州、永春、南安、莆田等市县。这些移民与闽南茶商及迁徙到武夷山的闽南僧人语言相通，因而被大量雇用到武夷山，从事红茶的产制。早期武夷茶就是由这些僧人经营的，而这些武夷寺僧"多晋江人，以茶坪为业，每寺订泉州人为茶师"。[3] 据说武夷岩茶就是由逃难到武夷山定居的安溪难民创制的，还有一部分难民逃到江西上饶、广丰一带定居，到茶季才来武夷山制茶。[4] 可见闽北茶叶从技术发明改进到具体的采摘制作工作大部分都是由闽南人完成的，包头、棚民"皆江西、广东及本省汀、漳等郡无业游民"，[5] 而且当时闽南语成为茶业从业者的通用语言，"盖以前岩茶所有者多漳、泉、厦一带人，名茶师亦多闽南籍，包头自须娴厂主之语言，以减少主佣间之隔阂"。[6] 除此之外，从闽北运茶到广州的茶商和为茶商收购茶叶的小贩多数也是闽南人。总之，闽南商人和茶师，以及武夷寺僧，形成了武夷茶从栽培、制作到贸易的网络系统。[7]

---

① 福建省南平市志编纂委员会编《南平县志》"礼俗·引旧志"，1985，第 16 页。

② （清）施鸿保：《闽杂记》卷七"僧巫"，光绪戊寅年（1878）申报馆印。

③ （清）郭柏苍：《闽产录异》，第 15 页。

④ 陈椽、杨晓牛：《武夷茶三起三落》，载陈椽主编《中国名茶研究选集》，安徽省科委、安徽农学院，1985，第 30 页。

⑤ 徐栋、丁日昌辑《保甲书籍要·成规上》卷二，台北：成文出版社，1968，影印清同治十二年刊本。

⑥ 唐永基、魏德端：《福建之茶》，福建省政府统计处，1941，第 71 页。

⑦ 张晓宁：《天子南库》，江西高校出版社，1999，第 86 页。

二 闽南籍茶商引领武夷红茶营销

闽南籍商人是武夷红茶贸易的主要组织者。闽南籍茶叶行商尤其是漳泉商人,从明末到清中期一直在武夷山经营茶业。他们携巨资到武夷山经营茶业,将购得的茶叶转销至厦门、广州、苏州等地,率先开辟了武夷红茶的国内市场。活跃于茶区的闽南籍茶商不仅推动着武夷红茶国内市场的扩大,而且直接经营武夷红茶的外销。庄国土指出,"宋元以降,闽南商人在远东贸易中长期居优势地位。西人东来后,首先遭遇的也是闽南海商"。①

闽南海商在华商海上贸易网络中居主导地位,他们活跃于中国沿海和东南亚海域,为茶叶外销提供有力的保障。明末清初海禁不包括澳门往南洋贸易,故澳门成为闽商辗转进行海外贸易的中转舞台,"其商侩、传译(即通事)、买办,诸杂色人等多闽产,若工匠,若贩人、店户则多粤人,赁夷屋以居"②。顾炎武亦记载,在澳门,"其通事多漳、泉、宁、绍及东莞、新会人为之,椎髻环耳,效番衣服声音",③ 荷兰人首次从澳门得到的茶叶就是闽南商人从厦门转口的福建茶叶。由于西方国家对红茶的喜好、闽南海商的贸易优势与闽北茶叶的密切联系这三个主要因素,17、18世纪,荷兰等国从东南亚口岸运回欧洲的大多数茶叶是闽南商人运用帆船输送出去的福建茶叶。

在东南亚,福建海商的帆船贸易早已成熟。最先在东南亚接触欧洲人的中国商人就是漳泉海商。④ 茶叶贸易兴起后,荷兰等欧洲国家在东南亚地区与漳泉海商进行的贸易活动,逐渐成为他们获取中国茶叶的主要途径。以巴达维亚为例,荷兰占领巴达维亚后,将它作为中转站运销中国茶叶,极力吸引闽南商人来巴贸易。1734年就有8艘帆船从厦门运茶叶到巴达维亚。⑤ 有的海商在巴达维亚娶妻成家,仍经常往来广东福建与巴达维亚

---

① 庄国土:《鸦片战争前福建外销茶叶生产和营销及对当地社会经济的影响》,《中国史研究》1999年第3期。
② 印光任、张汝霖编撰《澳门纪略》上卷"形势篇",上海进步书局印行,出版年份不详。
③ 顾炎武:《天下郡国利病书》,商务印书馆影印,民国二十五年。
④ 〔荷〕包乐史:《中荷交往史》,庄国土译,荷兰:路口店出版社,1989,第189页。
⑤ 〔美〕马士:《东印度公司对华贸易编年史(1635—1834年)》,区宗华译,中山大学出版社,1991,第221页。

做茶叶生意，成为当地大茶商，[①] 在中荷贸易中起中介作用。连巴城大茶商绝大多数是闽南籍，17 世纪 30—40 年代的闽籍甲必丹连富光也经营茶叶贸易。[②]

闽南海商对茶叶外销的支持还表现在投资茶叶种植上。在与东南亚的帆船贸易中，闽南海商输出丝绸、瓷器、茶叶等土产，但回航载的多是美洲出产的银元，"东洋吕宋，地无他产，夷人悉用银钱易货，故归船自银钱外无他携来，即有货也无几"。[③] 据统计，从 1570—1760 年由菲律宾输入中国的白银数量共约 243372000 比索，折合库平银为 175227840。[④] 这些银元绝大部分流入福建的漳、泉，因此福建自然成为中国最早普遍使用白银的地区。这些持有白银的海商，从海外贸易中获得了西方市场对茶叶有需求的信息，进而携银到闽北来租山种茶，甚至开办茶厂组织茶叶的生产、加工制作，被称为"银主"，[⑤] 他们用资金参与或直接加入等形式，加入茶叶生产制作领域，对扩大茶叶种植，促进茶叶生产发展，满足市场的需求起了至关重要的作用。

在广东，福建商人也拥有贸易优势。1757 年，清政府实行一口通商政策，此后闽海关关闭，茶叶主要经广州一口进行对外贸易。由此，武夷红茶的出口由海上外销，转为陆路运至广州，再经十三行的行商外销与外国商人。行商垄断时期，"闽皖商人贩运武彝、松萝茶叶，赴粤省销售，向由内河行走"。[⑥] 如 18 世纪初，厦门的皇商老安官（Anqua）、秀官、寇官（Cowlo）、葵官（Quiqua）和唐官（Tonqua）都到广州与英国公司从事长期的茶叶交易，[⑦] 乾嘉年间的广东十三行中，同文行（潘启）、怡和行（伍国莹）、义成行（叶上林）、丽泉行（潘长耀）、东裕行（谢嘉梧）、东兴

---

① 《雍正朱批谕旨》，雍正十一年二月二十日，第 55 册，第 105 页。

② J. L. Blussé van Oud-Alblas, *Strange company: Chinese settlers, mestizo women and the Dutch in VOC Batavia*, Dordrecht and Riverton: Foris Publications, 1986, p. 146.

③ （明）张燮：《东西洋考》，中华书局，2000，第 132 页。

④ 钱江：《1570—1760 年中国和吕宋贸易的发展及贸易额的估算》，《中国社会经济史研究》1986 年第 3 期。

⑤ 杨国桢：《明清土地契约文书研究》，人民出版社，1988，第 280 页。

⑥ 《光绪大清会典事例》卷六三〇"海禁二"。

⑦ 〔美〕马士：《东印度公司对华贸易编年史（1635—1834 年）》，第 158—174 页。

行（谢有仁）、资元行（黎光华）等行俱闽籍，且都是漳泉人。^①由此可见，不仅在海外贸易网络中，闽南人为茶叶运销提供了条件，就是在国内的港口转运茶叶和与洋商贸易接触等各环节，都有闽南人的身影。此外由于均是闽南客商，行商与在闽北从事茶叶生产销售的闽南人存在地缘、方言甚至或多或少的血缘关系，从而能更好地推动闽北茶叶的外销。台湾茶叶刚开始发展时，茶贩大多也是闽南客商。1895 年，台湾大稻埕的泉州和漳州茶商占 70%，广东商人占 30% 左右，日本商人大概只有 2%^②。

第二节　主要闽籍茶商及其经营

一　潘振承及潘氏家族

在清代出口贸易的链条中，茶叶从产地运往消费地必须先由生产者经过代理商，或者驻产地的出口商转给消费地的进口商，再由消费地的进口商将茶叶输出。此链条中最重要的两个环节，产地的出口商和消费地的进口商，分别由广州的十三行和英国的东印度公司来充当。十三行是清政府指定专营对外贸易的垄断机构，从康熙二十五年（1686）设立，至咸丰六年（1856）被毁，其垄断茶叶贸易近两个世纪之久。十三行商人，特别是十三行中的闽南籍茶商在推动和发展福建茶叶外销的过程中起着重要作用。同文（孚）行是广州十三行中成功进行福建茶叶外销的外贸世家之一，由闽南籍茶商潘振承创立，历经潘振承、潘有度及潘正炜三代（潘振承在 1742 年左右开设同文行，潘振承去世后由潘有度管理同文行，至 1807 年关闭，1815 年潘有度重新出任洋商后将同文行更名为同孚行）。

潘振承为福建同安人，少时家境贫穷。1727 年清廷取消禁止商人出海到南洋贸易的禁令后，14 岁的潘振承随即下海做船工，并在后来离闽入粤从商。他初到广东之时先是在陈姓洋商的商行中经理事务，在积累了足够

---

① 梁嘉彬：《广东十三行考》，章文钦校注，广东人民出版社，1999，256—342 页。
② 刘至耘：《清末北台湾的茶叶贸易（1865—1895）》，硕士学位论文，台湾"暨南大学"，2004，第 25 页。

的经验和资金后创办了同文行。潘振承及潘氏家族以诚信为本的经营理念、务实进取的经商之道和创新开放的经营思想使同文（孚）行能跨越乾隆、嘉庆、道光三朝，经营对外贸易，对清代福建茶叶出口的贡献颇多。

1. 诚信为本的经营理念

同文（孚）行获得成功的重要原因之一是潘氏家族诚信为本的经营理念，与客户诚挚相待，尤其在商品品质方面备受外商赞誉，深得客户欢迎和敬重。潘振承以向外商退赔质量不合格茶叶的实际行动彰显了自己的诚信。1783 年，英国东印度公司董事部将同文行在 1781 年出口英国的 1402 箱质量差的武夷茶从伦敦退回。潘振承为了维护同文行的经营信用，对退回来的质量低下或不合格的茶叶，以及运输过程中致损的茶叶都给予退赔，开启了洋商向外商退赔质量差茶叶的先例。① 诚信经营给潘振承带来了信誉，英国东印度公司职员认为他"实可称为当时行商中最有信用之唯一人物"。② 由于潘振承诚实可靠，外商乐意向同文行购买的茶、丝预付货款。这使原本资金就充裕的同文行资金周转更为顺畅，当同一时期的黎光华、倪宏文、颜时瑛、张天球、蔡昭复等五家洋商由于资金不足而破产时，同文行的商业贸易却能运行得越来越好。③ 潘有度和潘正炜也都秉承了潘振承诚信为本的经营理念。为了保证茶叶的质量，潘有度通常只向特定的合作伙伴购买特定品牌的茶叶，不会为了扩大茶叶贸易量而降低其品质。在 1795—1796 年及 1796—1797 年两季与东印度公司的茶叶交易中，同文行品质不符的茶叶量远低于其他洋行。④ 由于潘有度坚持品质控制，其在茶叶经营商中拥有很高的商誉，获得了英国东印度公司的极大信任，不仅享有很大的交易配额，而且能得到比其他洋行商人更高的售价，从而为同文行创造了可观的收益。潘正炜接手同孚行后也像其先祖一样，以诚信赢得合作伙伴的信任和敬重。为防止销往欧洲的茶叶损耗变质，潘正炜还特地采用规格标准、密封性好、适于长途运输的茶叶箱，并在茶叶箱上

---

① 潘刚儿、黄启臣、陈国栋：《广州十三行之一：潘同文（孚）行》，华南理工大学出版社，2006，第 17 页。

② 梁嘉彬：《广东十三行考》，第 147 页。

③ 潘刚儿、黄启臣、陈国栋：《广州十三行之一：潘同文（孚）行》，第 18 页。

④ 潘刚儿、黄启臣、陈国栋：《广州十三行之一：潘同文（孚）行》，第 114 页。

印上"同孚名茶"四个大字，以保证客商对商品的信心。①

2. 务实进取的经商之道

潘氏家族经营的同文（孚）行创造近百年商业辉煌的另外一个重要原因是其三代经营者务实进取的经商之道。潘振承壮年由闽入粤从事商贸，为了创建自己的事业，他以闽籍商人务实进取的精神三次渡海到小吕宋进行贸易，并熟习了西班牙语，为其后来拓展海外贸易网络奠定了良好的基础。后来他又在广州陈姓洋行处经理事务，熟悉国内外市场情况，为自己积累了丰富的经商经验和创业资金。经营同文行期间，他准确把握时局，积极参与国际市场竞争，选择了执掌国际贸易霸权之牛耳的英国和支付能力较强的瑞典作为主要贸易伙伴。这两个国家对中国茶叶的需求量大，其对华茶叶贸易数量在 1785 年分别居对华茶叶贸易国的一、二位。② 潘振承与这两个国家维持长期稳定的贸易关系，使同文行的茶叶对外贸易额一直处于同行之首。除了努力营造自己的国内外商业网络，潘振承也用心经营人际网络。从 1760 年清政府成立"公行"至 1788 年潘振承病逝前的 28 年间，他一直担任广州洋商的首领，平衡内、外商及与政府之间的关系，对于中外矛盾事件，他主要抱着以和为贵、息事宁人的原则去处理，以保证自己的贸易正常进行。③ 潘有度的务实进取还体现在他审慎的行事作风和对同文（孚）行业务的拓展上。他谨慎地选择交易的对象和商品，在 18 世纪末，对于支付能力强的瑞典他仍维持稳定的贸易关系，而对于新兴的港脚商人和美国商人他只进行选择性的交易，避免卷入于己不利的商业风险，避免了许多不必要的损失。此外，他还曾用拒绝担任洋商首领和退休等行为来避免卷入各种被官吏敲诈勒索的场合，成功发展自己的事业并防止财富的流失。④ 在业务的拓展上，他一方面清楚认识茶叶是其最可靠的获利来源，努力维持茶叶品质以创造利润；另一方面，他也从事茶叶贸易外的其他商业活动，除拥有一家绒布行，还拥有用以出租给英、美商人的多家夷馆，享有收租权利，进一步为其积累了财富。潘正炜继任同孚行洋

---

① 潘刚儿、黄启臣、陈国栋：《广州十三行之一：潘同文（孚）行》，第 192 页。
② 潘刚儿、黄启臣、陈国栋：《广州十三行之一：潘同文（孚）行》，第 18 页。
③ 潘刚儿、黄启臣、陈国栋：《广州十三行之一：潘同文（孚）行》，第 20 页。
④ 潘刚儿、黄启臣、陈国栋：《广州十三行之一：潘同文（孚）行》，第 116 页。

商后在其堂兄潘正威的协助下平稳经营，在 19 世纪 20—40 年代的洋商中具有举足轻重的作用。

3. 创新开放的经营思想

同文（孚）行能存续近百年成功运作，离不开其管理者创新开放的经营思想。潘氏家族特别是潘振承对中外文化的包容、吸纳及灵活运用，成就了同文行在商业上的巨大成功。潘振承在长期与外商的频繁接触中，信息渠道得到拓展，视野开阔，思想也较开放。18 世纪 60 年代英国东印度公司董事部开始在广州使用汇票，潘振承敏锐发现这种新出现的外商金融汇划结算方法的优点，并在 1772 年将之引入同文行的经营运作，率先用这种手段进行国际贸易，免去诸多现金交易的不便，使同文行在商业管理上独具优势。[①] 这种结算方法在当时的十三行行商中尚无使用的前例，潘振承却以开放的思想率先接受了这种创新的结算方式，使自己的商业运营从中受益。

4. 亦商亦儒的儒商风范

潘氏家族贾而好儒，潘振承、潘有度和潘正炜不仅孜孜不倦追求新知识以提高自身素质，还将儒家思想带到商业活动中，形成了优良的商业道德。潘振承拥有强烈的求知欲，他从商后不仅充实自己商贸经营管理等诸多方面的知识，还熟习了英语、葡萄牙语和西班牙语三种外国语言。同时，他十分重视后辈的教育，其家族中多饱读诗书之人，而潘有度、潘正炜也都继承了这种重视知识的家风。此外，潘振承既承袭了"仁者爱人"的中国传统儒家思想，也受西方思想的影响，承认人的尊严与价值。在商业上取得成功之后，潘振承"乐善好施"，不仅捐助大笔款项用于捍卫国家领土完整和维持社会治安，还积极投资开发龙溪乡，进行地方建设，对"修桥、筑路、修学校"等恩泽乡里的善举更是不遗余力。潘有度、潘有为也捐献巨资用作捍卫国家的完整统一和维持社会治安。鸦片战争后，同孚行结业，成为士绅的潘有为仍笔耕不辍，勤于著述，并积极投身于反侵略斗争中。

---

① 潘刚儿、黄启臣、陈国栋：《广州十三行之一：潘同文（孚）行》，第 23 页。

二 伍秉鉴

2001 年美国《华尔街日报》统计 1000 年来世界上最富有的 50 人，其中有 6 名中国人，伍秉鉴位居其中。伍秉鉴，祖籍福建安海，其父伍国莹为躲避战乱，逃离贫穷，于康熙初年举家迁往广东，并在潘振承家担任账房，后来创办怡和行。1801 年，32 岁的伍秉鉴接手怡和行后，凭借着超前的经营理念在对外贸易中迅速崛起，成为十三行中著名的行商之一。伍秉鉴的经营哲学主要体现在诚信真挚的商业交流、开阔的国际视野和巧妙的协调能力三个方面。

1. 诚信真挚的商业交流

伍秉鉴经营怡和行期间将自己的事业拓展建立在诚信真挚的商业交流上。十三行时期，行商们要想在激烈竞争环境下取得一席之地，必须要有出色的经营之道。伍秉鉴很注重把商业拓展与情感沟通相互联系，获得外国商人的信赖，并建立起很好的商誉，从而为自己的出口贸易及拓殖域外投资建设打下了坚实的基础。

伍秉鉴在商业交流中保持诚信真挚，有不少广为流传的故事，其中以下面两例最为典型。资料记载，有一位波士顿商人与伍秉鉴合作经营一项生意，由于经营不善，亏损欠款又无力偿还，一直难以回国。伍秉鉴得知此事后，当着这位商人的面把 7.2 万两银元数额的借条撕掉，并表示他们之间的账目已经结清，对方随时可以回国。另一故事是伍秉鉴在与一位美商合作时，该美商因没有执行伍的商贸指示而赔了钱，当时他也表示自己愿意承担亏损部分，但伍只是要求其以后吸取教训，便自己承担了这些损失。[1]

2. 开阔的国际视野

在冒险拼搏的传统海商性格影响下，闽籍商人不但善于经营商业贸易，更有着非凡的胆色和开阔的国际视野。在这一方面，伍秉鉴可以说是佼佼者。在思想相对禁锢的晚清，伍秉鉴较早进行世界范围的商贸往来。

---

① 宋韵琪、谭元亨：《十三行商人的民商本质——对关于其性质为官方代表的商榷与讨论》，香港：中国评论学术出版社，2009。

他同国际商人联系密切，借助他们的关系涉足域外投资建设等领域。1834年以前，怡和行与英商和美商每年贸易额达数百万两白银，伍秉鉴成为东印度公司的"银行家"和最大债权人。① 他在国内虽已拥有地产、房产、茶园、店铺等产业，但他视野开阔，大胆利用手中的大量资金储备，在美国进行铁路投资、证券交易，甚至涉足保险业务等领域，不断延伸自己的产业链，将怡和行打造成一个国际性的大财团。

3. 巧妙的协调能力

伍秉鉴能成功拓展怡和行的商业并在十余年间居于行商首位，除了其雄厚的经济实力和成功的经营理念外，其巧妙的协调能力也是关键因素之一。伍秉鉴成功地处理了与其他行商、官府及外商的关系。在与其他行商的关系上，伍秉鉴主要利用其雄厚的资金实力协助东印度公司向其他行商放款，并通过这种方式加强对许多资金薄弱的行商的控制。② 同时，伍秉鉴还借助其与外商的特殊关系，兼顾其他行商的某些利益，换取他们对自己的支持。1811年，伍秉鉴与卢观恒同意担任羽纱销售代理人，但向东印度公司要求所得利润要按比例分配给公所中的全体行商，以换取全体行商的支持。在处理官府的关系上，伍秉鉴一方面通过捐输等手段与政府建立起密切联系。另一方面，鼓励其子弟参加科举进入仕途，或通过捐纳等方式获得官衔或官职，同统治集团紧密结合，以期成为统治阶级的一分子。在同外商的关系方面，伍秉鉴与欧美商人的关系非常密切，大力帮助外商协调各方关系。当东印度公司资金周转不灵时，常向伍秉鉴借贷，伍秉鉴也是极力帮忙。他同美国旗昌洋行（Russell & Co.）也密切合作，一直为其作保，并在后期将怡和行向英国、美国和印度输出商品的贸易完全交由旗昌洋行代理。他在东印度公司和美商中左右逢源，在西方商界享有很高的知名度，他的肖像甚至悬挂在一些与他有生意往来的美国商人的府邸中。外商都将其视为最可靠的贸易伙伴。但是，也正是由于他与外商之间千丝万缕的联系，使他最终无法与外商的鸦片走私脱开干系，在后世的评价中褒贬不一。

---

① 西春：《伍秉鉴：150年前的世界首富》，《新经济》2011年第4期。
② 向阳：《影响中国的历代名商》，中国致公出版社，2003，第70页。

三 李春生

李春生是出生于厦门、崛起于台湾的企业家，对台湾茶业的发展有着特殊的贡献，被称为"台湾茶叶之父"。李春生在台湾茶叶外销中成功的经营源于其敏锐的商机洞察力、充分的商业知识和灵活的应变能力。

1. 敏锐的商机洞察力

李春生于1866年进入台湾艋舺（今万华），受聘为宝顺洋行买办，负责管理茶叶种植与生产。当时台湾处于开港之初，台茶品质不高，没有自主品牌，大部分是经过初制后被运往大陆与福建茶叶拼配后外销。在厦门从事茶叶贸易多年的李春生看出台湾茶叶技术改革的需要和创立台湾茶叶品牌的商机。因此，他积极协助宝顺洋行的英国人杜德从福建的安溪引进茶种，劝导淡水农户种植，在台北成立了精制茶厂并聘请福建制茶师赴台传授乌龙茶制茶技术。1869年，乌龙茶在台湾试制成功，首次将127.8吨乌龙茶由淡水直销纽约，并在美国首次提出"台湾茶"的商品品牌，台湾茶业由此勃兴。[①] 后来李春生自己经营茶行，贷款给当地茶农推广乌龙茶的种植和销售，逐步打造出自己的茶叶王国。台湾茶叶在其筹划推动下，逐渐成为台湾出口商品中的大宗。茶叶制销得法的李春生还看出洋商需要茶叶买卖集散地的需求，与板桥林家的林维源共同建造千秋、建昌（今贵德街）两条专门从事茶叶买卖的街出租给洋商，由此带动了大稻埕的繁荣。

2. 丰富的商业历练

李春生在商业获得的巨大成就也离不开他对商业知识孜孜不倦的追求与积累。小时候，李春生家境并不富裕，为了贴补家用，他带着糖果沿街叫卖，立下长大后从商的志向。入台经商之前，15岁的李春生被父亲送到厦门钱庄当伙计。借着与外国人交往的机会，他不仅学会了英语，还逐渐掌握了商业经营之道。在20岁时，他就已被厦门英商怡记洋行（Elles & Co.）聘任为掌柜，从事洋货及茶叶买卖，进一步学习商业知识。后来，他自己在厦门经营了一家四达商行，兼营茶叶，直至三年后太平军攻入闽

---

① 周树斌、陈叙达：《台湾的茶业》，《中国茶叶》2006年第2期。

南地区，其经营的事业才暂时停顿，他进而转入台湾成为宝顺洋行的买办。这几段从商经历使李春生熟练掌握了英语，并有机会游历许多地方，积累了充分的商业知识，因此他很受洋人及政府官员信赖，每当官府与洋人有事交涉时，都会邀请他提供意见或担任翻译，也因此他得到了"番势李仔春"的称号。这些都为他后来在台湾创造辉煌事业奠定了基础。

3. 灵活务实的应变能力

李春生在商业上取得巨大成功还在于他善于审时度势，具有灵活的应变能力。其在台经商期间，台湾经历了从清廷统治下割让给日本的时局动荡，李春生善观时变，获得当局的支持，在不同的形势下发展自己的商业贸易。在刘铭传驻台期间，李春生积极协助清政府推展各项工业建设，不仅担任募集委员，还不惜投下巨资，积极推动各项公共工程，如台北城的建造、铁路的兴建、八堵煤矿的修复、大稻埕港岸堤防的兴建、大稻埕新市街的营造工程等，备受清政府器重。

四　郭春秧

郭春秧为福建同安人氏，16 岁远渡重洋到印尼谋生，在印尼从事制糖业并取得巨大成功，建立起自己商业的基础。后来，他又以台湾为据点，在台湾设立锦茂茶行，实现从茶叶种植、收购、制作和出口贸易的一体化经营。他对台湾茶叶贸易，尤其是台湾包种茶东南亚贸易网络的拓展做出了很大的贡献。郭春秧的经营特色主要体现在突出的个人能力、独到的投资眼光和保守的家族经营理念三个方面。

1. 善于接受新技术

无论是在印尼发展制糖业还是在台湾发展茶叶贸易，郭春秧都表现出很强的接受新事物能力。他能够迅速掌握行业最新技术，并付诸实施。初到印尼谋生时，他在其伯父郭河东开设的制糖厂当学徒。聪颖勤奋的郭春秧掌握了最新的机器制糖工艺，成功改造传统的榨糖设备和煮糖炉灶，其经验在华侨的制糖厂中推广，使受排挤的华侨制糖行业走出困境。郭春秧因此得到伯父的赏识，被提拔为经理。郭河东过世后，郭春秧接掌了他的公司，业务不断拓展，分厂遍及荷印所属各埠，成为继黄仲涵之后的"糖业大王"。在台湾从事茶叶生产与贸易时，由于具有突出的个人能力，善于协调各方关系，郭春秧先后担任改组前的台北茶商公会第一、二任会长。1918 年爪哇官方禁止从国外进口茶叶时，郭春秧到巴达维亚与荷兰政府进行交涉。他在谈判中沉着应对，见解深刻，成功说服了荷兰政府允许爪哇输入一定量的台湾包种茶。

2. 善于发现新商机

郭春秧在商业经营过程中善于发现新商业机会并进行投资，这体现出他独到的投资眼光。早在 1887 年，当时还在郭河东手下工作的郭春秧到台湾考察糖业时，见识了当时台湾北部茶叶出口贸易的盛况，告知郭河东台湾茶业的潜力，并在台湾开始从事茶叶贸易。[①] 郭春秧在台湾西北部投资开辟茶园，创办制茶厂，在淡水镇开设"锦茂茶行"，形成从种植、加工制作到销售的一体化经营模式。他利用原来在东南亚的贸易网络使其茶行生产的包种茶、红茶和乌龙茶，尤其是包种茶畅销东南亚各地，并在大陆大受欢迎，他借此在厦门设立了锦茂茶行分行。1929 年以前郭春秧锦茂茶行输出的包种茶占全台输出比例在 20% 上下。[②] 此外，郭春秧审时度势，将在实业方面成功经营所积累的财富大手笔地投资在房地产业，他先是在厦门鼓浪屿投资了锦祥路房产，又以独到的投资眼光涉足香港的房地产业，在香港北角建了三百多间店铺，开辟出一条新街，被香港当局命名为"春秧街"。郭春秧独到的投资眼光使他有效地分散了市场风险，没有在世界经济危机中被淘汰出局。

3. 坚持家族经营

郭春秧的事业虽然发展得很大，但他在企业经营管理上较为保守，执掌其各处业务的人才以亲属为主，尤其是其三个儿子郭双蛟、郭双麒、郭双龙都曾执掌过锦茂茶行。其在厦门的锦茂茶行由他的兄长郭春字打理。郭春字之子郭汉泉也是他生意上的得力助手。而郭汉泉的岳父王江海则为他执掌新加坡的锦祥茶行。此外，郭春秧的侄子郭博容初到台湾时也曾任台湾锦茂茶行的经理。由此可见，郭春秧的企业管理方式是以血缘为核

---

① 《郭春秧氏略历》，《台湾之茶业》1928 年第 11 期。
② 林满红：《印尼华商、台商与日本政府之间：台茶东南亚贸易网络的拓展（1895—1919）》，《中国海洋发展史论文集》第七辑，1999，第 591 页。

心，兼之以地缘关系。虽然他努力让郭双龙留学，努力将后代培养成具有国际视野的商人，但由于他保守的家族经营管理理念，其在年迈之时，管理人才不济，缺少替其执掌世界商业版图之人。

五　其他知名闽籍茶商

邹秉均，字永生，号鸣盛，福建连城（原长汀）四堡雾阁人，早期华侨工商巨子之一。康熙五十七年（1718）十二月出生于一个印刷工人家庭。七岁入塾，12岁辍学为本乡印书坊折页叠书。闲暇勤奋自学，博览群书，善于辞令，为人诚实，喜交游。17岁，随伯父外出四处售书。后来自设书店于江西南昌，兼营武夷名茶。年三十，深感蛰守豫章书店雄心难展，于是"孑然一身，驰万里异域"，"转适巴国"（今印尼），进行丝绸、茶叶、瓷器等输出贸易。尽管南洋诸岛"人情风土迥殊，语言服食各异"，但邹秉均能"行己以恭，待人以信，巴人咸敬爱之，乐相结纳，往返多年，朋侪益广，所获赢余，遇知己有急需者，倾囊与之不吝"。年四十余，从海外归来，"又束装往星村（福建崇安），游武夷，积茶通洋，总摄'金春'字号，持筹握算，如愿以偿，不数载，黄金白银累至巨万"，成为闽西首批面向海外的侨商巨子之一，而"名噪三江、两湖，暨闽粤诸省。觌面者，既获瞻韩；风闻者，久怀慕蔺。"秉均平生热心地方公益事业，注重文化教育，多方奖励后进。除在各地捐资修建学宫外，还在故乡创建"致远书屋"，设馆延师，免收学费，鼓励青少年入学，后又令其六子邹席珍"携眷旋梓"执教，为本乡及相邻各地培育大批有为青年。

邹茂章（1704—1796），崇安县下梅里人。《崇安县新志》载：下梅邹姓原籍在江西省南丰县茶溪乡。约在公元1719年，邹茂章之父邹元老率四子由茶溪乡迁居上饶，邹茂章偕弟英章、禹章、舜章复由上饶迁居崇安（现武夷山市），定居下梅，并承秉祖业种茶，后与晋商常氏合伙经营武夷岩茶，开拓梅溪景隆号码头盈利，年获资百余万，在下梅村购地建宅七十余栋，所居成市。邹茂章承担建家祠之重任，为不忘祖先之创业艰辛，他在祠堂中供奉扁担、麻索等创家立业时用过的工具，以激励后人。邹氏家祠成为中国历史文化名村下梅的一张名片。据《茶溪邹氏家谱》记载"闽固产茶之区，而武夷七十二岩茗种尤甲天下，公（邹世偶）与伯兄（邹茂章）共治之，走粤东，通洋艘，闽茶赖以大行，品核精详，无二值，无欺隐，且不与市井较铢两。以故洋人多服之。洋人售公售制获异珍所至，辄信偿其利，由是家日饶裕，为闽巨室……"① 随着茶叶生意向境外扩散，茶路不断延长，下梅邹氏借福州、广州口岸开放之机，租用洋船，将武夷茶贩运到东南亚各地，有的还销往欧洲，其南下贩茶的路程也有 1000 多公里。②

宁德周氏家族。宁德双溪镇周绍京、周绍虞、周绍坚三兄弟，于同治十一年（1872）在屏南创办"六合春"茶庄，3 年后成立总行，茶业发展迅猛，"选办武夷岩种，聘请名师加工精制，小种名茶叶厚水浓清香无匹"。（商标语）以"新山小种"为主，陆续创立状元、占元、上品、奇珍、奇种、茗香等 13 个品牌。茶叶经营扩至邻近 9 县，"投资设七行以营茶"，拥有"玉和生、玉成春、政邑生记、东洋新山"等 19 个分号。因茗品红茶质优价廉，迅速打入国际市场，打造了福建外销茶叶驰名商标。应出口之需，"六合春"茶行随之在省城福州设站办钱庄，在福安（赛岐）建设码头。"交易所之大者，有船八艘，在天津、上海、汉口、宁波四口往来运货。"③"六合春"驰名商标，见证了屏南茶商出口经营的非凡历史。周家代代接续，直至 1951 年才歇业。

宁德坦洋吴氏家族。19 世纪初，在民谣传唱"坦洋工夫好光景"的年代，世代务农的吴氏家族从谷岭（今晓阳镇岭下村）迁居坦洋经营茶庄，开始了与茶结缘的故事。吴步云是那一代茶人的佼佼者，他为人宽厚，机敏过人，奔走闽粤，与洋人做茶叶生意，船装舶运，贩茶巨万，"不数年大获奇赢"。1903 年，年仅 20 岁的吴庭元继承父亲吴步升、伯父吴步云的茶叶生意，打出"元记茶行"商号，精制"坦洋工夫"红茶。趁着火红茶市，茶行迅速崛起。拥有铺面 36 间，伙计百余人，茶山 4 座，精制茶厂 1 家，拣茶工、制茶师傅两三百人，年产精制"坦洋工夫"2000 余件、200 多吨，远销英国、俄国等地。吴庭元还在福州开设茶栈，挂英国

---

① 《茶溪邹氏家谱》第五册，《奉直大夫晋赠中宪大夫世偶公传》。
② 邹全荣：《晋商与下梅村》，《寻根》2007 年第 5 期。
③ （清）李永锡、程延拭修，徐观海等纂：《屏南县志》，乾隆三十年刻本。

人的牌照，专门同洋行和外商接洽，并用自己的画像注册了"元记"商标。注有中英两种文字的"元记"商标，随着"坦洋工夫"远涉重洋飘香海外。①

陈朝骏（1885—1923），字选轩，福建厦门人。其父陈玉露在光绪十二年（1886）前往爪哇建立"义裕茶行"，推销福建包种茶，后来又到台湾设立永裕茶行。1900年陈朝骏随父来台接管事业，为大稻埕"永裕茶行"主人。同年与郭春秧、吴文秀等前往巴黎参加国际博览会推广茶叶。1914年重组台北茶商公会后任第一任会长。1916年陈朝骏与李景盛、李延禧等发起台湾新高银行，总行设于大稻埕，主管均为国人，此事对国人在日据时期金融业地位之提高不无影响。

吴文秀，1873年出生在台北大稻埕，被称为"大稻埕茶业巨商"。随父亲经营茶行期间，他就常和父亲研究改良茶叶质量以及茶叶经营，很有心得。创立良德茶行以后，由于优异的语文能力，以及茶业经营经验，吴文秀很快就在同行中崭露头角。1897年，才25岁的他就担任台北市茶商公会的会长，领导台北市的茶商拓展外销业务。他在台湾茶的贡献有：一是代表台湾茶商前往巴黎参加万国博览会，并借回制茶的改良方法，在拣选、包装方面，照着新式样，改掉旧包装，使台湾茶叶的外销市场更加扩展；二是解除南洋爪哇地区终止台湾茶进口的禁令，促使日本政府用外交方式和爪哇当局交涉、谈判，终于解除困境。台湾茶叶外销盛况才能够维持。

陈天来，1872年出生在台北大稻埕，被称为"台湾茶业大王"。20岁时，创办了"锦记茶行"，从事茶叶的制造和贩卖。当时南洋市场对茶的需求很大，他抓住商机，派遣长子陈清素前往南洋各地，开拓茶叶外销的业务。在他们的妥善经营下，业务遍及了新加坡、沙劳越和北婆罗州。在担任台北及台湾茶商公会会长期间，他有许多建树，其中最被称道的是废止"制茶税"。原来日本政府对制茶是要抽税的，他凭着和日本政府当局良好的关系，一再努力沟通，终于获得日本总督的许可。制茶免税后，茶叶成本降低，对茶叶的产销有很大的帮助。1927年，陈天来担任"同业组

---

① 吴润民：《百年茶叶世家的"坦洋工夫"梦》，中国新闻网，2011年8月8日。

合台北茶商公会"会长，直到 1939 年去世前，他一再蝉联茶商公会会长，成为日本统治后期，台湾茶界最重要的人物。

第三节　闽籍茶商的共同特征

每一个商帮在特定的时期都会体现各自的价值观和具有共性的区域文化。同样的，在中国和世界商界活跃了上千年的闽商在漫长的经商生涯和创业实践中，继承中华民族的优秀传统，形成了具有浓郁区域特色的闽商文化。闽商文化发端于蓝色海洋，有着海洋文明开放、多元和拼搏进取的共同特征。闽商在漂洋过海、移民求生的过程中养成了开放和包容的意识，以适应异域环境，这种海商文化随着时间演进，在与其他文明的互动中成为闽商文化特有的禀赋。这种文化形态和禀赋在闽南籍茶商中表现明显。

一　闽商精神

（一）勇于拼搏，开拓进取

福建的地理特征是多山滨海。由于地处多丘陵地带，山区土地贫瘠，耕地不足，加之南宋后移民到闽南的人口急剧增多，闽南人不得不选择向大海讨生路，向海外发展。这种地理条件造就的生存方式，加以百越族的抗争精神、移民行为本身所激发的好斗与进取精神，使闽南人敢于背井离乡。闽南人在一代代创业移民和与世界文化的交流碰撞中，积淀了丰厚的精神内涵，形成了勇于拼搏、开拓进取的性格特征和开放的海洋意识。这种海洋意识使闽南籍茶商表现出明显与众不同的价值观，他们敢于闯荡拼搏，十分推崇"三分天注定，七分靠打拼""争气不争财""少年不打拼，老来无名声""输人不输阵，输阵番薯面"等说法。

福建的地理环境，一方面迫使闽南人需要与外界建立比较紧密的贸易联系，通过商品交换获取各种必需品，另一方面也使海上活动成为闽南人获取财富的重要手段。世代漂洋过海、在异域打拼，艰苦曲折的经商创业经历，铸成他们勇于拼搏、开拓进取的精神。闽南籍商人中又以漳泉籍商人最为典型，他们先后成为海外华商网络的主导者。从明中叶到明代后期，以漳州人为主的闽南海商在中国海外华商网络中开始担任主角，到 17 世纪初，漳州籍海商迅速衰落，泉州海商取而代之。闽南海商主导海外华商网络直至 19 世纪中期。① 福建茶叶外销中的闽籍茶商也具有闽南籍商人这种勇于拼搏、开拓进取的共性。他们主要崛起于 18 世纪至 19 世纪中期。广州一口通商后，闽南籍茶商将部分资本和生意逐渐转移到广州。如前所述，广东十三行著名的行商中有近半数都为闽南籍茶商，且都为漳泉籍茶商，如潘振承、伍秉鉴等。鸦片战争后，广东十三行中的茶商逐渐衰败，拼搏进取的闽南籍茶商又在台湾寻找到新的创业机会，如李春生、郭春秧等人都在台湾茶业外销史上留下浓墨重彩的一笔。

（二）海纳百川，兼容并蓄

辽阔的海洋为闽南籍商人提供了无限的商机，创造了财富，也练就了这些闽南籍商人海纳百川、兼容并蓄的性格。海洋文化本身开放包容、兼容并蓄的特征让闽南籍茶商比同一时期的其他茶叶商帮更容易接受外来文化，在中外文化交流上扮演着不可或缺的角色。这种兼容并蓄并不仅仅停留在物质层面的交流，更多地表现在对外来文化的接纳与贯通上。十三行中的伍秉鉴、潘振承及潘氏家族，台湾的"茶叶之父"李春生等无不在促进茶叶外销的同时，成为政府与外商沟通的桥梁。他们在一次次中外文明的交流与磨合中，表现出非凡的包容力，一方面传承了中华优秀传统，另一方面学习和接受了西方国家的先进技术和经营理念。如潘振承率先采用外商金融汇划的结算方法、李春生积极接受现代化观念等。

长期穿梭于海外诸国、奔波于远洋贸易的闽南籍茶商在以包容性的胸怀对中西方文化兼容并蓄的同时也开阔了眼界。他们传承闽南籍商人拼搏进取的精神，未受中原文化中"父母在不远游"思想的影响，没有将自己局限于某个地方，以开阔的眼界、国际性的视野拓展自己的贸易。如潘振承曾三次渡海到小吕宋进行贸易，熟习了英语、西班牙语和葡萄牙语；李春生到台湾从事茶叶贸易，协助英商首次将台湾茶叶以自己的品牌推向国际市场；郭春秧远渡重洋到印尼打拼，在制糖业获得巨大成功后又到台湾

---

① 庄国土：《论 17—19 世纪闽南海商主导海外华商网络的原因》，《东南学术》2001 年第 3 期。

从事茶叶贸易；等等。闽籍茶商以开阔的眼界，兼容并蓄的胸怀放眼世界市场，积极培育海外贸易网络并借助这些贸易网络将福建茶叶外销至世界各地。此外，他们没有将商业活动局限于茶叶贸易，如潘氏家族建有多家出租给外商的夷馆；伍秉鉴在美国进行铁路投资、证券交易，甚至涉足保险业务等领域；郭春秧在香港投资房地产；等等。

（三）重商务实，乐善好施

唐代以前，福建人的主要经济活动还是农业。在经历了唐代的开放和五代十国时期对外贸易的发展后，重商逐渐取代重农。各种资料显示，宋元以后，随着阿拉伯穆斯林商人，以及欧洲商人和印度商人来闽日益增多，福建人的经商对外贸易进一步发展，其足迹遍布东南亚、东北亚、印度洋，甚至远至东非、地中海等广大地区。

福建人的经商意识，首先表现在远航贸易。宋元时期福建泉州人拓展了海路，在经济上获得巨大成功，到南宋末年及元代，把一度执东方海上贸易之牛耳的广州抛到了脑后。因为有海外贸易，才会有闽商的富庶，航海贸易无疑是闽南社会商品经济发展的重要催化因素。其次表现在手工业生产地位突出。航海贸易的发展使舶货源源而来，同时也会有大量的本土货物，特别是手工产品出口海外，对福建本地的手工业发展起着十分重要的作用。最后是促进农业产品的商品化。在商品贸易的强烈刺激下，经济作物的种植面积日益扩大，农副产品在出口商品中也占了很大比重，部分土地和劳动力逐渐被纳入商业网络，这是重视商业活动带来的又一个必然趋势。①

正是这种独特的生存空间、逼仄的生活条件，刺激闽人迸发出高昂的经商热情，造就了闽人的重商传统和具有商业精神的闽文化。他们克服固守故土的观念，或下海以商，或外出为工，克服了定居、苟安、封闭、忍耐的农业社会性格，不断开拓自己的商业发展道路。② 潘氏家族、伍秉鉴、李春生和郭春秧等都是在这种重商务实的氛围下背井离乡打拼出自己的一

---

① 苏振芳：《弘扬闽商精神与建设海峡西岸经济区》，http://www.yawin.cn/list/article_660.html。

② 林枫：《明清福建商帮的性格与归宿——兼论中国封建社会的长期延续》，《中国经济史研究》2008 年第 2 期。

番事业。

闽南籍茶商虽有重商传统，却也不乏儒商风范。他们传承了诚信仁义、重义轻利的儒家优良传统。福建茶叶外销中的闽南籍茶商诚信经营，在商业贸易中注重产品质量，如潘氏家族的同文（孚）行、伍秉鉴的怡和行等都在商界树立了极高的商誉，他们的茶叶品牌成了质量的保证。这些茶商重义轻利，被外商看作可靠的朋友和商业伙伴。此外，闽南籍茶商虽然离开故土在外拼搏奋斗，但他们仍具有深深的乡土和国土观念，在血液里流淌着报效桑梓、兼济天下的价值取向。他们有很强的乡土责任感，在其事业取得成功后，将很大一部分财富用于回馈桑梓、服务社会。闽南籍茶商捐资助学、架桥修路等善举俯拾皆是。而且他们还为捍卫国家的完整统一和维持社会治安捐献了大量经费。另外，致富之后的闽南籍茶商大都贾而好儒，他们极为重视后辈的教育，将希望寄托于子孙后代，捐资设学，振兴宗族教育事业。如潘氏家族聘请名师在家学任教，潘振承的后辈们均在文化气氛浓烈的家风熏陶下成长，留下颇多诗文著述。

二　儒商传统

闽籍茶商的儒商传统在广东"十三行"中的闽籍茶商身上表现得尤为明显。儒商一词，就是指有儒家思想的商人，明清时期的文献称之为"儒贾"。戴斗勇认为：所谓儒商，广义来说是具有以儒家思想为核心的中国传统文化精神的商人、企业家；狭义来说是以孔子倡导的儒家思想、理念来指导和规范自己的经济行为的商人、企业家。[1]

"十三行"中的闽籍茶商无疑合乎这一定义，所以他们也可称为儒商之一种。至于儒商传统，主要指传统儒商精神的发展，儒商精神是一种用儒家思想来指导实践的经商意识，就是儒商在经济活动中体现出儒家的伦理道德，同时具有儒者的风范。[2] 茶商对明清儒商传统的继承，主要在诚信方面的儒家思想及相关的为商之道。还有，儒商强调的以义为尚、以义

---

① 戴斗勇：《儒商精神》，经济日报出版社，2001，第 6 页。
② 雷传远：《清代广东十三行的儒商传统与中西文化交流》，博士学位论文，中山大学，2004，第 29 页。

见利精神。在十三行行商的茶叶经营中不乏互相照顾、辅助互济的事例，特别是当个别行商出现困难时，其他茶商的解难更能体现出这种以义为尚的儒商传统。此外，儒商重视个人道德操守，乐于捐资发展社会福利事业，以彰显儒家"达则兼善天下"的思想。十三行商人热心社会的公益事业，发扬了儒商的德治思想。儒商在清代有"良贾何负于闳儒"的思想，为免被当代人所轻视，行商致力于发展地方文教事业，以代替传统儒生的责任，体现了这种传统特质。

诚信是儒商传统的一个主要方面，孔子特别强调"言必信，行必果"，认为人在社会的立足中不可言而无信；汉儒董仲舒更将"诚信"发展为儒家五项基本做人的原则之一。中国古代商人在经商过程中提出"货真价实，童叟无欺"的信条，充分反映了"诚信不欺"的儒家伦理精神。明清时期晋商、徽商、闽商之所以有辉煌的成就，也都同诚信经营密切相关。

以十三行潘氏家族的经营为例，潘家几代行商都讲求诚信，他们对外提供的货物都具有极佳的品质。外商因此对潘有度的评价很高，东印度公司的职员在回顾1797年至1798年交易的情况时有下列的评论："由于潘启官的茶叶平均品质高于其他商人，我们必须指出：在与他订的契约中经常规定如果验货时他的功夫茶被认定较优，他应得到相符的价钱。而我们也不得不承认，在本季整体的比较上，它们（潘有度的功夫茶）值得我们所给予的特别看待。"[1] 另外，1784年东印度公司就潘启官还有他的诚信品质做出更明确的评论："假如茶叶有什么掺杂的欺骗行为，当然我们（指英商）会首先发现的，但他（指潘启官）与我们交易多年，从未听说过他们埋怨他的货物质量低劣，或一包内有不同的品级等问题。"[2]

此外，当1803年东印度公司发现茶叶掺入杂质及重量不足向潘启官二世提出索偿时，潘有度（潘启官二世）的做法是：

---

① 陈国栋：《潘有度（潘启官二世）：一位成功的洋行商人》，广州历史文化名城研究会、广州市荔湾区地方志编纂委员会编《广东十三行沧桑》，广东省地图出版社，2001，第180—181页。

② 〔美〕马士：《东印度公司对华贸易编年史（1635—1834年）》，第419页。

潘启官说，这种损失，如不停止，一定会使行商破产。他知道，此事部分由于驳艇驶往黄埔时被偷窃，为了补救，他决定将茶叶在船上或船旁再行称量，同时另外建造一种新式样的驳艇，使船夫不能摸到茶叶。①

潘有度对外商的损失立刻做出补救的行动，目的是维持诚信，这种营商手法就是承袭了明清儒商传统中的"诚信"特质，因而能使潘氏家族成为屹立不倒之行商。潘月槎在《潘启传略》中对潘振承（潘启官一世）有这样的评价："洋商以公精西语，兼真诚，极为钦重，是以同文洋商务冠于一时。"可见，不单只是潘有度，其祖潘振承也有此"诚信"之儒商传统。另一行商伍怡和家族亦具备诚信的品质，伍秉鉴和旗昌洋行输往欧美的茶叶，同样品质甚佳，因而能以高价出售。同时，英国东印度公司的大班，每逢贸易季度结束离开广州前往澳门居住时，就将公司的存款和金银移交给伍秉鉴保管，这也反映了伍家受外商信任。

除此之外，我们还可从与异地茶商发展的比较中分析闽籍茶商的特质。

张丽、骆昭东在《从全球经济发展看明清商帮兴衰》中指出，我国各地商帮形成于明清时期，从诸商帮不同发展阶段所经营的主要商品种类来看，在各大商帮的鼎盛时期，丝、茶、瓷、棉布等在其长途贸易中占有着非常重要的地位。② 由于安徽也是我国著名茶产区，明代以来，茶叶也是徽州商帮的四大经营项目之一。徽州茶商也是我国清代著名茶商之一，这里，我们将闽籍茶商与徽州茶商经营做简单比较，可以从侧面看出闽籍茶商的特质。

闽籍茶商与徽州茶商出口经营的共同点主要在于，首先，两地茶商都是儒商，前文已经说明闽籍茶商的儒商性质，徽州商人大多也是"业儒"出身，这是徽州社会环境所致。旧称"新安自昔礼义之国"，"文献之邦"，读书风气较浓，"虽十家之村，不废诵读"。所以，徽州人大多自幼就"习儒业"。后来，除少数人步入仕途或成为鸿儒硕学之外，多数人则改从他

---

① 〔美〕马士：《东印度公司对华贸易编年史（1635—1834年）》，第 709 页。

② 张丽、骆昭东：《从全球经济发展看明清商帮兴衰》，《中国经济史研究》2009 年第 4 期。

业，其中约有十之七"弃儒服贾"。这类有文化知识的商人，不仅精于筹算，有的人还精于翰墨，亦即所谓"商而兼士者也"。这些"业儒"出身的商人中，有不少人还酷爱经史百家之书，欲从中汲取文化、思想营养，增长经商才能，并将儒家理念付诸茶叶经营的实践。其次，两地茶商都善于经营政商关系以及与洋商或洋商买办的合作关系。徽州著名茶商江有科就利用一些机缘与当时的朝廷重臣李鸿章以及上海谦顺安茶栈老板唐尧卿拉上了关系，获得了迅速发展的机会。再次，"一口通商"时期，两地茶商都曾经在广州经营茶叶出口贸易，并且经营主要都是本地所产的茶叶，都要经过长途跋涉运到广州，他们都在经营中积累海外人脉和外销经验。两地茶商经营的不同点在于，"五口通商"后，徽州茶商转到上海经营茶叶，而闽籍茶商转到厦门和福州。另外，徽州茶商比闽籍茶商更善于总结茶业经营经验，并留下了一些经营方面的著述。前述徽州茶商江有科贩茶入粤时，曾作《徽州至广州路程》札记一册，详记旅途所经的550余处城镇村庄的风情、距离、交通、关卡、安全、费用等详细情况；他还写有一本接洽外商的札记，专记外国的语言、度量衡、交往礼节、生活风情等及积累的经商经验。江耀华则更进一步，除撰《做茶节略》外，还撰有《买茶节略》《行情节略》《勤写免问》《洋庄茶总誊清册》《产业增添册》等，为后世留下了宝贵的徽商经营文化遗产。

第三章

晋商与清代福建茶叶出口贸易

清代茶叶对外贸易有海运和陆运两种方式，其中，陆运的目的地之一为中俄边境的恰克图，在这里进行中俄贸易。中俄茶叶商路主要为山西商人所开辟并把持，这条商路南起武夷山，北至恰克图，甚至延伸至俄国境内，在国内的行程长达 4200 公里，至终点圣彼得堡总长度将近 1 万公里，这是继汉唐"丝绸之路"之后开辟的又一条横贯亚欧的国际商道，这一以清代晋商为主体的商道垄断中国对俄罗斯贸易近两个世纪。本章探讨的问题有三：一是清代俄国人对中俄贸易之路的探索；二是晋商在福建茶业的经营及在中俄茶叶贸易中扮演的角色；三是晋商在茶业经营中的模式和绩效。

第一节　俄国人探索中俄茶叶贸易之路

一　19 世纪以前的中俄茶叶贸易

明代，在山西大同进行的茶马互市，已使包括茶叶在内的商品流入蒙古，并辗转输入俄国。不过，这一时期输入俄国的中国的茶叶数量相对不大，因为当时俄国饮茶的习惯还不普遍。崇祯十三年（1640），俄使瓦西里·斯达尔科夫从卡尔梅克返国，带回茶叶二百袋（约 240 公斤）奉献给沙皇，是为华茶入俄之始。[①] 从此，饮茶习俗开始在俄国贵族中盛行起来。

---

① 吴孟雪：《中俄恰克图茶叶贸易》，《农业考古》1992 年第 4 期。

俄国人包括许多其他西方人都称此茶为"蒙古茶"或东方"神秘之茶"。"砖茶"一词俄语发音也和蒙古语发音基本相似。

晋商同俄国的贸易往来起自康熙二十八年（1689）中俄《尼布楚条约》签订后，但这一时期主要是俄国商队来北京贸易，也有少数贸易在库伦（今蒙古国首都乌兰巴托）、归化城（今呼和浩特）、张家口等地通过晋商来完成。比如在张家口，"凡内地之牛马驼羊，多取给于此。贾多山右人，率出口，以茶布兑换而归"。[①] 雍正五年（1727），中俄又签订《恰克图条约》，确定祖鲁海图、恰克图（今在蒙古国境内，北邻俄罗斯）、尼布楚（今俄罗斯涅尔琴斯克）三地为两国边境通商贸易地点。恰克图是中俄边境上的俄国贸易城，三年后清政府批准中国人在恰克图的中方边境一侧建立买卖城。在中俄恰克图贸易中，茶叶贸易越来越重要，中方的贸易主要是由晋商来完成的。18世纪上半叶之后，随着中俄贸易往来的升温，俄国人饮茶之风渐盛，茶叶消费量猛增。

乾隆二十年（1755），清王朝以"入京俄国商队人员行为不轨，且商队入出境手续繁多，沿途供养所费不赀不等"为由，将中俄贸易统归于恰克图。自此，俄国派往北京的商队贸易停止，恰克图中俄贸易日渐兴盛。与此同时，茶叶已成为俄国人日不可缺的消费品，中俄之间的茶叶贸易更加繁荣。俄国六等文官米勒说："茶在对华贸易中是必不可少的商品，因为我们已经习惯于喝中国茶，很难戒掉。中国茶往往比从海外进口的茶要好些，也便宜些。只是希望能将中国茶向外国转售的更多些。"[②]

恰克图的商人由两国严格进行管理，禁止用银币交换，只能采取以物易物的实物交易方式。交换的货品俄国人以黑羽纱及兽皮牛羊皮等为主，中国的货品大多为茶、绸、绢及棉布等物。总的看来，尽管恰克图的商品流转额在个别年份有些波动，但是在1792—1800年还是获得了快速增长，差不多增长了70%。各年中俄贸易额统计如下（见表3-1）：

---

① 镐甫：《闻见瓣香录》，转引自张正明、薛慧林主编《明清晋商商业资料选编》，山西人民出版社，1989，第65页。

② 〔俄〕尼古拉·班蒂什-卡缅斯基编《俄中两国外交文献汇编（1619—1792年）》，中国人民大学俄语教研室译，商务印书馆，1982，第420页。

表 3-1　1792—1800 年中俄各年贸易额统计

单位：卢布

年份	各方货值	贸易总额	关税
1792	2467279	4934558	509830
1793	3549432	7098864	515581
1794	2522941	5045882	527070
1795	2720285	5440570	532393
1796	2551764	5103528	488320
1797	2378750	4757500	414277
1798	2783942	5567884	509684
1799	3677823	7355646	698487
1800	4191923	8383846	715364

　　资料来源：〔苏〕米·约·斯拉德科夫斯基《俄国各民族与中国贸易经济关系史——1917 年以前》，宿丰林译，社会科学文献出版社，2008，第 187 页。

　　在交易额增长的同时，俄国进出口的商品结构也发生了显著的变化。据苏联历史学家米·约·斯拉德科夫斯基研究统计，俄国在出口方面，"皮毛的比重继续在缩减……非毛皮商品在其中的比重，到 18 世纪末时，已从前 15 年期间的 15% 增加到 30%"，而从中国进口的商品结构在这一时期也同样发生了变动，其主要表现是"茶叶的进口量迅速增加"。[1] 据统计，1798 年俄国从中国进口的茶叶总额为 46977 普特，其中黑色白毫茶 14398 普特、绿茶 6704 普特、茶砖 25875 普特；到了 1800 年，茶叶进口总额为 69854 普特，其中黑色白毫茶为 30017 普特、绿茶为 8387 普特、茶砖为 31450 普特。[2]

　　如表 3-2 显示，18 世纪中期以前输俄茶叶较少，到 18 世纪后期已达到了非常可观的数量。不久，茶叶便超过棉布和绸缎，成为恰克图中俄贸易的首要商品。[3]

---

① 〔苏〕米·约·斯拉德科夫斯基：《俄国各民族与中国贸易经济关系史——1917 年以前》，宿丰林译，社会科学文献出版社，2008，第 188 页。
② 〔苏〕米·约·斯拉德科夫斯基：《俄国各民族与中国贸易经济关系史——1917 年以前》，第 188 页。
③ 参见张正明《明清晋商及民风》，人民出版社，2003，第 54—56 页。

表 3-2　18 世纪后期华茶年均输俄数量

单位：普特

时间	数量
1755—1762	11000—13000
1768—1785	29000
1792	24568
1798	46977
1799	52313
1800	69854

注：1 普特＝16.38 公斤。

资料来源：吉田金一「ロシアと清の貿易について」『東洋学報』45 卷 4 号、1963。

卡尔·马克思在 1857 年 3 月所写的《俄国的对华贸易》中也详细地谈到了恰克图茶叶贸易。他说：

> 恰克图位于西伯利亚南部和中国的鞑靼交界处、在流入贝加尔湖的一条河上、伊尔库茨克城以南约 100 英里的地方。这种一年一度的集市贸易，由 12 名代理商管理，其中 6 名俄国人，6 名中国人；他们在恰克图会商并规定双方商品交换的比率，因为贸易完全是用以货易货的方式进行的。中国人方面拿来交换的货物主要是茶叶，俄国人方面主要是棉织品和毛织品。近年来，这种贸易似乎有很大的增长。十年或十二年以前，在恰克图卖给俄国人的茶叶，平均不超过 4 万箱；但在 1852 年却达 175000 箱，其中大部分是上等货，即在大陆消费者中间享有盛誉的所谓商队茶，完全不同于由海上进口的次等货。……买卖货物的总价值——按照公布的账目来看，货物定价都不高——竟达 1500 万美元以上的巨额。……由于这种贸易的增长，位于俄国境内的恰克图就由一个普通的要塞和集市地点发展成一个相当大的城市了。它被选中成为这一带边区的首府，荣幸地驻上了一位军事司令官和一位民政长官。①

---

① 《马克思恩格斯全集》第 16 卷，人民出版社，2007，第 81—82 页。

二　19世纪中俄茶叶贸易

19世纪，俄国茶叶需求增长迅猛。从1802年到1845年，经过赤塔中心市场进入俄国的茶叶价值增长了6倍。这一时期中俄茶叶贸易的突出特点是，输俄茶叶总量中的95%是经过汉口运往恰克图的。恰克图茶叶贸易不仅使中国商人获利，俄国商人获利也相当多。据《山西外贸志》记载，俄商在恰克图以每磅2卢布的价格购买茶叶转运至圣彼得堡后，可以3卢布的价格卖出，若转运至欧洲，则获利更丰。俄商1839年在恰克图以700万元购买的茶叶，一转手在下诺夫哥罗德市场上就可以卖到1800万元。由于茶的价值高，俄国人甚至把砖茶作为货币使用。

太平天国起义期间，输俄茶叶受到很大影响，其中原因较为复杂，除战争的因素外，茶叶运输成本太高也是一个重要原因。英国人利用海路运输成本低的条件，可以把价格较低的商品运进中国，同时把中国茶叶运往欧洲。中国内地经恰克图运到莫斯科的茶叶，每磅运费要40戈比，而由上海到伦敦的海运运费，每磅仅3—5戈比。1858年《天津条约》开七口通商之例，中俄通商关系发生重大变化，恰克图在中俄贸易中日渐失去其重要性。

1861年，俄国开放黑海敖德萨港，华茶遂开始部分通过海运销往俄国。次年，《中俄陆路通商章程》签订，这个章程奠定了此后数十年中俄边境贸易繁荣的基础。1881年，中俄《圣彼得堡条约》签订，根据这个条约，清政府大幅降低了恰克图茶叶贸易中各种次等茶的出口税。此后，恰克图茶叶贸易又迎来发展，增长相当稳定。

至19世纪80年代中期以后，华茶销英数量骤减，而同时华茶销俄数量猛增。据《山西外贸志》记载，1890年，销俄华茶占中国出口茶叶总值的38.44%，已超英国所占25.9%的比重。此后华茶即以销俄为主。1899年，中国货物出口俄国共计4351.5万卢布，其中茶叶3537.5万卢布，占81%；1900年，中国货物出口俄国共计4594.5万卢布，其中茶叶3765.5万卢布，占82%。[①]

---

① 仲伟民：《茶叶与鸦片：十九世纪经济全球化中的中国》，第69—70页。

第二节　晋商经营福建茶市与"茶叶之路"

一　为何是晋商

从武夷山出产的茶叶，经船队、车队、马帮、驼队几次变换交通工具，先经水路，随后又翻越深山，穿越草原，最终抵达中俄边境恰克图，这在缺乏机械化的交通工具、全靠人力和畜力承载物流的前工业社会有着难以想象的艰苦，如果没有雄厚的财力、强大的组织管理和协调运作能力根本就无法办到。而在19世纪中叶以前，这条绵延数万公里的茶叶之路的贸易一直由晋商所主导。从地理上看，晋商并不是离产茶地福建最近的商人群体，但为什么在19世纪末以前的这条国际通道上走动的既不是福建本地的闽商，也不是对茶叶奉若上帝的俄国商人，而是一群和茶叶生产几乎没什么关系的晋商呢？这与晋商敏锐的商业眼光和企业家精神有关，这种精神主要特征一是不畏艰险，吃苦耐劳；二是头脑聪明，善于经营；三是重诚信，一诺千金。同时，茶叶"回甘"的植物本性也与在艰难的自然生态环境中铸就的山西人勤俭吃苦、坚韧不拔的性格特征相契合。

山西晋中汾河以东民俗尚贾，早在南北朝时，"河东俗多商贾，罕事农桑，人至有年三十不识耒耜"，[①] 平遥、祁县、太谷历代名商辈出，至清代，口外贸易几为山西商人所垄断，南货贩北也多由山西商人把持。在中俄恰克图贸易中，他们也不例外。何秋涛在《朔方备乘》中记载"其内地商民至恰克图贸易者，强半皆山西人，由张家口贩运烟茶、缎布杂货前往易换各色皮毛毡片等物"。[②] 刘选民在《中俄早期贸易考》也谈道：

> 自内地赴恰克图贸易之商人，泰半为山西人。然山西人之足迹并不仅限于恰克图，即新疆、满、蒙诸地之贸易，鲜不为彼等所垄断；

---

① 李延寿：《北史》卷一五《列传第三》，中华书局，1974，第573页。
② 何秋涛：《朔方备乘》卷三七，1881年石印本，第17—18页。

盖以山西地味瘠薄，气候干燥，不宜于发展农业，故多有远离故土出外贸易者。且其票庄之创置为内地汇兑之肇始；晋人恃有此项金融组织为其后援，其独占中俄贸易之牛耳，固无足异也。①

路履仁在《外蒙古见闻纪略》谈到晋商在恰克图的活动时说：

> （恰克图）东西向有一条街，约有半里长，名横街，较大的商号有福源德、天和兴两家。南北向有三条街，皆不到一里长。中间一条街名中巷子，较大的商号有大升玉、恒隆光、锦泰亨、久成庆等四家。东街名东巷子，较大的商号有独慎玉、永玉恒、天庆隆、祥发永等四家。西街名西巷子，较大的商号有公合盛、璧发光、天合兴、永光发、大泉玉等五家。……都是晋帮商号。②

据 1869 年汉口关册载，晋商每年陆路运往恰克图的茶叶估计有工夫茶48000 箱，还有红绿砖茶计 62760 担（每担为 50 公斤，下同），两项合计约 11 万担。③ 乾隆二十八年（1763），山西商人在买卖城的商户已有 140多家，有 400 多常住人口，其中资本较厚者 60 余家，称为票商；另有散商（又称朋商）80 余家依附于票商。这样，晋商几乎垄断了恰克图的全部贸易。在众多的商号中，涌现出几大家，首推曹氏，次为常氏，还有乔氏、牛氏等。若以经营时间和规模论之，榆次车辋常氏独占恰克图贸易者鳌头数十年。

二　晋商经营下梅茶叶市场

据清朝许曼生《武夷游录》记载，"武夷自开茶市以来，几为驵侩（泛指茶商）嘈杂秽区。每春节之交，山内外商贾、采办者、工佣操作者、

---

①　刘选民：《中俄早期贸易考》，《燕京学报》第 25 期，1939 年，第 203 页。

②　中国人民政治协商会议全国委员会文史资料研究委员会编《文史资料选辑》第 63 辑，中华书局，1979，第 79 页。

③　杨力、王庆华：《晋商在明清时期茶叶贸易中的杰出贡献》，《农业考古》1997 年第 4 期，第 125 页。

游乎往来力食者，数十里络绎不绝。虽穷崖僻谷，趾相错焉，游人几无投足矣"。① 山西不产茶，然晋商贩卖茶历史较早，有据可考者，可推至宋代。到明清时期，晋商以对国内外茶贸易著称。

下梅，武夷历史上的古村落，曾是贩茶商贾云集之地，亦是晋商在武夷山贩茶的第一埠，是古代晋商万里茶路的起点。

在武夷山做岩茶贸易的晋商较多，但最早来到武夷山贩茶的，是山西省榆次县车辋村的常氏。据《榆次车辋常氏家族》一书记载：

> 乾隆二十年（1755）时，清政府限制俄商赴京贸易，中俄贸易统归恰克图一处，一时恰克图成为我国对外贸易的"陆上码头"，榆次车辋常氏审时度势，抓商机，一反过去由货主送货上门的做法，为保证茶叶质量，讲求出品茶叶信誉，常家在晋商中是首先采取茶叶收购、加工、贩运为经营体系的创新经营者，常氏携带雄厚资金，在福建省武夷山购买茶山，组织茶叶生产，同时在崇安县（武夷山市原称）的下梅村设茶庄，精选收购当地茶叶，在下梅村的芦下巷景隆宅、新街巷、罗厝坊都设茶焙坊，茶库，顾请当地茶工帮做。还将散茶精制加工成红茶、乌龙茶、砖茶，每年茶期，把下梅收购精制后的茶叶，通过梅溪水路汇运至崇安县城，验押之后，雇用当地工匠达千余人，用车马将武夷山茶运至江西河口。②

乾隆初年，常万玑、常万达兄弟就与其他晋商一道，手持"双龙红帖"的官商凭证，携带巨资，水路兼程，赴武夷山采办茶叶，受到崇安知县和乡绅们的欢迎和款待。随着俄国对茶叶需求的增加，为了保证货源和质量，晋中常家、渠家和"大盛魁"等晋商又投资买下一些茶山和茶场，并建起了制茶作坊。茶路开通后，每年开春，晋商都派富于应变能力的伙计前往福建办理茶事，这些头戴圆顶小帽、身穿蓝色长衫和肥大黑裤的伙

---

① 陈行一：《武夷茶史文献杂撷》，《农史考古》1995 年第 4 期，第 204 页。
② 耿彦波等：《榆次车辋常氏家族》，书海出版社，2002，转引自邹全荣编著《武夷山村野文化》，海潮摄影艺术出版社，2003，第 126 页。

计，被人们称为"跑南茶的"。①

下梅既是武夷茶叶的生产地，同时也是闽北地区重要的茶叶集散地。据《崇安县新志》载："下梅邹氏经营武夷岩茶，获资百余万，建宅70余幢，所居成市。邹氏投入大批资金，改造下梅古街，当溪两岸加设风雨栏，供赶墟者进行物质交流，成为武夷山最具特色的墟场。到了清康熙十九年，武夷山茶市集崇安下梅。"② 梅溪是下梅唯一沟通外埠的水路，承担着东西南北货物进出的功能。下梅邹氏为了便于竹筏装卸货物，在下梅村流域的梅溪段选址修建了孙厝碓下河埠、祖师桥当溪口河埠、芦下巷口河埠以及鱼头坝上的新街巷口河埠。四大河埠终日繁忙，吞吐着下梅茶市来往的货物。

近人袁干《武夷茶市杂咏》一诗曾描写了晋商至武夷山办茶的情形："清初贸易在梅溪，贩得毛茶价更低。竹筏连云三百辆，一篙归去日西沉。腰缠百万赴夷山，主客联欢入大关。一事相传堪告语，竹梢夺得锦标还。雨前雨后到南台，厦广潮汕一道开。此去武夷无别物，满船春色蔽江来"。③ 民国时人林馥泉也曾描述晋商经营武夷茶市的情形：

> 康熙五年，华茶由荷兰东印度公司输入欧洲，及康熙十九年，欧人已以茶为日常饮料，且以武夷茶为华茶之总称，此为武夷茶之新世纪。是时商贾有利可图，竞相贩卖，产制之法，逐渐改良，愈臻完善。其时武夷茶市集中崇安下梅，每日竹筏三百艘，转运不绝，经营茶叶均系江西人，由江西转河南运销关外。尚有山西茶商称为西客，每家资本约二三百万元，货物往返，络绎不绝，极盛一时。④

为了保证货源供应以及茶叶质量，山西商人曾在福建省的武夷山区或称乌龙茶区，通过"行东"（代理商）以近似于包买的形式控制了一些茶

---

① 李国光：《李晨光：万里茶路探晋商》，《文史月刊》2007 年第 9 期，第 36 页。

② 嘉庆《崇安县志》卷二《物产》，第 56 页。

③ 巩志：《中国红茶》，浙江摄影出版社，2005，第 164 页。

④ 林馥泉：《武夷茶叶之生产制造及运销》，《福建农业》第 3 卷第 7、8、9 期，1943 年，第 126—127 页。

厂(作坊),要求对方按自己的技术要求进行加工,这样就将一些制茶作坊置于自己的监督之下。① 茶叶产于我国南方,晋商以前从未了解种茶技术,但他们很快就能熟悉茶叶生产的全过程,逐渐对武夷茶农提出了自己加工茶叶的技术要求,要求茶农按一定的质量标准,保证稳定、充足的货源。后来,晋商的采购人员变成了茶叶监制。据说祁县商人在张家口开设的"大玉川"商号,在福建武夷山有茶山 330 余公顷,茶厂 7 座,从种植到销售,完全可以独自经营。他们将收来的茶叶通过水陆两路运至武汉,加工成砖茶,然后运销各地。万里茶路,水陆兼程,茶货要经几次转运,几易其手,包装、防霉、防变质就成了大问题。包装用什么纸,用篓还是用箱,这都是晋商所面临的各种问题。

下梅茶市的繁盛,给当地的茶商带来了茶叶贸易的机会。下梅茶商邹氏家族就是以茶叶起家,有资产二百多万元,邹氏主要是依托晋商的贸易伙伴关系,使武夷茶溯溪北上,与山西的常氏晋商帮结成紧密的贸易关系,每年的茶叶交易额达百余万银两。

下梅邹氏的历史前面已经有过介绍,邹茂章在与山西常氏的交往中,逐渐与其建立了信任与合作关系。他们一起经由陆上茶叶之路,把武夷岩茶带到恰克图,在下梅当地名噪一时。

邹氏的茶山位于上岩,又称"邹家厂",除此之外,邹家还有自己的茶厂"景隆号",位于下梅芦下巷。"景隆号"是下梅村一座历史久远的茶庄的古宅,不仅记录着邹氏家族的创业发展史,也见证了邹氏与晋商常氏精诚合作、结为盟友的历史。

晋商常氏在下梅茶市采购茶叶,也给下梅的茶叶经营者带来了商机和贸易信息,邹氏随晋商奔赴西部经营茶业。在山西榆次,邹氏还教当地常氏开辟山地栽种茶叶,所育茶苗之法,全部是从武夷山下的崇安带去的,但由于气候原因,未能形成规模。新茶尚未上市时,邹氏在山西趸足茶叶,在货缺时抛售,盈利颇多。邹氏在与山西人交易的过程中,学到了晋商的经商之道,由单一的茶叶到贩卖各类货物,生意日充,交易多元化,资产遂增,邹氏还投入重金购买骆驼,用驼队运货到恰克图交换"洋油"

---

① 穆雯瑛主编《晋商史料研究》,山西人民出版社,2001,第 126 页。

（煤油）。如今，下梅邹氏还留有从恰克图带回的美国"美孚"石油公司的油箱，以及邹氏茶商号印模具、发货时用来验押货物的木印等与茶贸易有关的实物。除邹氏外，下梅村还有张氏、孙氏等都曾随晋商奔赴西部经营茶业。

三　陆上"茶叶之路"——福建武夷山茶叶出口的大致路线

清代晋商最初是将茶叶运至恰克图交易，每到茶季，深入茶叶产区购茶，北运至张家口和归化城，再经戈壁沙漠到库伦，最后到达恰克图，这是一条自武夷山至恰克图的陆上"茶叶之路"。18 世纪至 19 世纪末期这条陆上茶叶之路从福建北部的武夷山延伸到莫斯科，全程超过四万五千里，这条贯穿欧亚的陆上茶叶之路的贸易一直由山西商人主导。武夷山至恰克图的国际商路大致路线为：

> 北运茶叶由武夷赤石启程，经过分水岭……入铅山装船。顺信江下波阳，穿湖而过，出九江入长江；溯江抵武昌，转汉水至樊城（襄樊）起岸。贯河南入山西晋城；经潞安（长治）抵平遥、大同到张家口。再由张家口启程走军台三十站；转北十四站至库伦。再由库伦北行十一站达恰克图。全程经福建、江西、湖北、河南、山西、河北等省，近五千公里。[①]

据徐珂《清稗类钞》载，这条线路上有车帮、马帮、驼帮；夏秋两季运输以马和牛车为主，每匹马可驮八十公斤，牛车可驮二百五十公斤。由张家口至库伦马队需行 40 天以上，牛车需行 60 天。冬春两季由骆驼运输，每驼可驮两百公斤，一般行 35 天可达库伦，然后渡依鲁河，抵达恰克图。骆驼或车皆结队而行，每 15 驼为一队，集 10 队为一房，每房计驼 150 头，马 20 匹，有 20 人赶骆驼。在清乾隆、嘉庆、道光年间，茶叶贸易繁盛，茶叶之路上的驼队，经常是累百达千，首尾难望，驼铃之声数里可闻。[②]

---

① 福建省武夷山市文史资料委员会：《武夷文史资料　第 10 辑·茶叶专辑》，第 69 页。

② （清）徐珂：《清稗类钞》，第 17 册。

上述这条路线称为"北路"贸易，同时晋商也兼营蒙古、新疆等西北地区"西路"的茶叶贸易和东北边陲与俄及越界赴伊尔库茨克、圣彼得堡和莫斯科等地的"东路"贸易。

晋商在这万里茶路的征途上踏戈壁、越沙漠，还要防马匪抢劫，洒下了艰辛的血泪，发生过无数传奇的故事。一代又一代的挑夫、船夫、马帮、驼帮，带着茶叶源源而至，保证了恰克图边境近200年的繁华。据记载，当时茶叶为恰克图最大的买卖，占到对俄商品输出的94%。

太平天国起义期间，输俄茶叶受到很大影响。咸丰三年（1853）以后，随着太平天国起义正如火如荼开展，山西通往福建等处的商道被阻隔。晋商所受损失极大，此后，山西茶商改用湖南、湖北两地茶源，武夷山下梅茶市受到极大的冲击。据武夷山《孙氏家谱》载："同治季年（1874），发寇（注：太平军）荡平之后，凡城乡市镇生产萧条，我武夷茶市久已一落千丈，公见外商裹足不前，厂户所产未克畅销，知可为所欲为也。"[①]

随着五口通商，海运开禁，武夷赤石成为乌龙茶、红茶、绿茶新的集散地。衷干在《武夷茶市杂咏》又记述："清初茶市，以下梅为盛，星村次之，福州通商后，始由下梅迁赤石，商贾云集，颇称繁盛。"据说昔日的赤石有青茶号60余家，星村有红茶号50余家，茶庄林立，茶商云集，茶香飘荡，茶市生意兴隆，往来船只，络绎不绝，分别被誉为"小上海"和"小苏州"。这足可见当年武夷茶区茶叶交易的经贸活动十分活跃，众多茶庄的设立给武夷茶市带来火爆的场面。这种盛况一直延至1934年，后因国内战乱，茶路堵塞，而走向萧条。

第三节　晋商茶叶经营模式与绩效分析

一　晋帮茶商经营模式分析

由于通信、交通、物流等多方面的原因，茶叶从原产地的南方运到北

---

① 邹全荣：《晋商与下梅村》，《寻根》2007年第5期，第130页。

方，相当困难，这就给晋商的经营带来挑战。晋商之所以能在市场上立足，其经营模式很关键，从茶叶采购、加工包装到长途运输、批发零售，晋商采取了一体化的经营方式。这四个环节既相互独立，又密切相关，互为条件，互相促进，构成了茶叶贸易活动的整体。有别于传统的贱买贵卖赚取差价的方式，晋商通过加工、包装等手段给茶叶带来一定的附加值。同时，由到茶产地购茶向到茶区设厂制茶的转变，晋商经历了从间接控制到直接经营的发展过程，反映出商业资本对茶叶生产控制、支配的深化，"植茶、收购、加工、制作、运输、销售"的"产业链"运作方式使商业资本与产业资本进一步融合。

（一）采购环节——以消费者需求为导向

晋帮茶商收购茶叶主要采取两种形式，一种是到当地购茶，先与当地茶行合作，由茶行派人同茶客一起看茶定价，茶行负有引导评价之责，并分别向茶农、茶客收取佣金。另一种是在茶叶产地开设分庄（或称子庄），由茶号派人进山直接购茶，请茶行"秤手"品评茶叶时过秤，议定价格之后，送毛茶回茶号，经加工精制后制成砖茶或其他茶出售。晋茶商中的祁县茶商在安化办茶颇为讲究：其一，在进山办茶前，做好准备工作，"先安择点应用什物家具器皿以及篓器、木器……再要选择（茶）行内先生、管楼、管厂、管行人等"；其二，"要从色、味、形等方面辨别茶的真伪，重条紧、色顺、纹直、沉重、味佳、外乌油色，内朱干色，必是安化正路茶"；其三，注重茶叶质量，申明"勿惜价，贪便宜，岂有好货"。①

晋商做茶关注到产业链每一个环节，以消费者需求为导向进行产品设计与加工，从一开始就考虑到为终端环节的客户服务。

（二）加工环节——不断创新产品形态

为了保证茶叶货源与茶叶质量，山西商人曾在福建武夷山区，通过"行东"（代理商）以包买形式控制一些作坊，要求对方按照自己的要求进行茶叶加工。也就是说，有一些茶叶作坊是置于晋商的监督之下的。这就使晋商能够按市场需求对茶叶进行有意识的处理和加工，是对传统加工环

---

① 梁四宝、吴丽敏：《清代晋帮茶商与湖南安化茶产业发展》，《中国经济史研究》2005年第2期。

节的创新。到光绪中期，晋商逐渐在湖北蒲圻等地建立了茶叶加工厂，进行较大规模的生产，到这个时候，晋商已经开始在茶叶的产品形态上创新，打造具有自己特征的茶叶产品了，独立设加工厂更是一个经营上的进步。砖茶的出现也是为了适应茶商的需要，之前茶农交上来的散装茶，量轻体大，不方便运输，还要用竹篓装踩实，而且运输中还有很多损耗。据说，湖北茶叶集散中心"羊楼峒（湘鄂交界）之有砖茶，始自光绪初年，由山西茶商开其端。其压制法极为幼稚，置茶叶于蒸笼中，架锅上蒸之，倾入模型中，置木架压榨器中，借杠杆力，压榨之，移时，在模中托出，放于楼上，听其自然干燥"。[①] 晋商与当地砖茶生产者联系，向他们传授制茶的新技术。砖茶的出现应该说是晋商对产品形态的进一步创新，是为应对流通需要而设计加工的，属于晋商的独创。电视剧中的乔家商队从武夷山贩卖出来的上百船茶叶，都是制作成一斤一两的茶砖。砖茶不仅便于运输，也利于保证茶叶品质。

近年有人在美国皮博迪·埃塞克斯博物馆发现了一套 19 世纪 30 年代由广州画家庭呱所绘制的线描作品，其中有 18 幅描绘了当时制作茶叶的场景，依次为：

筛茶、踩茶、搓茶、晒茶、猴子采茶、斩茶、渡茶、装茶、舂茶、拣茶、试茶、托茶、分茶、整茶饼、号茶箱、装箱、炒茶、洒水。[②]

尽管上述制茶过程似有颠倒之处，但从中仍可见当时手工制茶工艺之繁、耗费之多。晋帮茶商开办茶场（为手工工厂），并雇用当地人进行连续性生产，从毛茶到产出成品，一般要经过踹、拣、焙、筛等多道工序，每道工序都有严格的规定。在茶叶出号前，还要对成茶进行包装，洋箱茶用锡罐或铅桶装，外裱以板箱，平均每箱可装 25 到 35.5 千克不等，口庄茶由篓袋盛贮"带蔑包箱"。从其在茶叶经营过程中对产品加工的变化可以看出，产品形态的创新是晋商茶叶经营成功的关键因素之一。

---

① 戴啸洲：《湖北羊楼峒之茶业》，《国际贸易导报》第 5 卷第 5 期，1936 年。
② 赵大川：《二百年前的清代制茶图》，《中国茶叶》2003 年第 2 期。

（三）运输环节——不断摸索运作方式

清代晋商从事的茶叶国际贸易，主要是将茶叶运至恰克图交易，每到茶季，茶商便深入茶叶产区购茶，北运至张家口和归化城，再经戈壁沙漠到库伦，最后到达恰克图。这一路称为"北路"贸易，除了"北路"贸易，晋商还兼营"西路""东路"贸易。

在当时交通十分不便的运输条件下，晋商遇水雇船，遇路赖马、牛或驼。《祁县茶商大德诚文献》手抄本详细记载了祁县茶商赴安化办茶的水陆路程：从祁县至泽州（今山西晋城），共行 7 日，陆路计 580 里；从泽州行至赊旗镇（今河南社旗）共行 11 日，陆路计 775 里；从赊旗镇走水路到樊（今湖北襄阳）计水路 345 里；再从樊至汉口，水路计 1215 里；从汉江至益阳，计水路 840 里；从益阳至边江（安化境内）计水路 255 里；或不走汉口而由樊至常德，由常德再至益阳，计水陆路 340 里，再由益阳至边江抵安化境。以上陆路行程总计 1355 里，水路近 3000 里，若再从安化办茶后返回，经山西至张家口，再由张家口运至恰克图，往返行程万余里。①

据史籍记载：清雍正五年（1727）中俄签订了著名的《恰克图条约》，在恰克图的中方一侧，建成了一个大商贸城，使北部边陲有了一个向外开放的口岸，史称我国对外贸易的"陆上码头"。这为当时雄踞在张家口的大德诚、大德兴、大德丰、大德懋等晋商提供了商机。

晋商在运输过程中不断摸索运作方式，在运输前，他们都充分估算运费和时间。据《祁县茶商大德诚文献》记载：祁县茶商运茶须经过赊旗镇，当时赊为陆路转运码头，"百货皆聚"，为确保按期到货，便与当地运商建立了"回票"制度，（光绪二十三年）合行会议发货日期新定章程：郭、记……汝州、禹州马车脚价付九欠一，以十天为期限，二十天见票，误期每车罚银八两；会镇马车限发十六天送到，三十天见票，误期每车罚银八两；汝州、禹州牛车每辆欠银三钱，限十二天送到，误期每车罚银二千。②

---

① 《祁县茶商大德诚文献》，史若民、牛白琳编著《平、祁、太经济社会史料与研究》。
② 《祁县茶商大德诚文献》，史若民、牛白琳编著《平、祁、太经济社会史料与研究》。

这种运输方式较安全方便，且有保障，因而极大地促进了陆路运输。

（四）销售环节——注重产品品牌化与国际化

砖茶虽为茶农产品，但最终都要贴上晋商的商标，并写上监制的字样。晋商在各环节投入大量资金，包括采购成本、运输费用、货物保管费用、途中货物损失费用等，即"一分贸易，四倍资本"，这些先期的大量投入的收回和经营利润的实现都需要通过茶叶销售这一阶段实现，因而销售环节尤为重要。晋商在创新茶产品的同时也注重为自己的产品树立品牌形象，实现品牌化经营。

以山西长裕川茶庄的"红梅牌"砖茶为例，20世纪80年代末，中苏两国恢复商业往来，第一批到达中国的苏联客商在采购清单中列举了一样特殊的商品——"红梅牌"砖茶，然而不但市场上没有这种茶，甚至众多的中国企业、茶叶商人都不知道这种商品产于何处。直至90年代，人们在一批被清理出来的山西商人住宅中，发现一家叫长裕川的茶庄，才揭开这个谜。长裕川茶庄曾经是一家专营对俄、对蒙贸易的大商号，当年其向俄国输出的一种主要商品就是"红梅牌"砖茶。俄商对该商品如此情有独钟，甚至制造这种商品的商人已经消失近百年之后仍然对此念念不忘，这就是品牌的效应。

晋商以茶叶为产品，最早地进行国际化运作，是其另一重要特征。企业如何进入国际市场？首先是开发国际市场的需求，其次就是经营者要有国际化的视野。晋商很早就注意到了俄国市场，开发了俄国对茶叶的需求，并通过自己的努力巩固了这个需求。

以晋商常氏为例，据《山西外贸志》记载：

> 在恰克图从事对外贸易的众多山西商号中，经营历史最长、规模最大者，首推榆次车辋常家。常氏一门，从常万达于乾隆时从事此项贸易开始，子孙相承，历经乾隆、嘉庆、道光、咸丰、同治、光绪、宣统7朝，沿袭150多年，尤其到了晚清，在恰克图数十个较大的商号中，常氏一门竟独占其四，堪称为清代本省的外贸世家。因为常氏在对俄贸易中极具远见和谋略，又极为注重信义，很快就得到俄商及俄国政府的重视，不久便将生意做到恰克图以北的俄国境内，在俄国

境内的莫斯科、多木斯克、耶尔古特斯克、赤塔、克拉斯诺亚尔斯克、新西伯利亚、巴尔讷多、巴尔古金、比西克、上乌金斯克、聂尔庆斯克，乃至欧洲的其他国家都有了他们的茶庄分号，使茶叶之道增长到5150公里多。在这个历史进程中，常家为适应形势发展的要求，在原先"大德玉"的基础上，道光六年（1826年）新建"大升玉"，道光二十年（1840年）增设"大泉玉"，同治五年（1866年）增设"大美玉"，光绪五年（1879年）增设"独慎玉"，形成常氏一门五联号进俄国的格局。并与国内字号"大涌玉"、"大顺玉"、"大冒玉"、"三德玉"、"保和玉"、"泰和玉"、"三各源"等，被统称为北常"十大玉"。[①]

晋帮茶商在经营茶叶贸易的"四个环节"，从采购原料到加工包装，再到运输直至最终销售，实现了"一体化""一条龙"的经营方式。在绵延数千里的茶叶运输中，晋商表现出不畏艰险的吃苦精神、敬业精神、创新精神，这是晋商经营茶叶成功的核心基础。

二　晋帮茶商经营茶叶的绩效分析

如上所述，晋商经营茶叶采用的是"纵向一体化"生产经营方式，将茶叶贸易分成采购原料、加工生产、运输、销售的四个环节。若要对晋商的经营绩效进行分析，涉及的因素多，环境复杂，数据采集难，因此在分析中笔者试图排除一些考察因素，如白银因成色不同产生的汇兑差异、运输途中的损失、茶叶市场的供求变化、逆流而上回程和顺流而下前往福建产生的差别等其他可能的影响因素，将复杂的历史条件抽离出来进而分析晋商的经营利润。

若以一个经营周期考察，晋帮茶商的经营利润就是指销售茶叶所得收入减去从采购直至销售中各环节全部的支出后的余额。茶商的支出包括了采购成本、制茶人工费、包装材料及包装费、运输费用、仓储保管费等，此外还包括了在茶叶运销中所交纳的茶税、厘金、关税、落地税及各项捐税等杂费。因为很多数据无法查证，笔者只能着重分析以下几个重要的影响

---

①　渠绍淼、庞义才编《山西外贸志》上（初稿），山西省地方志编纂委员会办公室，1984。

因素。

(一) 茶商支出

1. 采购成本

茶叶贸易的繁荣要求茶商对茶叶的质量、价格划分更加细致，例如嘉庆三年 (1798)，茶叶品种分红茶和绿茶，红茶又分为武夷、工夫、混合工夫、色种；绿茶有松萝、屯溪、贡熙骨、贡熙等。级差一等，以箱为单位，价格在 27—31 两之间，分为五个等级。晋商的茶叶贸易中涉及的茶叶种类和价格等级甚多，且以红茶为主，若简单以均价 29 两来估计茶叶的购买价，再以每箱 82.5 斤的重量计算，那么每斤茶叶的购入价为 29/82.5 = 0.3515 两/斤。

这里有一点要说明，晋商在不同时期采购毛茶时与原料供应者建立的契约形式 (交易方式) 有所不同，主要有以下三种：第一种是与茶农建立的收购契约形式；第二种是通过茶行进行收购的契约形式；到清咸丰年间，晋商在湖北蒲圻一带买山种茶，从控制流通领域到控制原材料的生产、供应，产生了第三种契约形式。[①] 这三种不同的契约形式产生的交易费用也有所不同。在第一种形式中，茶商收购茶叶须挨家挨户上门收购，由于茶农居住分散，茶叶产量与茶质参差不齐，交易中的不确定性及多次交易势必使交易费用相对较高，效率较低。在第二种形式中，茶行作为中介商，代客收购并负责茶叶的介绍、评价、过秤，茶商向茶行支付佣金。此外，茶商向茶行租借竹、篾等器具的支出也要计算到采购支出中。茶行的出现降低了前一种形式中的交易费用，提高了采购效率。但是在实际收购中也不可避免产生茶行常以高称收进、多取茶样、付款折扣等盘剥茶农的行为，不少茶农则将茶梗、茶末掺入毛茶中，或劣茶掺入好茶，蒙骗茶行，这样在茶农与茶行之间便形成了一种互动的内损机制，最终导致茶商采购成本增加，交易成本仍处于较高的水平。鉴于以上两种方式的缺陷，晋商采用了第三种形式，既保证了原料的供应和质量，稳定货源又内化交易费用，提高采购效率的同时，也使资源得到了有效配置，可以说这

---

① 刘建生、吴丽敏：《试析清代晋帮茶商经营方式、利润和绩效》，《中国经济史研究》2004年第 3 期。

是晋帮茶商在经营中的创新。[1]

2. 制茶人工费

制茶的人工费即毛茶进号加工为成品茶过程中所支付给茶工的工钱，加工环节还包含了伙食费、茶师工费、路费、点心费等支出。比较晋商和俄商在茶叶生产中的产出与成本，可以看到：晋商茶叶加工工厂属劳动密集型，其投入的劳动力较多，资本较少，技术水平较低；而俄商的机器工厂则为资本和技术密集型企业，投入资本较多，劳动力较少，技术水平较高。因此晋商产出必定低于俄商。史料也证明了这一点，以制造砖茶为例，晋商制造砖茶是用木制平压机，"其压制方法极为幼稚，置茶于蒸笼中，架锅上蒸之，倾入模型中，置木架压榨器中，借杠杆力压之。移时在模中托出，放于楼上。听其自然干燥"。俄商于19世纪后期在华开办制茶工厂，使用蒸汽机制茶，与手工制茶相比，"手压机每日出产60篓，有25%的废品，而蒸汽压机每日出产80篓，只有5%的废品，并且因使用机器而节约的费用，每篓计银1两，按照以上产量每日即达银80两或英金20镑"。[2]

晋商虽然在当时的茶叶加工中实现了一定程度的专业化分工，但其手工工厂与俄商后来建立的机器工厂相比，除了在生产效率、资源配置等方面的不足外，还有以下缺陷。其一，管理滞后，生产损耗多。仍以制砖茶为例，茶叶性畏潮，又"经火烘炕，其质甚脆"，在茶叶出厂经手工打包装箱时，若"总管司事不亲自监视，任工人尽力复压，其茶碎裂细末极多"，[3] "末多则价必减，是于客商有碍"，而俄商制茶用机器，则无此况。其二，缺乏工艺创新。在选用原料上，"查中国制造砖茶，向用茶末，以为运销蒙古之用，……（俄商）所需原料不仅茶末，而茶叶亦有之，按机器所制之砖茶，较用旧法所制者，坚固异常，而难于碎裂，……俟至本期

---

① 刘建生、吴丽敏：《试析清代晋帮茶商经营方式、利润和绩效》，《中国经济史研究》2004年第3期。

② Trade Reports 1878 Hankow, p. 43，引自刘建生、吴丽敏《试析清代晋帮茶商经营方式、利润和绩效》，《中国经济史研究》2004年第3期。

③ 《芜湖关税务司李华达申呈总税务司》（光绪十三年九月初四日），海关总税务司编《访察茶叶情形文件》，出版信息不详，第30页。

（1872—1881）终时，砖茶贸易遂为俄商所垄断也。"① 可见晋帮茶商以手工工厂形式业茶难与俄商抗衡，是其衰败的原因之一。

3. 运输费用

前文已经分析了晋商在运输模式上的创新，但是因路途艰险，耗费成本较大，因此能否节约运输成本、提高运输效率是评价其绩效的关键。在此环节中，运输成本主要产生于车船等运输工具的租用上。晋商采用了与运商（如车帮、驼帮）订立契约的"回票"制度，对货物从发货到验货、途中损失的赔偿等均做出规定，明晰各自的权利和义务。这也是晋商考虑到在前期已投入大量资本用于茶叶的采购、加工，再投入大量资金承担运输则会增加资金周转困难；此外，自己承担运输的无限责任风险太高。所以此项制度在晋商垄断恰克图贸易期间为其贸易的增长提供了保障。

从茶叶产地运至销地分水陆两路，运输费用还包括住宿、饮食、牲口的粮食等支出，因为路程的远近以及运输工具决定的效率、运输的方式不同，产生的费用也不尽相同。例如，以骆驼运输为主的路段，为张家口到恰克图段，长度为2900里；水路以船运从铅山至襄樊段，长度为2917.5里。晋商赖以运输的交通工具以牛、马、驼为主，运输的能力不一，但效率都较低下，尤其在长途运输当中，茶叶的管理费用较高，且损耗较多，因而晋商赖以运输的方式交易费用较高，不利于资源的有效配置。鸦片战争后，随着通商口岸的陆续开放，俄商海路、铁路运输的开通，晋商陆路运输成本高、耗时长等诸多不利因素，逐渐显现。加之运输途中关卡林立，清廷苛征滥派，捐输繁多，加速了晋帮茶商的衰亡。②

4. 关税税额

晋商将茶叶从武夷山运往俄国的途中，凡遇到关卡，都要由茶商自行纳税，包括常关税、海关税两部分。常关税即清政府在水陆交通要道、关隘等处，设立关卡，向通过货物课税。关税税率据《户部则例》规定为从价5%计征，但清后期各关自定税率，随意课征，在正税之外又有附加，

---

① 班思德：《最近百年中国对外贸易史》，中英合璧本，第195、196页，转引自姚贤镐《中国近代对外贸易史资料》，中华书局，1962，第1313—1314页。

② 刘建生、吴丽敏：《试析清代晋帮茶商经营方式、利润和绩效》，《中国经济史研究》2004年第3期。

如盖印费、单费、验货费等。1840 年鸦片战争后，五口通商，清廷开始设置海关。清代海关税包括进口正税、出口正税、洋药税等项。乾隆以前，中俄两国贸易都不征收入口税，只对各自出口商品征税，如道光年间，出口茶税银由每担课银 2 两 5 钱，增为每担课银 7 两 8 钱。

（二）茶叶贸易收入

在销售环节，茶商的销售状况直接受茶叶市场的供求状况影响，尤其是国际市场的供需状况。为便于分析，这里将晋商茶叶销售分为两个阶段。

第一阶段从恰克图互市开通到鸦片战争前，晋商垄断了北部茶叶贸易，华茶在市场中占据优势，此时的市场处于不完全竞争状态。晋商也主动开发国际市场的消费者对茶叶的需求，使市场需求旺盛，国内茶商纷纷加入茶叶贸易，茶叶的供给有所增加，然而由于国内对出口茶叶数量加以限制，茶叶供给增加的程度远低于需求的增长，所以茶叶价格与产量均有大幅增长。

第二阶段从鸦片战争后到清末民初，此时通商口岸相继开通，茶叶贸易的范围已拓展到多个地区，印度茶、日本茶、锡兰茶等外茶纷纷抢占国内和国际茶叶市场，市场竞争激烈，这一时期的市场处于完全竞争状态。面对外部的激烈竞争和内部消费者对茶叶品质的更高要求，市场需求又不断下降，晋商在残酷的市场竞争中，从前期盈利逐渐到盈亏相抵，最后到了亏损的境地。这也是茶叶品质不高、技术水平偏低、生产规模较小等多方面原因造成的。

通过以上对晋商经营茶叶各个环节的分析，可以看出，在鸦片战争前，整个茶叶市场为晋商所垄断，同时，晋商也积极改进采购的方式和运输的模式，来降低成本提高经济效益。鸦片战争后，晋商在经营中的缺陷和外部环境冲击，导致了他们逐渐走向衰亡。

第四章

洋商与清代闽台茶叶出口贸易

第一节　英国东印度公司与清代福建茶叶出口

在清代中国茶叶出口舞台上，英国东印度公司是一个非常重要的角色。1760—1784 年，约一半的中国茶叶出口是由英国船舶载运的。特别是 1784 年以后，受英国"折抵法案"（也有学者称为"抵代税条例"①）影响，英国茶叶进口关税大幅降低，英国东印度公司从中国进口的茶叶数量大大增加。此后到 1833 年，东印度公司一直是首屈一指的茶叶出口商。

一　英国东印度公司创立的背景

英国东印度公司（以下简称东印度公司）的成立主要经过三个阶段：一是 1600 年 12 月，"伦敦商人东印度贸易公司"（The Governor and Company of Merchants of London, trading to the East India）成立；二是 1702 年，该公司开始与"英国对东印度贸易公司"（The English Company Trading to the East Indies）协商合并；三是 1709 年，顺利完成合并，"英商东印度贸易联合公司"（The United Company of Merchants of England Trading to East India）成立。东印度公司的最主要特征在于它由英国议会批准、获得法

---

① 仲伟民：《茶叶与鸦片：十九世纪经济全球化中的中国》，第 56 页。

律承认，并且是国家的企业，具有国家背景。这也是它后来能够战胜中国茶商很重要的一个因素。英国与中国在 19 世纪 30 年代的贸易史，主要就体现在东印度公司的对华贸易史中，茶叶在这一时期占有非常重要的历史地位。

英国东印度公司能够成为 19 世纪的国际知名公司，还在于一开始它就有理论指导，而不是盲目发展。其诞生伊始，就受英国当时著名经济学家托马斯·孟重商主义思想的影响，确立了作为对外贸易的指导思想的三项原则。一是维护自身在东方贸易上的垄断权和特许权。为此，东印度公司采用各种手段，将其他国家的商贸利益从东方贸易的舞台中排挤出去，并严格管控英国商人的竞争。二是努力得到东方各国政府的特许及专有权，降低公司进货成本。三是改变传统认为只有贵金属才是国家财富，尽量将货币留在国内的观点，主张输出货币取得商品也是增加财富的一种重要手段。

二　英国东印度公司对华茶贸基本脉络

英国东印度公司对华茶叶贸易可以分为三个阶段。[①]

（一）试探——定点广州——形成垄断时期

东印度公司的对华茶叶贸易，首先是在东南沿海的澳门、宁波、厦门等口岸展开的，只是最初没能如愿，无法获得成功。明崇祯十年（1637）四艘英国商船驶入澳门，即使他们想方设法收买中国海军将领，仍无法打开茶叶贸易的大门；英国人在宁波的试探，也遭到当地商行会的阻挠和额外沉重税负的阻碍，只得无功而返；顺治元年（1644）以后，英国商人在厦门站稳了脚跟，业务有所进展，并将其作为与中国贸易的主要根据地，无奈厦门的市场不大，难以达到茶叶贸易大发展的要求。几经周折，东印度公司锁定广州为目标，但因清政府对其不信任以及葡萄牙人仍垄断澳门贸易，英国人步履艰难，直到 1699 年才被清政府接受。

康熙五十五年（1716），东印度公司在广东十三行正式设立商馆，开

---

① 兰日旭：《英国东印度公司从事华茶出口贸易发展的阶段与特点》，《农业考古》2006 年第 2 期。

始开展茶叶贸易。在此后的一百多年间，英国东印度公司几乎垄断了广州的所有茶叶贸易，贸易量屡创新高，雍正元年（1723）的贸易季度，当年从广州输入欧洲的茶叶超过 13000 担。[①] 至雍正七年（1729），单英国东印度公司一家就订购茶叶达 10000 担。同时，茶叶价格也大幅提高，每担差价高达 5—6 两。[②]

（二）垄断华茶出口时期

基于东印度公司对华茶的垄断，华茶源源不断涌入欧洲，1783—1794年，运至欧洲的茶叶由 27322 担增加到 86383 担。[③] 随后三四十年中，数量急剧增加。这一时期，东印度公司的华茶经营包括两个关键内容。一是独霸广州茶叶贸易。东印度公司凭借其强大的经济实力，促使国会顺利通过"减税法令"，从而确立自己在东方特别是在中国贸易的特权，大量的茶叶运回英国，英国国内茶叶大幅降价，不仅将欧洲其他国家驱逐出英国国内市场，也让他们无法在广州的茶叶市场立足。具体数据详见表 4-1 和表 4-2。

二是配额制预订购茶法的确立。从 18 世纪末开始，强大的经济实力使东印度公司能自主控制茶叶贸易，并经常对行商施加压力，迫使行商在交易中俯首听命。当时，东印度公司对中国的进口几乎每年亏本，英国长期处于逆差地位。为扭转这种状况，且又不损害茶叶贸易，东印度公司通过鸦片来平衡贸易收支情况，先将鸦片倾销到中国，再用获得的收入从中国购买茶叶回英国。清政府禁烟后，东印度公司原有的资本运行受阻而陷入资金困境，于是采用以物易物的形式，将订购茶叶与组织出售东印度公司拟输入广州的纺织品等联系起来，向中国行商预订茶叶。配额制的实施，使东印度公司原先商品贸易结构发生改变，每年输往广州的毛织品不断增加，其价值至 1826 年已增至 2437500 两。配额制度不仅为东印度公司解决了资金紧张与纺织品等商品在广州的积压问题，还对强化华茶垄断地位起了巨大的促进作用。

---

① 〔美〕马士：《东印度公司对华贸易编年史（1635—1834 年）》，第 175—176 页。
② 〔美〕马士：《东印度公司对华贸易编年史（1635—1834 年）》，第 193 页。
③ 马士（Morse）上引书卷 3 数字折算。

表 4-1　1772—1781 年英国东印度公司及其欧陆公司出口中国茶叶的比较

贸易年份 （该年 3 月止）	他国船数 （艘）	出口茶数量 （磅）	英国船数 （艘）	出口茶数量 （磅）	总船数 （艘）	总出口茶数量 （磅）
1772	8	9407564	20	1272283	28	10679847
1773	11	13652738	13	8733176	24	22385914
1774	12	13838267	8	3762594	20	17600861
1775	15	15652934	4	2095424	19	17748358
1776	12	12841596	5	3334416	17	16176012
1777	13	16112000	8	5549087	21	21661087
1778	15	13302265	9	6199283	24	19501548
1779	11	11302266	7	4311358	18	15613624
1780	10	12673781	5	4061830	15	16735611
1781	10	11725671	13	7970571	23	19696242
合计	117	130509082	92	58730022	209	177809104

资料来源：Thomas Bates Rous, *Observations on the Commutation Project, with a Suppiement*, London, 1786, p. 28, 转引自陈国栋《东亚海域一千年：历史上的海洋中国与对外贸易》，山东画报出版社，2006，第 229 页。

表 4-2　英国及其他外国贸易商自广州出口之茶叶数量的比较

单位：担

	1776—1780 年	1786—1790 年
英国东印度公司	210207（31%）	774386（67%）
法国、荷兰、丹麦及瑞典	488372（69%）	322386（28%）
美国	尚未加入广州贸易	52184（5%）
合计	689579（100%）	1148645（100%）

注：1 担 = 133.3 英磅
资料来源：〔美〕马士《东印度公司对华贸易编年史（1635—1834 年）》，第 425 页。

（三）迅速衰落时期

随着英国国内资产阶级的发展，英国社会的民主意识日益强烈，迫切要求打破东印度公司对东方市场的垄断。通过 1815 年的斗争，1833 年，尝到印度市场巨大利润甜头的英国资产阶级乘胜前进，利用东印度公司换约的时机，以议会斗争的方式，彻底结束公司的垄断权。从此，英国华茶贸易迈入自由贸易阶段，贸易额以前所未有的速度急增。东印度公司只能无可奈何地看着华茶的丰厚利润被其他公司夺走，而自己只能成为徒有虚名的"政务"调解机关。"以茶喂养"的东印度公司时代终结。从此公司财务捉襟见肘，日薄西山，逐渐陷入解散境地。

回顾这段历史，从康熙三年（1664）第一次获得中国茶叶，到全盛时期独掌中国茶叶贸易专卖权，再到道光十四年（1834）被英国政府终止对华茶叶贸易的垄断权，在这近两百年间，英国东印度公司在与中国的茶叶贸易中"商业之王"的地位始终不可撼动。东印度公司不仅创造了世界规模最大的茶叶专卖制度，也成为宣传中国茶叶的最强动力。而中国茶叶之于东印度公司，则正如格林堡所说，"是商业王冕上最贵重的宝石"。[1] 明清时期，欧洲的荷兰、法国、丹麦、瑞典、奥地利、西班牙、普鲁士等国先后创立东印度公司开展对华贸易，[2] 但没有一个国家的东印度公司可与英国东印度公司抗衡。

三　英国东印度公司对华茶贸管理方式

（一）预测年度茶叶进口总量

来自伦敦的茶商，在向东印度公司竞标得到茶叶之后，通常被允许将所承购的茶叶继续贮存在公司的仓库，需要时再领出。因此，从公司仓库领出茶叶的数量就被视为预测英国市场需求量的一项指针。

需求量的预测方式以估算三年为原则。因为茶商派船前往中国，完成交易再返回英国约需两年，而"折抵法案"规定东印度公司的仓库随时必须保有足以供全英国人口消费一年的茶叶。所以这连续三年的需求数字中，公司减掉存货数量，再减去当年预订的进口量、已经发出订单的数量，最后就得出应该增加的订货量。[3]

（二）常驻管理会

英国东印度公司的对华贸易管理机构经历了一个不断调整和完善的过

---

① 〔英〕格林堡：《鸦片战争前中英通商史》，第171页。
② 〔英〕格林堡：《鸦片战争前中英通商史》，第171页。
③ 陈国栋：《东亚海域一千年：历史上的海洋中国与对外贸易》，第230页。

程，主要包括如下四个阶段。

一是 1715 年成立的临时管理会。随船大班是英国东印度公司海外贸易中一个非常重要的角色，他是公司派遣到外派船只上的商务全权代理，负责公司船只一切贸易事宜。此时期每艘船上一般派有 3 名大班，当贸易结束时，所有大班都必须随原船返回。1715 年，东印度公司改变原先以每艘船为单独的贸易单位、各船之间贸易活动互不相干的经营方法。当同一贸易季度的船只到达广州时，由各船上的大班共同组成一个管理会，指定其中一名大班为管理会主任，但所有命令、账项及决定由管理会全体成员共同签署。① 在 1754 年以前的各个贸易季度，② 每个季度的临时管理会的数目是不确定的，而且每个管理会管理的船只数也不固定，各船的会计和业务是彼此独立的，这种临时组成的管理会也没有统一的组织形式。③

二是 1755 年成立的三个管理会。从这一年贸易季度开始，东印度公司派遣到广州的船只共组成三个管理会，其中以皮古为主任的管理会并没有随船返回，而是留在广州"购买跌价的冬茶，并要签订预购 1756 年茶叶和生丝的合约"，并且还代另外两个管理会订购货物。④

此时，可以看出东印度公司对华茶叶贸易机制出现三大变化：其一，管理会留驻广州，大班并未随船返回；其二，预先签约订购茶叶；其三，一个管理会代其他管理会订购投资货物。这都是前所未有的事情。

三是 1758 年成立的常驻管理会。在 1755 年管理会的基础上，经过 3 个贸易季度的实践探索，1758 年东印度公司对华茶叶贸易的业务管理做了重大改革：在广州组成一个统一管理公司船只和贸易的管理会，"凡本年来船"，"董事部不再指派大班进行管理"，"全部业务交由管理会及其主任等管理"。⑤ 由此，以随船大班组成临时管理会这一贸易管理机制被淘汰了，取而代之的是常驻管理会这一核心机构。

---

① 〔美〕马士：《东印度公司对华贸易编年史（1635—1834 年）》，第 74 页。
② 由于受海洋季候风的影响，东印度公司来华船只在广州的贸易季节都是跨年度的，一般在第一年 10 月前后到达广州，最迟于次年 3 月返航。若误了返航期，则要到下一季度再返航。为了叙述方便起见，本书一律以其派遣年度来表述每个贸易季度。
③ 〔美〕马士：《东印度公司对华贸易编年史（1635—1834 年）》，第 411 页。
④ 〔美〕马士：《东印度公司对华贸易编年史（1635—1834 年）》，第 459 页。
⑤ 〔美〕马士：《东印度公司对华贸易编年史（1635—1834 年）》，第 481 页。

四是 1770 年组成的永久性管理会。派驻广州的常驻管理会成立初始，其成员不固定，经常是由常驻大班及随船大班共同组成，因而常驻广州的大班只是管理会的部分成员。到 1770 年，东印度公司进一步明确规定，此后所有大班常驻广州，不再随同他们有关的船只来往，而是组成一个永久性的管理会，使这个管理会"可以每年继续下去"。① 永久性管理会的建立，使东印度公司对华茶叶贸易机制更趋完善。此后直至 1834 年东印度公司对华贸易垄断权终止，其间英国东印度公司所有对华茶叶贸易业务都由这个唯一的管理会负责。

从经营管理的效率角度说，管理要处理好决策机制问题。而在经营过程中，决策的时机以及与不同部门之间的信息沟通的顺畅，对于决策效率非常重要。此外，茶叶的新鲜与否，也会影响到茶叶价格，所以才有茶叶季节的划分。1758 年贸易季度常驻理事会的建立，在东印度公司对华茶叶贸易的发展中起着重要作用。一方面，当每一个贸易季度结束后，留守中国的管理会必须为下一贸易季度的茶叶贸易做好两项准备工作：一是确定购茶时间，大量购买跌价的"冬茶"——茶叶贸易季节过后，茶价迅速下降，这正是东印度公司投资茶叶的好时机；二是着眼未来，签订下一季度的新茶合约，以便保证茶源供应和当下季公司船只到达时可以尽快装货返航，同时也避免只投资"冬茶"而没有新茶。

另一方面，管理会发挥驻外机构因地因时制宜的灵活性。由于公司董事部远在伦敦，这些最高层的决策者们未必真正了解对华贸易过程中的许多具体困难和问题，而常驻管理会设在广州，直接负责对华贸易的具体事项，他们从贸易实践的需要出发，较为灵活大胆地采取了一些贸易措施，而这些事先并未报请董事部批准同意的措施往往对贸易发展起着重要的促进作用。这为东印度公司对华茶叶贸易机制注入了新的活力。不仅在汇票制度上如此，在对华茶叶贸易中的预付货款和贸易份额制上同样如此。

（三）预付货款制度

所谓茶叶预付货款，是指东印度公司向行商购买茶叶之前，先与行商预订一份买卖合同，公司按照合同上茶叶的总价值，向行商预付 50%—

---

① 〔美〕马士：《东印度公司对华贸易编年史（1635—1834 年）》，第 324 页。

80%的定银。该制度的出现，主要是为了确保公司获得稳定充足的茶叶货源。预付货款制的实现，通常是由大班们通过三种方式完成：一是与行商签订合约；二是在公开市场上增加采购；三是在一个贸易季节即将结束时向茶商购买他们手上剩余的茶叶，然后在下个贸易季节时装船运回欧洲。

1. 与行商签订合约

东印度公司大班每年要做两件与合约有关的事：一是大约在三月，茶贸季节接近终了时，测算出下一个贸易季节所需的茶叶种类及数量，以此为基础与行商签订合同；二是预支大部分定金。为了增强合同对行商的激励作用，公司通常得先支付定金给行商。同理，行商必须按约定价格，到期提供预定品质和数量的茶叶，否则行商就得承担违约责任。

合约茶之外，当季所需的其余茶叶大都由前一个贸易季尾在公开市场上买到的茶叶来补充。每年二月底或三月初，公司的船只扬帆离港，在广州的其他买家也都完成了当季的买卖，市场上还会剩下一些茶叶没有在当季卖出去。公司大班们通常会利用这个机会，以很低的价格向行商购买或者通过行商的中介向茶商购买这些茶叶。英国人把这种性质的采购称作"冬季采买"，而通过"冬季采买"所购得的茶叶就叫作"冬茶"，或者用广州当地的说法叫作"押冬"。

由于合约茶与冬茶的采购都发生在当季公司船实际抵达广州港之前，两种采购加起来有时候会不够装满所有的来船。在此情况下，公司大班们在广州的市场上以与合约茶相等的价位购买现货茶，这种采购就是所谓"增加购买"。

2. 委托行商采购茶叶

在茶叶交易中，茶商（或茶行）是不允许直接与外国人买卖的。因此，理论上说茶叶的供应应该由行商来备办。行商为了达此目的，一般可做如下安排：一是派出他的行伙到产茶区去买茶；二是与茶商订约，由茶商运来指定品质和数量的茶叶；三是从广州的现货市场上购买茶叶；四是充当茶商与公司大班之间的中介者，促成两者之间的买卖。

下乡采买备办的茶叶通常带有特定的品牌（称作"字号"），表明它们是某某行商的财产。这类型的茶叶统称为"本庄"，意思是行商自己的商品。虽然行商派遣自己的行伙到产茶地去买茶、运回广州卖给公司可能获得很大的利润，但是也存在一些不利因素：首先，该行伙所拥有的茶叶知识以及他本人在茶乡的信用未必比得上茶商；其次，在产茶区买茶通常需要现金，因此该行伙就得携带大笔现银；再次，要把茶叶从茶产地搬运下来颇为费事，麻烦不少。由于各家行商购买的都是大宗茶叶，如果采用下乡采购的方式，那么该行商就必须派出多位行伙携带大额现银，实际操作起来不容易，而且大多数行商经常面临资金周转困难的问题，故只有少数几家行商有能力派遣行伙下乡去采买，而且只会选购几种字号。所以一般都是通过向茶商订茶的方法来履行大部分的合约义务。

签订合约的安排是供应茶叶最可靠的方法。这种方法细节如下：订约的办法在于茶商，茶行与行商议定之后，讲明数量和价格，取得特定字号的茶叶，约定茶叶送到广州及提交给外国人的时间点，在行商支付给茶商一笔定金后，完成协议，交付有关各方收执。

要让合约生效，定金是不可或缺的（行商向茶商订茶的合约成为"议单"，所支付的定金成为"定单银"）。这也是促使茶商把他们的茶叶运到广州最重要的手段。此种行商通过合约而到手的茶叶称作"包庄"，意思就是依合约取得的商品，其比率约为80%。

3. 在现货市场采购茶叶

行商交茶给英国公司人员的第三种方法是在现货市场上采买。一旦采取这样的做法，行商就不用在交茶给公司之前九到十个月预付定金。行商有机会在现货市场采买，是因为茶商通常会带比他们的合约数量多的茶叶到广州，以"碰碰运气"，看看能否在市况好时赚上一笔。从茶商的角度而言，以这种方式被带到广州市面的茶叶叫作"卖庄"，意思是待价而沽的商品。

由于现货市场上茶叶价格由供需条件决定，因此没有办法在相当一段时间以前就能预测。如果一家行商在上一个季节末期就已经跟大班们签下合约，而他选择或者不得不在履约期限接近时，只在现货市场上买茶交货，那么一定会在交易中冒很大的风险。广东十三行中达成行的行东倪秉发（榜官）和会隆行的郑崇谦（侣官）的经历就是典型实例。在19世纪初的那几年，这两家行商因陷入财务困境而支付不起订金，被迫在广州买现茶交货。于是，广州现货市场上的茶叶需求突然暴增，价格也飞涨，这两家行商的交易也就完全无利可图。

在以上三种茶叶的交易模式中，行商都是首先买下茶叶，然后转卖给东印度公司。行商本身很在乎自己的得失，不过，他们偶尔也充当中介者，通过他们让茶商把茶交给公司大班。在此场合，他们收受一份佣金，而不用考虑该次交易的盈亏。

预付货款制将茶叶贸易建立在交易对象的信用状况基础上，特别是在封建经济时代，商业资本积累较少，这种制度有利于行商将茶叶贸易网络拓展至内地，促进内地产茶区经济的发展。例如福建，每年茶市开市前，大量商业资本涌入福州，并外溢渗透至省内各产茶区域，促进了闽茶经济发展。

（四）贸易份额制

东印度公司采购茶叶的规模的扩大导致严重的逆差，从而必须由本国运送货币来清偿债务。但这受到重视金银的国内重商主义者的严厉批评。为了平衡贸易收支，东印度公司采用加快对中国出口鸦片、棉花等方法，还采用了贸易份额制度。

所谓贸易份额制，是指东印度公司为推销英国的毛纺织品，强行在茶叶贸易中，将毛织品按比例搭售给行商。即公司向行商购买茶叶，行商必须向公司购买一定比例的毛纺织品，从而把进口与出口联系起来，在某种程度上说，这是一种物物交换的形式。① 其起源如下：

> 把茶叶合同的相对比率等同于毛料的计划，源始于行商因后一商品惨遭损失，而依等比率分配茶叶则被视为一公平的补偿。在此原则下"我们认为该手段公平而正当，而且在同一原因仍存在时，此一制度在任何状况下都应被遵守"。②

---

① 张燕清：《英国东印度公司对华茶叶贸易方式探析》，《中国社会经济史研究》2006 年第 3 期。

② 陈国栋：《东亚海域一千年：历史上的海洋中国与对外贸易》，第 235 页。

贸易份额制主要经历两个阶段。一是探索阶段，1727 年贸易季度，东印度公司派遣"奥古斯塔斯王子"号（Prince Augustus）商船到广州交易。该船在和 6 名行商分别签订茶丝合约时，按交易额的大小，以统一的价格售给他们一定数量的毛织品。① 这已经是贸易份额制的雏形。但因茶叶与毛织品之间贸易份额关系的随机性较强，这时尚未真正形成一种交易制度。

二是形成阶段。从 1769 年贸易季度开始，贸易份额制逐步变得制度化、系统化。在获得对行商贸易的支配权后，东印度公司会将贸易份额制变为茶叶贸易中最基本的先决条件："任何人和我们交易，都必需购买相应数量的货物。"②

这样，以贸易份额制为主要特征的物物交换方式成为一种固定制度。

茶叶和毛织品之间的贸易份额制主要有两个内容。一是茶叶和毛织品两种货物贸易量大小密切相关。如有行商购买较多数额的毛织品，东印度公司必须按比例购买相应数量的茶叶，二者互为交易条件。二是公司和行商间进行茶叶与毛织品贸易时，"以货币将价格固定下来"，③ 两者贸易的差额用现银支付。④ 在决定具体价格时，两者互相牵制，如果毛织品提价，或者行商们已要求降价但无法被满足，行商就会相应地提高茶价，以取得贸易平衡。

（五）选任验茶师

在 18 世纪 80 年代中叶，英国茶叶需求量激增，由于茶商一时不能获得足够数量的茶叶，于是有些茶商以掺假的方式增加茶叶量，茶叶质量无法保证。为了解决这个问题，英国公司决定派遣一名"茶师"到广州负责验货工作。第一名茶师 Charles Arthur 在 1790 年来到中国，由于他具有分辨茶叶好坏的专业能力，而且有察觉造假的技巧，东印度公司出口茶叶的品质大为改善。⑤

---

① 〔美〕马士：《东印度公司对华贸易编年史（1635—1834 年）》，第 184 页。

② 〔美〕马士：《东印度公司对华贸易编年史（1635—1834 年）》，第 574 页。

③ 〔美〕马士：《东印度公司对华贸易编年史（1635—1834 年）》，第 179 页。

④ 〔英〕斯当东：《英使谒见乾隆纪实》（中文版），叶笃义译，商务印书馆，1963，第 541 页；梁嘉彬：《广东十三行考》，第 173—174 页。

⑤ 陈国栋：《东亚海域一千年：历史上的海洋中国与对外贸易》，第 231 页。

四　英国东印度公司华茶贸易中的运输问题

英国商船的航行路线大致为：从英国出发，向南行进，绕过好望角，然后根据商业活动的需要，在进入印度洋后或者直接穿越巽他海峡，到达中国，或者是首先到达印度，然后穿越马六甲海峡抵达中国。在 1869 年苏伊士运河开通之前，这条线路是英国甚至所有的西欧国家同中国进行贸易最为重要的线路。

当然，东印度公司还有极少数的商船并非径直从英国启航，而是从北美出发。在 1788 年贸易季度，东印度公司共有 26 艘商船来华，其中"威尔斯王子"号运来的商品为毛皮，它是从美洲西北海岸出发而来到中国进行贸易的。

茶叶在运输的过程中需要防潮、避光与避气，以保持茶叶的良好品质。在从中国至英国长途运输的过程中，确保茶叶的品质不受影响，是决定东印度公司的商业利润，甚至这项贸易能持续发展的非常重要的因素。要在运输过程中保持茶叶品质，必须有合适的包装。在中英茶叶贸易初始阶段，由于茶叶贸易的数量较少，所以茶叶的包装也不甚规范。1689 年，英国东印度公司的董事部在谈到茶叶贸易时曾抱怨"茶叶除上等品而用罐、桶或箱包装的外，也同样滞销"，[1] 遂在 1701 年的指示中提出，"不要用小罐装茶，它无法保持茶的品质"，[2] 而后又对茶叶包装下达了非常具体的指令：

> 茶在包装上应多加注意，要保持其香味与功效，在包装的时候无论多么认真都不为过。包装时应特别注意将其密闭在白铜器皿中，然后用树叶包裹起来，置于干燥的木桶中，要密闭压实，使它能够与外面的各种气味隔绝开来，因为它易于吸收其他气味从而失去价值。注意确保制作木桶的木料没有任何气味——无论是令人愉悦的气味还是令人厌恶的气味，它们都会损坏茶叶的品质……因此，不要将这些货物运上船，至少不能接近茶。基于同样的原因，在使用前要注意除掉

---

① 〔美〕马士：《东印度公司对华贸易编年史（1635—1834 年）》，第 64 页。

② William Milburn, *Oriental Commerce*, Vol. II, London: Black Parry & Co. , 1813, p. 533.

白铜器皿上的焊接油味。①

根据上述材料，东印度公司要求将茶首先放置在用白铜做成的器皿中，放置的时候要做到紧密压实，然后在白铜器皿的外面包上干燥的树叶，再将器皿放置到干燥的木桶中。树叶的用途应为填充器皿与木桶之间的空余空间，使器皿不会在木桶中滑动，保护白铜器皿，避免破损，以致损害其中所盛茶叶的质量。按这个要求，东印度公司起初采用桶装的方式来进行包装，但效果仍不甚理想。1713 年，"忠诚极乐"号与"达茅斯"号购买的茶叶采取了用箱的包装方式，"它是第一次用箱装载而不象往常的用桶"。② 其方法如下：首先是准备好木箱，里面通常还安有很薄的铅片并铺上一些大片的干蔬菜叶，然后工人赤脚将茶叶踩入其中，最后将木箱封好。③ 木箱装茶有几个优势：木箱的制作远比木桶简单，装货物非常方便，而且能够更好地利用空间，同时其叠加装载的稳定性也非常好，搬运时也非常便利。因此木箱包装方式逐渐成为主流，1720 年 11 月 3 日从广州启碇的"埃塞克斯"号装载的茶叶为 2281 箱、110 桶以及 202 包，箱装茶叶明显处于优势地位，而 1739—1740 年来华贸易的"哈林顿"号离开广州时装载了茶叶 2012 担，分装了 765 箱，没有采用其他包装方式。④

在注意包装的同时，如何装载茶叶也是东印度公司非常关心的一个问题，因为这也会直接影响到茶叶的质量。1701 年，东印度公司对茶叶如何装载问题给出了具体指示："指甲花、麝香以及其他具有强烈气味的货物都会造成这种不良影响，因此，不要将这些货物运上船，至少不能接近茶"，⑤ 这一指令后来成为惯例。同时，公司还注意到保证茶叶质量的其他一些事项，如明确要求"将茶放在船中温度最低的部位；对于存在船舱中的货物，在天气良好的时候一有机会就要打开舱口，使其能够通气"。⑥

---

① William Milburn, *Oriental Commerce*, Vol. II, p. 533.

② 〔美〕马士：《东印度公司对华贸易编年史（1635—1834 年）》，第 146 页。

③ 〔英〕斯当东：《英使谒见乾隆纪实》，第 467 页。

④ 〔美〕马士：《东印度公司对华贸易编年史（1635—1834 年）》，第 158 页、第 272 页。

⑤ William Milburn, *Oriental Commerce*, Vol. II, p. 533.

⑥ William Milburn, *Oriental Commerce*, Vol. II, p. 533.

　　此后，东印度公司的对华贸易运输船形成了稳定的商品运载组合。除茶以外，船上还搭配着瓷器与西米，三者成为一个合理的搭配组合：瓷器质量较重，同时又不怕潮湿，大班将其作为压舱物，放在船舱的最底层，这样，既能够使船只航行时保持稳定，同时也能为箱装茶叶防潮；茶叶质量较轻，同时需要防潮，所以放在上面，这样，既能保证船只的重心较为靠下，同时也能保证茶叶的质量；西米则用来填充瓷器中间的间隔，"尽量把瓷器的空处填满",① 这样能够避免瓷器互相碰撞，防止由于颠簸而造成瓷器破损。

　　此外东印度公司还会根据茶叶的不同价格，将价格较低的茶叶放在下面，而价格相对较高的茶叶品种放置在上一层。如 1771 年，东印度公司的商船将"瓷器放在底层，其次为武夷茶，然后放上松萝茶和上等茶叶"。②

五　港脚贸易与英国东印度公司对华茶叶贸易

　　17 世纪末期，在垄断权已经稳固后，东印度公司开始同意一些商人领取公司颁发的商业特许证，从事印度与中国之间的土货贸易。这些商人包括印度人和侨居印度的欧洲人（主要是英人），他们被称为"港脚商"，他们拥有一批专门用来运货的商船，被称为"港脚船"，他们所从事的贸易通称为"港脚贸易"（the Country Trade）。③

　　港脚贸易成为东印度公司解决在广州茶叶投资资金问题的重要途径。当东印度公司贸易日渐发展但资金供应困难时，散商船以鸦片和原棉这两种货品，来满足要货而不要硬币的商业要求。④ 港脚贸易也成为东印度公司弥补对华茶叶贸易差额的重要依靠对象。进入 19 世纪后此情况表现相当明显，大约从 1817 年起，港脚贸易已经成为中英贸易"整个结构的基石"。⑤

---

① 〔美〕马士：《东印度公司对华贸易编年史（1635—1834 年）》，第 164 页。
② 〔美〕马士：《东印度公司对华贸易编年史（1635—1834 年）》，第 581 页。由于当年度还购入了丝，运载时将丝装在了最上面。
③ 〔美〕马士：《东印度公司对华贸易编年史（1635—1834 年）》，第 327 页。又参见汪敬虞《十九世纪西方资本主义对中国的经济侵略》，人民出版社，1983，第 44 页；〔英〕格林堡《鸦片战争前中英通商史》，第 9 页。
④ 〔美〕马士：《中华帝国对外关系史》，中山大学出版社，1991，第 515 页。
⑤ 〔英〕格林堡：《鸦片战争前中英通商史》，第 9、12、95—96、100、14、22、45、88 页。

港脚贸易主要通过汇票业务对东印度公司产生影响。1761 年，东印度公司开始在广州提供汇票业务，允许公司职员和港脚商将自己贸易所得（通常是西班牙银元）交给公司驻广州财库，然后，按一定汇率换取在伦敦或孟买支付的长期汇票（在伦敦以英镑支付，在孟买以卢比支付）。汇票业务的开设，既为港脚商人提供了将印度鸦片和棉花利润带回印度或英国的途径，也为公司提供了解决在广州投资茶叶资金问题的办法。这种优势和效用，使汇票业务迅速发展起来。1760—1764 年及 1765—1769 年，东印度公司在广州平均每年的汇票业务所提供的白银数量，在公司采购中国货物的资金总额中分别只占 9%、4%；但到 1770—1774 年，这一比例已提升为 26%，而 1775—1779 年猛增为 61%，1780—1784 年为 64%。①

第二节　宝顺洋行与清代台湾茶叶出口

洋行是清代中国茶叶出口的主要控制者，清代前期，中国茶叶出口基本由东印度公司把持。清代中后期，则由怡和洋行、宝顺洋行等洋商所把持。本节以宝顺洋行为例，通过考察和勾画其发展的历史过程，认识其在台湾茶叶出口中的作用，及其作为茶叶出口开创性洋商的经营方式和效果。当然，在宝顺洋行的经营中，其重要买办李春生的协助，也发挥了十分重要的作用，这一点我们在闽籍茶商中已有论述，这里就不再重复。

一　清代台湾业茶洋行

1861 年，英国派驻台湾之首任领事郇和（Robert Swinhoe）将茶叶在台湾岛发展的可能性，报告给英国政府。1866 年②，英人杜德到台湾，发现台湾北部茶叶品质优良，并且许多地方适合生产，认为如能加以改进推

---

① 龚高健：《港脚贸易与英国东印度公司对华茶叶贸易》，《福建师范大学学报》2005 年第 4 期。

② 有关杜德到台的设行时间，台湾学界多以 James W. Davidson 的说法为根据，认为杜德设行的时间在 1864 年，经考证应为 1867 年。见黄颂文《清季台湾贸易与宝顺洋行的崛起（1867—1870）》，《台湾文献》第 61 卷第 3 期，2010 年。

广，发展前景广阔，于是他在第二年创立宝顺洋行，试办收买茶叶，成为最早在台经营茶叶的外商。① 连横《台湾通史》有云：

> 迨同治元年，沪尾开口，外商渐至。时英人德克来设德克洋行，贩鸦片、樟脑，深知茶叶有利。四年，乃自（福建）安溪配至茶种，劝农分植，而贷其费。收成之时，悉为采买，运售海外。南洋各埠前销福州之茶，而台北之包种茶足以匹敌。②

由此可知，台湾茶的兴起，与外国洋行关系密切。只是当时台湾所生产的茶叶只有粗制茶，必须运往福州或厦门加以精制。例如1867年，厦门的德记洋行派其买办柯升到淡水购买数箱茶叶而归。1868年，德克在台北艋舺建精制茶场以后，始免运往福州或厦门精制的劳费，这是台湾精制茶兴起的缘由，也是外国资本在台湾建立厂行，长期从事茶叶经营的开始。当时所制的茶为乌龙茶，《台湾通史》云："夫乌龙茶为台北独得风味，售之美国，销途日广。自是以来，茶叶大兴，岁可值银二百数十万元。"③ 在杜德的影响之下，许多外商纷纷投身台茶的营销，到1872年，台北已有5家专营茶叶的洋行：宝顺洋行、德记洋行、怡记洋行、水陆洋行、和记洋行。

威廉·乌克斯在《茶叶全书》一书中也为我们提供了清代在台外商经营茶业的详细情况。

罗伯特·H.布鲁斯于1870年在淡水成立德记洋行，作为厦门德记洋行的分店，1867年厦门总店曾派一名内地茶叶买办到淡水视察市场状况，并带回一些半成品的乌龙茶，这是德记洋行在台湾事业的开端。基隆港开辟后，这家公司就迁移到台北的大稻埕。

厦门及福州的外国人创办的茶叶公司，开始时并没有注意到淡水能成为乌龙茶的有力竞争者，但不久就因为台湾乌龙茶行销渐广而有所察觉，于是迅速在岛上占领地盘，英商怡记洋行、水陆洋行及和记洋行于1872年

---

① 陈慈玉：《近代中国茶叶的发展与世界市场》，第188页。
② 连横：《台湾通史》卷二七《农业志》，第445页。
③ 连横：《台湾通史》卷二七《农业志》，第445页。

设立台湾分店，其中水陆洋行及怡记洋行，后来由美国旗昌洋行继承，而和记洋行失败后，则由德忌利士商行继承，但也于 1901 年倒闭。

另外一家英商怡和洋行，总店在香港，1890 年在台湾设分店，其购茶师为 H. 拉罕。

美商史密斯·贝克公司，它的总店在纽约，这家公司在美国与日本占领下的台湾茶叶贸易中曾经占有很重要的地位。阿尔伯特·C. 布莱尔是台湾的购茶师，到 1915 年，其业务被美时洋行接收。

美时洋行于 1897 年在台湾开设分店，它的总店在纽约。分店开设后，聘请乔治·S. 毕比为购茶师。于 1934 年又接收和记洋行的业务。

埃温瑞公司是一家纽约公司，1899 年开始办理出口业务，并聘请威廉·霍梅耶尔为购茶师，三年后由考布恩·霍梅耶尔公司继承。这家公司是费城的考布恩·霍梅耶尔及威廉·霍梅耶尔二人合股创办的。1913 年约翰·古林出任购茶师，改组为 A. 考布恩公司。古林曾服务于美时洋行长达 20 年之久，到 20 世纪 30 年代仍在费城从事茶业经纪。霍梅耶尔于 1918 年逝世，他的公司也于 1923 年关闭。

美商台湾商务公司于 1906 年加入台湾贸易，纽约的罗素出任总经理，C. 沃特·克里夫顿出任购茶师，该公司于 1913 年关闭。

1906 年美国人 H. T. 汤普金斯以其个人的名义经营出口贸易。芝加哥的 J. C. 威特尼公司于 1912 年在台湾设立分店，聘请 T. D. 莫特为购茶师。1927 年英美茶叶贸易公司接替考布恩的公司后，也进行贸易，聘请约翰·古林为购茶师，到 1931 年由 B. C. 考万继任。①

二 宝顺洋行的茶叶经营

（一）宝顺洋行的创立

宝顺洋行在清代台湾的贸易史上占有举足轻重的地位，尤其是在推广台湾乌龙茶进入世界市场方面。而且，在台湾米、糖这两项产业面临南洋米与四川糖的廉价竞争危机时，宝顺洋行适时扮演起推动台湾产业转型的重要角色，使过去以大陆为主要出口对象的米糖主体贸易体系，转型成为

---

① 〔美〕威廉·乌克斯：《茶叶全书》下卷，第 210 页。

以世界为市场的茶与樟脑的贸易体系，经济发展形态更上一层楼。不仅在一定程度上解决了台湾的经济危机，稳定了就业市场，缓和了人口压力，而且供养大量的茶业工人，使台湾成为清朝最富裕的省份之一。

杜德自行创立宝顺洋行，是由多种因素共同促成的：一是颠地洋行（Dent & Co.）倒闭。杜德原来与怡和及颠地都有来往，不过主要还是为颠地洋行服务。但自 1867 年颠地洋行倒闭后，杜德在一定程度上处于孤立无援状态，因此他设法寻求其他出路，找上了怡和洋行，求其相助，至迟在 1867年 4 月杜德已经与怡和洋行建立联系，经销其所运的商品。二是怡和想扩大市场，寻求更多商行协助。据当时杜德致怡和的信函可知，颠地洋行倒闭后，怡和与杜德双方都有意相互协助。三是杜德在 1864 年尚未成立公司以前，便已留意到北台茶市场的潜力，1865 年已经进行北台茶的试种，1866年已和美商建立台茶市场。杜德因此获利甚丰，奠定了自立公司的基础。

（二）杜德与美商共同发展台茶市场

宝顺洋行之所以能在台湾经营茶业成功，与美国茶业市场息息相关。杜德何时建立台茶市场？根据 Davidson 的《台湾之过去与现在》[①]与 "临时台湾旧惯调查会"[②] 调查报告的说法，杜德应该早在 1865 年，就与淡水的农民探讨种茶的可能性，并在同年将福建安溪茶种移种于台湾北部，1866 年开始其茶叶贸易。1870 年 5 月 6 日，杜德致函怡和道："我们已经放弃了我们从四年前建立的（美商）茶市场……由于我们拒绝与他们做茶与鸦片的交易，我们所有的伙伴（商业同伙）已经离开我们。"[③]

此外，1870 年 5 月 20 日杜德致信怡和时还说："他们（美国朋友）今年已经十度向我要求卖给他们这座岛屿所能生产的所有茶。" 由此可知，杜德至少在 1866 年（设立宝顺洋行之前），已经在台湾与美国商人进行茶的贸易，同时，他也至少应已有一年试植茶的观察过程，而且已经有了在

---

①　L. W. Davidson：《台湾之过去与现在》。

②　戴宝村：《清季淡水开港之研究》，台湾师范大学历史研究所专刊，1984，第 77 页；临时台湾旧惯调查会『臨時台湾旧惯調查会第二部調查經濟資料報告』臨時台湾旧惯調查会、1905。

③　J. M. & Co.'s Archives, B/8/7, L/ 490. Dodd & Co. to J. M. & Co., May 6, 1870, 转引自黄颂文《清季台湾贸易与宝顺洋行的崛起（1867—1870）》，《台湾文献》第 61 卷第 3 期，2010 年。

台湾经营台茶市场的具体计划。

由上文知，杜德因台茶获利丰厚是在他自创公司前的 1866 年已经发生的事情，几乎是与美商建立起台茶贸易同时发生的，并非晚至 1870 年，才因一次直销纽约的船运而声名大噪。因此，虽然宝顺台茶直销美国有其重要性，但不能将其过度解释为宝顺台茶成功的关键。宝顺能经营台茶成功，是杜德六年来（1864—1870）日积月累、长年经营的结果，调查台茶种植的可行性可能就花了至少两年（1864—1866）的时间，与美商建立台茶市场也经过了四年（1866—1870）的历程，宝顺才能在美国市场上逐步建立起其在北台茶业中的声望。

（三）宝顺洋行初期（1867—1870）的茶叶贸易

早在 1860 年，怡和已经试图在北台湾自行经营贸易，但是经过多番尝试，成果不彰。因此，从 1865 年开始怡和放弃直接经营北台湾的贸易，转而由代理行代理其在北台湾的业务。宝顺洋行乘机发展。其早期贸易以与怡和洋行的贸易为主。在商品方面，以宝顺经营的茶叶与怡和经营的鸦片为主要交易项目，樟脑次之，其他商品有米、糖等。

宝顺洋行的崛起与怡和洋行的支持有密切关系，若没有怡和洋行在此前于北台湾做的贸易努力，杜德未必能在北台湾顺利成功，因此必须先了解宝顺洋行成立前怡和洋行在北台湾的贸易发展情况。

怡和洋行很早就对北台湾的贸易产生了兴趣。根据黄富三的研究，怡和洋行的自行经营经历了三个阶段。一是船长总监制（super cargo or captain）或依商贸易制，在台湾开港之前，由怡和洋行任命一船长全权负责销售所押船只的商品，并购买所需的台湾产品。二是商务代理人制（agent），在开港后，怡和洋行即在台湾要港设立据点，派代理人经营。如1859 年底，首任代理人 Thomas Sullivan 入驻打狗即为一例。三是委托代理商制（agency），直接贸易带来不少问题，如买办之舞弊、华商付款延迟等，使代理人疲于奔命。而代理人与香港总行之联系，依赖信函、船只，缓不济急，怡和遂更改为委托在台其他洋行代理进出口业务。①

———————————

① 黄富三：《台湾开港前后怡和洋行对台贸易体制的演变》，《台湾商业传统论文集》，第 83—84 页。

可见怡和原本欲自行经营，然而其在北台湾的贸易状况相当不顺利，屡遭台湾地方官商的阻挠与竞争压力，因此转而交由其他洋行代理其商务。其第一个代理商为美利士洋行，成立于1865年，第二个代理商为宝顺洋行。怡和洋行与在台洋行的贸易方式大体上是：由怡和供应进口台湾的鸦片、洋布等，由台湾的洋行运出樟脑、茶叶等，通过怡和的商业网络，行销世界。宝顺与美利士洋行相同，均扮演怡和在台代理商的角色。

宝顺洋行的经营基本上以代理怡和洋行的进出口业务为主，其中茶为主要出口商品。

在茶叶种类上，宝顺出口的茶1868年以前分为乌龙茶与小种茶两种。1868年以后几乎都以乌龙茶为主。根据林满红的研究，茶的品级有八级。[①]杜德信函也显示：乌龙茶本身分成数个等级，出现者有极品（choisest）、精选（choice）、优（finest）、可（fair）、常（common）。小种茶茶价最高，然而销售量方面其与乌龙茶相比少很多，所以，在杜德1868年以后致函怡和的信文中，未再见提及小种茶的销售记录。

在茶叶价格上，从1867年至1870年，虽时出口茶价有涨有降，但大体呈现稳定增长趋势，这与Davidson的说法、领事报告、海关报告、后人研究结论大体一致。按照茶的等级，普通茶（common）大约维持在8—14元之间，变化不大，好茶或佳茶（fine or finest）则呈现逐步增长趋势，1867年大约是10—16元，1868年增长到16—23元之间，1869年增长至26元以上，顶级茶1867年为30元，1869年则高达40元。

在茶叶销售量上，据1867年7月12日杜德致函怡和的信显示：乌龙茶的成交量大约1300担。到了1869年7月25日的信中则说：茶在过去十天中没有这么快收成，估计不会超过7000担。其信不仅间接指出茶供货的大概数字，也暗指茶受欢迎的程度。至1870年，杜德估计1869年茶的出口：1869年不超过8000担，1870年则可能不超过12000担。

根据Reginald Kann的台湾考察报告中关于台湾茶叶的论述，可知早在1866年，杜德的茶业经营已获利颇丰，因此，不久后也面临同业竞争的重大挑战。从1870年开始，德记、水陆、怡记等洋行接踵登台设行买茶，争

---

① 林满红：《清代台湾之茶、糖、樟脑业与台湾之社会经济变迁（1860—1895）》，第80页。

夺台茶市场。杜德在 1870 年 5 月 20 日致函怡和时说：两家代理行于昨日搭乘 "基督号" 抵达这里 (淡水)，另外两家将在任何一天从厦门抵达这里 (设行买茶)。1870 年 5 月更发生了怡记洋行、德记洋行、水陆洋行抵台设行以自由买卖茶业的事情。

（四）宝顺洋行独占台茶市场规划与台茶市场的重新分配

为了抵挡其他洋行的竞争，并在北台湾建立稳固的独占地位，1869 年 2 月，杜德在香港与怡和总行的 Mr. Keswick 会面时提议：宝顺愿意放弃过去的美国贸易伙伴，甚至英国的怡记洋行，以换取宝顺在茶业方面对怡和的寡占市场。杜德在 1870 年 5 月 6 日致怡和的信中称：

> 我们已经放弃了我们从四年前建立的（美商）茶市场。……由于我们拒绝与他们做茶与鸦片的交易，我们所有的伙伴（商业同伙）已经离开我们。

同函又道：

> 我们现在完全信任您的支持，并希望您将接受我们的意见（宝顺寡占台茶市场）。

1870 年 5 月 20 日的信亦道：

> 我现在要告诉您的讯息，我已经于去年二月在香港时告诉过 Mr. Keswick，只要您的公司给我茶的生意，我同意放弃我的美国与其他的商业伙伴，甚至包括我的老朋友怡记洋行，只要有必要的话……。

据上，可推知至少在杜德 1870 年 5 月 6 日致函怡和以前，怡和已经同意与其联手独占台湾茶市场的计划。因此，杜德才会依照在香港时的协议，放弃了过去一直合作的美国贸易伙伴，最后还声称包括英商怡记洋行在内。怡和派到台湾的商务代表的 Mr. Paterson 对于杜德的这项计划似乎颇表赞成，且与杜德一样对茶市场充满信心。1870 年 5 月 20 日杜德致怡和函说：

> Mr. Paterson 鼓励我这么做，他跟我一样，对这些茶（市场）表示
> 乐观，同时，我毫不犹豫地告诉我的美国朋友们这件事情（与他们取
> 消贸易）。他们今年已经十度向我要求卖给他们这座岛屿所能生产的
> 所有茶，我很抱歉地告诉他们：我不能再为他们服务了。

然而，怡和当局似乎未对此有具体回复，宝顺独占市场的计划落空，
台湾茶叶市场格局仍呈现多元竞争态势。

1870年，怡和洋行当局做出一项重大决定，令旗下的三家洋行德记、
水陆，以及杜德所服务的洋行怡记自由到台湾买卖茶、樟脑与鸦片，这引
起杜德的强烈不满，1870年5月20日杜德致函怡和的信中道：

> 您能想见，当我接到您决心停止鸦片运货的通知时，我是何等地
> 失望，更且，您没有支持我拒绝与怡记洋行进行账目往来的事情，并
> 且您或 Keswick 先生已经允许他们开始来此自行买茶……。

1870年5月23日宝顺致函怡和的负责人 Mr. Whittal 时亦道：

> 怡记、德记与水陆三家洋行也已到达这里，并且已经预定设行于
> 此，其范围上溯淡水河。您能想见，这不是令我感到愉快的事情，因
> 为我已经拒绝与这些公司在商务上与您往来，并感觉自己唯一的朋友
> （怡和）并未站在我这一边。

（五）宝顺洋行成为北台湾最大的茶业公司

尽管有众多洋行瓜分宝顺的茶市场，然而，宝顺洋行仍成为北台茶业
经营方面最大的洋行（公司），这是为什么呢？根据黄颂文的研究，可能
原因如下。（1）杜德为最早来台投资台茶事业的洋人之一。因此其经营茶业
之经验丰富，这有利于宝顺对台湾茶市进行充分布局、占得先机。（2）掌握
美国的茶业市场。杜德早在1866年便与美国商人有茶的贸易往来了，在四

年的时间里获利甚丰。直到 1870 年，为了与怡和建立对北台的独占市场，才以放弃过去的美国商业伙伴为交易条件，短暂地终止了与美国商人的贸易，已如前述。(3) 运用勤劳的大陆廉价劳工生产台茶，掌握台茶的生产权。杜德很可能看准了大陆廉价劳工有助于台茶生产成本降低，并增加供货量，因此从大陆雇用廉价劳工前来生产台茶。① 杜德于 1870 年 5 月 20 日致函怡和的信如此说："之后，茶的样品送到其他人手中品验，立刻就有了订单，结果我从大陆招来工人支持包装与焙茶的工作，而每一年我的生意都在增加……。"他在同一封信中道："我们的回函已告诉您我们有大量的商品在手上，且我们每天都在增加货量。"杜德特地从大陆招来茶工，可合理推断与大陆茶工勤奋、工资廉价、技术纯熟有关系。因此，掌握了勤劳的大陆廉价劳工，也等于掌握了台茶的生产主动权，于是宝顺在与后至的洋行竞争时，具有更多的优势。承上述诸因素，宝顺洋行有了天时、地利、人和的优势条件，加上杜德本人的经营眼光，使宝顺洋行得以称霸北台茶业市场。

---

① 黄颂文：《清季台湾贸易与宝顺洋行的崛起（1867—1870）》，《台湾文献》第 61 卷第 3 期，2010 年。

第五章
清代台湾岛内华洋茶商的经营

第一节　台北大稻埕：台湾茶叶出口的关键节点

大稻埕原来只是台北的一个小村庄，因为清代茶叶贸易才逐渐成为台湾最重要的茶叶集散地。后来台湾著名茶商李春生与林维源出钱兴建千秋、建昌两条街，并出租给洋商经营生意，因此带动大稻埕迅速发展。直到淡水河逐渐淤塞，大稻埕才渐渐没落。

一　新庄和艋舺：大稻埕之前的台北商业中心

大稻埕兴起之前，曾经先后成为台北盆地商业中心的是新庄和艋舺。新庄的兴起在于其得水运之便，当时外地的货物经八里坌沿淡水河至新庄卸货，再由新庄运往各渡头，各渡头再转运至附近区域，这样的运输方式使新庄与这些渡头构成一个市场体系。由于贸易的发达，各种政策和组织设施逐渐设立。至 18 世纪 60 年代，新庄已兼具商业及行政机能，成为台北盆地里最大的市镇。

新庄港后因为淤浅，大型的商船无法停泊而渐趋没落。位于淡水河、新店溪和大汉溪交汇处的艋舺便代之而兴。艋舺具有两方面优势：其一，艋舺可停大型商船，整个台北盆地均为其商业服务的范围；其二，当时的行业组织泉郊、北郊的成立对其贸易的发展有帮助。这两个原因让艋舺成为 18 世纪末至 19 世纪 60 年代台湾岛北部最繁华的市镇，"一府二鹿三艋舺"的谚语说明了艋舺在这时期的繁华。

二 大稻埕茶街的形成

台北大稻埕茶街的形成大概分为以下几个阶段。

1. 先民村庄。大稻埕原先是台湾岛内先民聚居的一个村庄,据说该村庄起初有好几个名称,如"圭母卒社"、圭武卒庄、奇武卒庄、奎府聚庄等。村民是从三貂岭进到基隆,而后再由八堵、汐止、锡口迁徙过来的。

2. 汉人进驻。康熙四十八年(1709),垦拓集团的陈赖章申请到官方垦照,开拓大加腊堡(大稻埕即其一部分),此处开始有汉人来往。咸丰以后,淡水河西南部的艋舺因西北濒淡水河,南倚新店溪,有河航之利,而首建繁华市街,北部淡水河与基隆河交汇处随后又形成大浪泵(大龙峒)部落,而此时大稻埕尚为一片人烟稀少的寒村,居民只有少数农户,他们从事水田稻作,并以布匹、酒等物,与平埔族人交换鹿皮等物。

3. 大稻埕建街。道光元年(1821)时姚莹所撰《台北道里记》,对于当时的大稻埕一无所记,此时的大稻埕仅有少数汉人和平埔人在此耕种,由于当时这里有大片晒谷用的广场(稻埕),因而得名。大稻埕建街从咸丰元年(1851)开始,当时同安人林蓝田为了躲避海盗,从鸡笼(基隆)移至大稻埕,在中街(今台北迪化街一段)定居下来,并建造店铺三幢,店号"林益顺",与大陆从事贸易。

4. 新街扩建。咸丰三年(1853),艋舺发生了"顶下郊拼"即泉州晋江、惠安、南安三邑人的"顶郊"与同安人的"下郊"拼斗,同安人失败而搬迁到大稻埕,由林佑藻领导建新市街;咸丰六年(1856)及九年(1859),新庄方面发生了两次漳州和泉州人的械斗,同安人再次失败,也退至大稻埕,希望长期在此居住,并通过建设把新街由中街拓展到南街,大商巨铺随之而兴。

5. 设立会馆。随着商业发达,为了协助商业发展与开发建设,人们建立起三郊会馆(当时赴福州、江浙从事贸易者曰"北郊";赴泉州者称"泉郊"或"顶郊";赴厦门者曰"厦郊",总称三郊),可见凡港路可通之处,大稻埕的商业即伸展至该处。

6. 外商入驻。咸丰八年(1858),英法联军攻占北京,与清廷签订《天津条约》;咸丰十年(1860),《天津条约》在北京换约之后,台湾淡水开放通商，外商得以沿着淡水河至大稻埕建立洋行。

三 大稻埕茶街成为台北商业中心

1. 淡水开港后宝顺洋行引领台茶先河

淡水开港后，台茶从原来只能回销大陆，转变成为可以外销的商品，于是看好茶叶商机的洋行开始进驻这一地区，大规模从事茶叶贸易活动。

洋行投入茶业贸易，带动了茶价的上涨，台茶价格翻倍，从原来的一担11—15元，涨到30元。[①] 洋行注重茶叶品质管理，不掺劣茶，茶质稳定，获利佳。台茶带来的利润，也引起外商的竞争，他们在淡水河建立据点，华商也随洋商之后跟进投入茶叶贸易，两股势力在茶叶市场上互相竞争。

洋行介入台茶竞争，是帝国主义触角的延伸，却也是台茶得以开启国际市场的契机，如前第四章所述，宝顺洋行在推动台茶走向国际市场过程中扮演了重要角色，杜德于1869年将台茶运至美国，获得巨大利润；当然，宝顺洋行买办李春生居中穿梭，促成此项交易，也做出了贡献。

杜德对台湾茶产业的贡献，首先在于直接促进了台湾茶叶增产，茶区由台北文山扩展到七星、基隆、海山等地。同时各地产茶的质量亦有优劣之分。这可在《台湾通史》上看到："茶之佳者，为淡水石碇、文山二堡，次为八里坌堡，至新竹者曰埔茶，色味较逊，价亦下。"[②]

杜德通过引进茶树，贷款给茶农，并请福州茶师到台湾制造乌龙茶，提高了台茶品质，他将2131担乌龙茶输往美国，建立了"台湾茶"的品牌。同时，杜德应用独到经商手段进行茶叶外销。同治六年（1867），他在料馆街（今环河南路二段）开设茶馆（洋行），专事贸易，使乌龙茶价格比以前提高了数倍，各国洋商见此商机，纷纷加入。同治十一年（1872），适逢艋舺发生排外运动，外商无法立足，洋行只好迁到大稻埕六馆街一带。

光绪十一年（1885），台湾巡抚刘铭传指定大稻埕为商埠，建西洋式二层连栋洋楼，内有地板、壁炉等西式设备，此为台北市最早出现的洋

---

① 陈慈玉：《北县茶外销史之一幕——二十世纪初期东南亚的茶竞争》，台北县立文化中心，1994，第25页。

② 连横：《台湾通史》卷二七《农业志》，第445页。

楼，各国领事馆及茶行都在这附近经营。洋行带动商机，更吸引华人资本进入，促发台茶辉煌时代的到来。

2. 大稻埕之茶首次销往美国

台湾茶出口，原是先卖至福州、厦门，再转输欧美，后因福州、厦门的熟练工人至台，使台湾茶能在本地烘好直接外运。同治八年（1869），杜德运载两千余担乌龙茶，直销纽约，大获好评；又因茶叶获利可观，所以外商纷纷前来大稻埕开设洋行。从此，茶叶成为大稻埕输出的大宗商品。

3. 包种茶出口兴起

同治十二年（1873），外商受到世界茶业不景气的影响，同时洋行认为台茶价格偏高，无利可图，而停止采购，台湾乌龙茶滞销，茶叶堆积如山，不得已运赴福州，改制为包种茶，这是台湾本地制造包种茶的先声。

光绪七年（1881），同安茶商吴福老携茶师来台，在大稻埕设"源隆号"，专事包种茶精制，这年台湾包种茶首次运销南洋。不久安溪茶商王安定、张方魁来台合办"建成号"，后又有继者来台，专营包种茶，由淡水运往厦门转口，销至南洋各地。由此台湾的包种茶渐与乌龙茶齐名，获得海内外的好评。

第二节　茶商竞合大稻埕

大稻埕不但是茶叶加工厂的集中地区，也是台湾茶叶买卖的中心。大稻埕中有华商开设的茶行，也有从事茶叶买卖的洋行。洋行率先介入大稻埕茶叶的外销，带动了台茶的兴旺。但华商也不甘落后，其势力逐渐增强，在与洋行的竞争中由悬殊到势均力敌再到凌驾于洋行之上。华商在竞争中取胜，最主要是因为占据了地利、人和。华人茶行经营者主要来自厦门、汕头，本身对赴台经商怀有破釜沉舟的决心，工作努力，而且华商还在语言、交易习惯等方面具有沟通优势。

一　大稻埕业茶洋行

如前所述，宝顺洋行首次成功将台湾茶叶销往国外获利之后，陆续有洋行到台湾设立分行从事茶叶买卖。从 1872 年到 1895 年，在大稻埕设有办事处、主要经营茶叶买卖的洋行有如下 6 家：

1. 颠地洋行，在上海及内地各埠又称宝顺洋行（Dent & Co.）。英国籍，1832 年成立，1867 年倒闭，后来在 1868 年成立的 Alferd Dent& Co.，汉名同样是宝顺洋行，可能是前者的后身。

2. 德记洋行。英国籍，总部在厦门，1870 年于台湾设立办事处。

3. 怡记洋行。英国籍，总部在厦门，1872 年在台湾设立办事处，后来被美国旗昌洋行买下。

4. 水陆洋行。总部在厦门，1872 年在大稻埕设办事处，后来被美国旗昌洋行买下。

5. 和记洋行。英国籍，总部在厦门，1872 年在大稻埕设办事处。[1]

6. 怡和洋行。英国籍，总部在香港，1873 年在大稻埕设立办事处。

1896 年，之前倚赖英国和记洋行和德记洋行进行代理买卖的美国商人，来台设立了隆兴洋行（总部在纽约，在台北、神户、横滨设分店）。[2] 在 1897 年类似茶叶公会的"茶郊永和兴"会员记录中，会员有 96 名，其中外商有 7 名。[3]

二　大稻埕业茶华商

华商参与茶业始于买办，外国商人来到东方经商，买办在洋行和生产者之中作媒介。首开台湾乌龙茶生产外销的宝顺洋行，其买办为李春生。《台湾通史》提到他：

> 李春生，厦门人，家贫，年十五学英语，间读报纸，遂得知外国大势。同治四年（1865 年）游台，为淡水宝顺洋行买办。淡水为台北互市之埠，出口货以煤脑米茶为大宗；而入口则煤油布匹。春生懋迁其间，商务日进。先是，英人德克（有的译为杜德）以淡水之地宜

---

① 林子侯：《台湾开港后对外贸易的发展》，《台湾文献》第 27 卷第 4 期，1976 年，第 54、56 页。

② 台湾銀行総務部調査課『台湾烏龍茶ノ二況竝同茶金融上ノ沿革』、37 頁。

③ 《台湾日日新报》，1897 年 2 月 4 日。

茶，劝农栽种，教以焙制之法。以是台北之茶闻内外，春生实辅佐之。既而自营其业，贩运南洋美国，岁率数万担，获利多。①

在《台湾通史》的记录中，李春生除了参与当时杜德试种、制造乌龙茶，后来还独立经营茶业。②

有关台湾洋行的研究极少，有关台湾洋行的买办记录也少，因此要从洋行的角度观察当时台湾的茶叶市场较为困难。但是从以下几个记录或可推测当时华商的发展状况。

美利士洋行在 1869 年寄给怡和洋行的信函中（美利士洋行在 1865 年 10 月到 1870 年 6 月为怡和洋行在台湾的代理商行，之后由宝顺洋行总揽怡和洋行业务③）提及：

> 迟早茶会成为值得注意的项目……兹乘上……两包样品……，价格分别为每担 28—36 元（这里的元是中国的银元，1 海关两 = 1.54 银元）。……价格似太高，但这是本地人首次以为外人而设的包装形式向市场推销。④

由此可知，在 1869 年台湾第一次出现华商为外销而包装茶叶的情况。另外黄富三在讨论美利士洋行的业务时，在讨论代理怡和洋行有关茶叶外销的内容里也提到："茶叶的外销似乎不错，拙于现金的商人有的用鸦片换茶"、"有的将鸦片减价出售，以换取支付茶等土产的款项"、"由于茶商是控有大量资金者，因此成了鸦片进口商竞销的对象"。⑤ 台湾进口的鸦片

---

① 吴锡璜：《同安县志》卷三六，台北：成文出版社，1967，第 5 页。
② 有关于李春生的研究，多半着重于他后半生身为哲学思想者的言论，对于前半生有关经济上的成就，多半一笔带过。
③ 黄富三：《清代台湾外商的研究——美利士洋行》（上），《台湾风物》第 32 卷第 4 期，1982 年，第 130 页。
④ 黄富三：《清代台湾外商的研究——美利士洋行》（下），《台湾风物》第 33 卷第 1 期，1983 年，第 93、109 页。
⑤ 怡和档的第 376 号信，1868 年 9 月 29 日；怡和档的第 425 号信，1869 年 5 月 28 日；怡和档的第 448 号信，1869 年 7 月 11 日，引自黄富三《清代台湾外商的研究——美利士洋行》（下），《台湾风物》第 33 卷第 1 期，1983 年，第 109 页。

是供台湾人消费的，外商在台湾购买台湾土产，现金不够时，会用鸦片等土产换茶，或是将鸦片减价出售换现金购买。

因为茶叶卖给洋行的利润丰厚，越来越多的华商加入茶叶制造的行列，1874 年的《淡水英国领事报告》中提到，华商出口的茶叶数量开始增加，占台茶全部出口的五分之二。[①] 1876 年的海关报告中又提及市场上的华商所经营的茶行数量比例不少于三分之一。[②] 到了 1878 年，海关报告中提及台湾茶叶的出口时说，外商运出茶叶 15000 担，华商运出茶叶 27000 担，[③] 华商所运出茶叶的数量开始超过外商。可见此时市场上外商和华商，其茶叶输出能力已经不相上下了。

三　大稻埕华商经营规模和类别

19 世纪末，大稻埕华商所经营的茶行越来越多。1892 年，淡水的《海关报告》中说："在 95 家华人洋行中有 13 家大茶行，无论在购买、烘焙、运输方面，均与当时的五家洋行不相上下。"[④] 在 1893—1894 年，大稻埕的茶行有 130 家以上华商所经营的茶。[⑤] 在 1896 年的时候，大稻埕有 252 家华商经营的茶行。[⑥]

从资本额和规模来看，这 252 家华商经营的茶行，总资本额 1071956 元，专职的从业人员（不计算茶季繁忙时临时加雇的人员）有 3612 人（见表 5-1、表 5-2）。

表 5-1　1896 年大稻埕的茶行资本额与数量

资本额	数量（家）	附注
12 万元以上	1	六馆街上的建祥号，林本源家族

① 临时台湾旧慣調査会『経済資料調査報告』上卷、5 頁。
② 《台湾淡水关报告》，1876，第 89、91 頁。黄富三、林满红、翁佳音主编《清末台湾海关历年资料》（后文所引台湾海关报告均来源于此，不再注明），台北："中央研究院"台湾研究所筹备处，1997。
③ 《台湾淡水关报告》，1878，第 213 頁。
④ 《台湾淡水关报告》，1892，第 341 頁。
⑤ 台湾銀行総務部調査課『台湾烏龍茶ノ二況並同茶金融上ノ沿革』、28 頁。
⑥ 曾乃硕：《清季大稻埕之茶业》，《台北文物》第 5 卷第 4 期，1957 年，第 101 頁。

资本额	数量（家）	附注
6 万元以上未满 12 万元	1	建昌后街的联成行
4 万元以上未满 6 万元	1	港边后街的李节记
2 万元以上未满 4 万元	3	建昌街的锦芳号、南街的福建昌号、港边后街的美吉号
1 万元以上未满 2 万元	4	朝阳街的永裕号、建昌街的英元号和同馨号、千秋街的永锦利行
未满 1 万元	242	

总计：252 家

资料来源：曾乃硕《清季大稻埕之茶业》，《台北文物》第 5 卷第 4 期，1957 年，第 99—116 页。

资本超过 1 万元的茶行约占总行数的 4%。资本未满 1 万元的茶行占 96%。

表 5-2　1896 年大稻埕的茶行雇员人数、商号数量及占比

店家雇员人数	数量（家）	占比（%）	店家雇员人数	数量（家）	占比（%）
70 人及以上	1	0.40	20—29 人	34	13.10
50—69 人	2	0.79	10—19 人	135	54.37
40—49 人	1	0.40	10 人以下	75	27.38
30—39 人	7	2.78	人数不明者	2	0.79

总家数：252 家　雇员人数：3612 人

资料来源：曾乃硕：《清季大稻埕之茶业》，《台北文物》第 5 卷第 4 期，1957 年，第 101—116 页。

就雇用的店员人数而言，252 家茶行，平时雇员总人数为 3612 人。其中超过一半的茶行雇员人数是 10—19 人（占 54.37%），然后是雇员 10 人以下者（占 27.38%），排第三的是雇员 20—29 人者（占 13.10%）。从资本额和所雇用的店员人数来看，华商在市场上颇有势力，但这仅是 1896 年当年的资料。在商业竞争中，有的商家会因为经营不善而倒闭，又有新的商家加入，因此茶行的数字应该是动态变化的。而大部分的茶行资本都是 1 万元以下（占 96%），雇请的人数大多是 29 人以下。下面用表 5-3、表 5-4、表 5-5 进一步详细分析雇员数和资本额之间的关系。

表 5-3 1896 年大稻埕雇员 20—29 人的茶行资本额与行数

单位：元，家

资本额	12 万	6 万	4 万	2 万	1 万	6000	5000	4000	3000	2000	1000
数量	1	1	1	1	4	4	4	5	4	5	4

表 5-4 1896 年大稻埕雇员 10—19 人的茶行资本额与行数

单位：元，家

资本额	8000	7000	6000	5000	4000	3000	2000	1000	1000 以下
数量	2	2	3	4	11	18	17	45	33

表 5-5 1896 年大稻埕雇员 10 人以下的茶行资本额与行数

单位：元，家

资本额	4000	3000	2000	1000	1000 以下
数量	1	1	5	7	58

雇员 20—29 人的茶行，资本额大多是 1000 到 1 万元。雇员 10—19 人的茶行，资本额大多是 1000 到 4000 元。雇员 10 人以下的茶行多半资本额不满 1000 元。如前所述，台湾的茶贩多是一人出资 50—80 元，集资成为三四百元到七八百元的团体，资本四五千元的茶贩比较少见。从表 5-4、表 5-5 可以知道，资本额 1000 元以下的茶行有 91 家，占大稻埕 252 家中的 36.11%，在大稻埕中和茶贩的资本额差不多的茶行占了三分之一。资本额稍微超过茶贩，即超过 1000 元未满 5000 元者，有 125 家，占大稻埕 252 家茶行的 49.60%。

大稻埕超过一半的茶行资本额并不大，和收购粗茶转卖给茶行的茶贩相当。说明经营茶行不需要大笔的资本，和茶贩一样，少数人集资就可以开店。虽然准入门槛低，大部分茶行资本额不高，但是茶业是高成本高收益的产业，在高风险的竞争中，若资金调度有问题，可能会血本无归，造成倒闭。

四 大稻埕茶市交易情况

前面说到，台湾的茶叶销往美国过程中，洋行所做的工作是在台湾或厦门买台湾茶叶，装船送到美国。这里先不讨论华商是否有能力自行将茶叶送往美国市场，而将焦点集中在洋行在茶叶市场上购买茶叶的行为。洋行并不是大稻埕茶市中唯一购买茶叶的，有的华商也在大稻埕市场上买茶叶，然后送到厦门去卖给在厦门的洋行，因此在大稻埕市场上买茶叶的商人，有外商也有华商。

1875 年淡水《海关报告》大致交代了大稻埕市场上一年的茶叶买卖情况：

> 茶叶的买卖比我春天时提出的报告更超乎期待，据估计有120000半箱（注：以半箱为计数单位，可能是两个半箱正好作为一担的缘故），删除20%的茶屑或是太常见的茶叶，也还有96000半箱。因为之前在美国的利润，今年有不少的预定，希望高级茶能够早点装船送去，并认为在五月可以涨了7.8元（在质量许可下），73年是这样的。因为台湾的茶有特别的味道。在六月，买茶需要严格挑选茶园，而且竞争变得很激烈，和五月的情况差不多。中国商人趁着买气旺盛，大量买入粗茶制造，却不在乎质量粗糙。到了七月，茶船到了纽约，纽约的消费对茶叶的评价很低，造成台湾这边的茶叶滞销，中国商人也赚不回成本，只好用戎克船载去福州卖，有的人则损失惨重。八月的价格还是很低，一直持续到十二月。①

茶叶属于四季都能采收的农产品，但质量以夏茶最佳，其次为秋茶、春茶，冬茶属于劣级。台湾茶叶依照季节分别摘采，春茶摘采的时间为 4 月上旬到 5 月上旬，夏茶为 5 月中旬到 8 月上旬，秋茶为 8 月中旬到 10 中旬，冬茶是 10 月下旬到 11 月下旬。加工完成的茶叶买卖交易从春茶上市，大约是 4 月底 5 月初开市。

因为消费市场在海外，而茶季在 12 月结束，到来年的 4 月，这段时间没有茶叶生产，也没有茶叶送到市场，因此 4 月底茶市开市之前，正好是市面上茶的数量最少的时候。物以稀为贵，在茶季一开始运往美国的那批

---

① 《台湾淡水关报告》，1875，第 126—127 页。

茶能得到最好的价格。为了获得这个高额的利润，每年茶市一开始，买方会急于购茶，卖方则会趁机提高价格，茶叶价格会被炒高。在 5 月的买卖中，买茶者大致对春茶的质量已经心里有底，因此在 6 月时买家会挑质量比较好的茶来买。7 月的时候纽约消费市场对茶叶的反馈传回台湾，所影响到的是夏茶的买卖。若是市场对茶叶的评价不好，输出商为了减少亏损，必然减少茶叶的购买量，并谨慎检视茶叶的质量，大稻埕和厦门茶市上的茶叶交易量就会减少。于是茶商转移阵地，将大稻埕卖不掉的茶叶送到厦门去找寻买家，或是从厦门送到福州去找寻买家，因为福州和厦门的洋行比台湾的洋行多，或许有洋行愿意买这些茶叶，如果因为质量太糟而卖不掉，可能会留在当地，通常是留在厦门。"察今年存厦未售之茶约有三万两千箱之多。"① 如果茶叶卖不出去，因为茶叶是高价品，茶商买入茶叶时所花费的大笔资金收不回来，就可能亏损破产了。尽管有如此风险，仍然有很多华商加入茶叶买卖中：

> 今年加工厂和拣茶厂增加不少……。在 1876 年不少于三分之一的中国茶商和外国人竞争茶叶贸易，有 19 个台湾人，5 个广东人，14 个厦门人，1 个汕头人。……挑选和烘是主要的步骤，这项工作逐渐被中国人接收，但这并非是外国人数减少了。②

> 有些中国人今年生意失败，将生意卖给有意参与茶叶买卖的人。……大部分的烘茶都是中国人在做，大稻埕有很多家工厂，代理也是中国人。③

> 中国的茶叶加工厂在这几年一直增加。④

> 78 年到 79 年，有不少中国人建立自己的生意，和外国人竞争。⑤

> 利润增加，拣茶和出口商都获利不少，今年眼光放远的都得利，一些拣茶工厂在大稻埕成立，从 50 家增加到 80 家，很多新资本加入

---

① 《台湾淡水关报告》，1891，第 173 页。
② 《台湾淡水关报告》，1876，第 89、91 页。
③ 《台湾淡水关报告》，1877，第 317、318 页。
④ 《台湾淡水关报告》，1878，第 341 页。
⑤ 《台湾淡水关报告》，1879，第 402 页。

（可是都是借贷的）。①

由以上的资料可以发现，中国商人在 1875 年后开始加入制茶行业，但是加入者很多，商家的淘汰率很高。因为台湾茶市每年 4 月开始，春茶最为抢手，价格都会被炒到相当高，大概要到年中才回落到正常的价格，到了年底，市场即将收市，未找到买家的茶叶降价求售，冬茶的价格又偏低，如果没有机会售出，回收的资金过低，如果低于成本，茶商便会亏损。

1875 年 H. E. Hobson 的报告书中提到粗茶的价格，如表 5-6 所示。

表 5-6　1875 年每月中等粗茶的每担价格

月份	每担价格（元）
5 月	23—45
6 月	36—46
7 月	36—46
8 月到 12 月	12. 5—35

资料来源：《台湾淡水关报告》，1875，第 127 页。

粗茶是尚未加工的茶叶，价格会比加工完成的茶叶低。除了质量影响价格之外，粗茶的买卖和加工完成的茶叶买卖关系密切，已加工完成的茶叶如果顺利卖出，茶行继续买进粗茶加工，粗茶的价格也会上涨。如果市面上加工完成的茶叶滞销，茶商也不再买进粗茶加工生产，粗茶的价格也会跟着下滑。6 月到 8 月的茶叶价格是比较稳定的，中等品质的茶叶价格在 36 元到 46 元之间，到了年底茶市即将结束，粗茶的需求量少，价格下跌，低至 12. 5 元，但在 1884 年年终加工后的茶叶价格曾跌到一担 2.3 元，可想而知当年茶叶加工的商人损失惨重。

这样的商业生态中，如果不老老实实做生意，而是贪图利润做投机，自然是成功少，失败多。大稻埕的茶行大多数资本额不高，一旦损失惨重，便会面临倒闭。这是茶行汰换率极高的原因。但因为开设茶行所需要的资本额不高，还是有许多的商人愿意进入这个高风险高收益的行业：

———————

① 《台湾淡水关报告》，1884，第 647 页。

茶的收益有利于地方收入，但是收益没有普及于生产者。今年的茶和1890的茶一样质量不佳，只有第一次和第二次摘取的茶在今年中比较好。但是华商总是用仓储的方式来获取高价，然后又要面临巨大的损失。这形成一种恶性循环。[①]

这年的报告中所说的"恶性循环"是持续了好几年的情况。茶商为了抢刚上市的高价而将茶叶抢先上市，茶市一开市，买家出价竞争购买，茶叶的价格上涨。

（1880年）四月初茶市未开前就有在交易了。刚开始价格还算公正，然后上涨到奇怪的程度。

（1884年）春茶一般来说比平常的价格要好，价格常高过安全价格，比纽约的价格还可怕，竞争在四月末五月初最为激烈，焦急的华商将价格炒到极高极危险的程度，茶到了厦门，经纪人根本无利可图。

到了年中，消费市场的评价传回台湾，台湾茶叶市场上买卖的价格才会回稳。

（1875年）八月的价格还是很低，一直持续到十二月。

（1880年）十月时降价了，存在仓库里的茶才全都卖完。

（1884年）七月纽约传回消息之后，因为茶叶的评价不好，消费市场上的茶叶滞销，在台湾的洋行减少茶叶的购买量，大稻埕茶叶市场出现低潮，茶叶的价格下滑，甚至到2.3元一担。

高价制作的茶叶在年末因为质量不好，或是市场上茶叶量太多而必须削价卖出，会导致茶商亏损甚至茶行倒闭。

[①] 《台湾淡水关报告》，1891，第915页。

1877 年有些茶商受挫，今年又有一些茶商加入。如果再像去年一般，一定又会亏损，但是有的茶商前几年大赚，一年的损失不算什么。

（1880 年）茶在入仓库前就已经有预支了钱，这笔钱没有从利益收回。今年茶叶的收益不如预期，投机者收不回付出的金钱。

（1881 年）在春、夏季最容易获利，但价格也是中国商人鲁莽，累积太多存货，在年尾时损失。

（1883 年）十月有不少的拣茶工厂亏损倒闭，出口量不及 1881 年，很多拣茶工厂失败……11/30 的报告中提到前几个月的价格下滑了，使得几家拣茶场关门，之前拣茶工厂大概可以撑到 12 月中，但今年根本撑不到。

（1887 年）中间商在厦门囤积了 50000 半箱，结果以惨价收场。很多残货卖不出去，拥有者损失不少。[①]

到了第二年的 4 月，茶叶市场开市，买卖交易再度开始"恶性循环"。这种"恶性循环"不仅使茶叶的质量受到影响，也造成华商的茶行汰换率极高。

五　洋商应对茶叶市场混乱的策略

面对茶叶市场上混乱的情况，洋行的应对方式包括降低购买的数量、只控制在特级茶生产的部分、不介入生产的部分、联合抵制。

1. 降低购买数量

如 1876 年的淡水《英国领事报告》提到：

茶叶贸易由中国人经营者日多，本地人（华商）的茶行及厦门人在台所设的茶行出口 640 万磅茶，本地洋行只出口 160 万磅茶。

2. 控制特级茶生产部分

1877 年《英国领事报告》说："在几年以前，全部茶贸易由外商包办，

---

① 《台湾淡水关报告》，1887。

如今已渐落入华人之手。" Davidson 在海关十年报告中也总结："早年台湾茶叶生意，装运及烘焙殆由外商垄断。以后华人抢去了大部分生意，只有特级茶仍由外商控制。"①

对台湾的外商来说，如果不做特级茶的生意，而蹚进中等茶和下级茶的价格战和投机生意的浑水，对他们没有好处，只能增加投资的风险，洋行并不是因为被华商的竞争逼迫到只能做特级茶，而是权衡轻重之后做出的选择。

3. 不介入生产的部分

洋行较少控制其他等级茶叶的生产，因为被华人抢去了大部分的生意，洋行为取得大量的茶叶而避免投入大规模生产茶叶所需要花费的资金和人力，直接在茶叶市场上购买华商所提供的茶叶较为省事。

1877 年淡水的《海关报告》说："外国人语言不熟，没办法和中国人交涉，雇用买办代为行事，如果买办不错，外国人的生意就容易成功。有的公司（洋行）的地址很靠近大稻埕，有的买办可以自己做好生意，外国人不需要监督他做事，但如果茶烘得不好，质量不佳，外国人就换买办、换茶农。"②

对洋行来说，来中国做生意要依靠买办，买办代理洋行处理茶叶的事宜，找寻好的茶叶，协助买进；若发生问题时，洋行便换掉买办，重新找一个买办代理生意。

台湾买办为洋行经营茶叶买卖所做的工作，在前文有提到，洋行将资金交由买办处理，由买办负责雇请茶师、职工等技术人员制造茶叶交给洋行。如此所花费的成本比直接购买市面上加工完的茶叶更便宜，买办也可以在加工完成之后将一些茶叶私下卖出，为自己赚取利益。③ 因此买办和洋行的利益是一致的，如果与洋行关系较好，买办自己所经营的茶行也可以赚钱。

4. 联合抵制

1889 年淡水的《海关报告》说：

① L. W. Davidson：《台湾之过去与现在》第二册，第 261 页。

② 《台湾淡水关报告》，1877，第 317 页。

③ 台湾银行総務部調査課『台湾烏龍茶ノ二況竝同茶金融上ノ沿革』、第 33—35 頁。

去冬台茶掺末过甚之案，厦门洋商公会相戒留心，复经再订章程，预知淡水茶庄等嗣后茶末限以若干为额，犯例者罚并将章程录呈台湾抚宪察存以重其事，可称缜密之至。独惜卒未能行耳。始订茶末之限，尚觉有遵守者，奈包装各号竟置若罔闻，仍犯如故。厦门洋商无可如何，勉为交易。其所掺茶末残叶逾限之多，日炽月盛，既一家破例先销，各洋商皆随而效之，此章复废矣。①

这种抵制需要买茶一方同心协力，如果有一个买家因为便宜而放弃坚持质量，就会有劣茶趁机而入，卖方就不会因为茶卖不出去而改善茶叶的品质。1889 年厦门的洋行已经开始用抵制的方法来促使台湾的茶叶卖家改善品质，但是没有成功。不过 19 世纪 90 年代台湾的洋行的抵制曾获得成功：

去年淡茶常有别处劣茶及茶末等项掺杂其中，今春洋商互相立约凡茶末一成者，进行筛出，若参别处茶叶概不准购，所以今春之茶全是真货，无虑坏淡茶之声明。……纽约也支持这种举动，所以有 100000 半箱的下等茶在四月没有卖出，一直到五月中才找到买家。②

从这里可以看到，洋行是购买台湾茶叶的主要角色，如果能联合抵制劣茶，是可以达到一定的督促成果，使茶叶的质量得到改善的。

另外，1887 年台湾淡水已经可以用电报同美国市场联络，产地和市场的距离拉近，使商人无法因为距离遥远、信息无法实时传递而进行投机。市场反应能及时传到产地，在产地的买家可以根据市场状况估量进货量，进而促使制造者和卖方重视茶叶的品质。在 19 世纪 80 年代不断在海关报告上出现的茶叶的质量低下问题到了 19 世纪 90 年代有了改进：

---

① 《台湾淡水关报告》，1889，第 163、169 页。
② 《台湾淡水关报告》，1894，第 1044 页。

希望今年的好情况能持续下去，别再出现茶屑混合的情况。①

今年的乌龙茶没有库存，没有出现抱怨混入太多茶屑的声音。②

通常劣等茶在年末时都会损害台湾茶的名声。我现在很高兴地报告，这个情况不再出现在秋季的茶市上了。有了93年的例子，买家在关于茶屑和关税上都做了要求，关税每担降低了15%，也拒绝茶叶里混杂其他的茶叶，茶在94年有不错的拣工品质。已经开始检察不法、会伤害茶叶名誉商家的名号。③

六　大稻埕华洋茶商竞合的结果

茶业发展使洋行与华商在大稻埕相互竞争与合作。华洋资金投入茶叶外销带动了当地人口就业，提高了当地居民的生活水平。日据时期，茶业为大稻埕带来的繁兴仍在。茶行增加提供了几个方面的就业机会。一是采摘。1905年，每年山上雇用的采茶女有20万人。二是茶叶加工。此时的茶农、粗制工人有3—4万人，茶再制者的茶商、茶贩、拣手、画手、茶师、箱工都在2万人以上，与粗制合计约有3万人。

茶业经过大稻埕的再制活动直接养活了大量制茶从业人口，加上其产销组织，大稻埕的繁兴进而取代了当时台湾北部第一城——艋舺。到1898年，大稻埕人口已有31535人，仅次于台南47283人，跃升为全台第二大城。大稻埕因茶业而繁兴，带动其他商品的集结，吸引外国资本、华人资本靠拢过来，此时已成为一个典型的通商口岸城市。

在一段游记中，有人生动描述当时大稻埕的盛况："茶皆集于大稻埕，每至夏月，开场列肆拣别精恶，受雇妇女，千百成群，庶几与上海类。"④以北台湾一茶业城市的繁盛来和当时大城上海比拟，足见大稻埕的重要地位。一是就清政府而言，大稻埕茶业经营成为关税来源。二是就城市繁兴

---

① 《台湾淡水关报告》，1892，第959页。
② 《台湾淡水关报告》，1893，第1001页。
③ 《台湾淡水关报告》，1894，第1044页。
④ 蒋师辙：《台游日记》，《台湾文献丛刊》，台湾银行经济研究室编印，1972，第35页。

而言，大稻埕集结了茶商、加工者，带动商业和生产的活跃。三是人口增加牵动大稻埕贵德街的繁盛，使北台湾的经济结构产生了变化。

第三节　台湾茶商出口经营的主要影响因素

一　闽南人移民台湾

明中叶以后福建沿海，尤其是闽南地区人口迅速增长，到乾隆末年，福建人口约 1300 万，比明代后期增加一倍半；顺治末年，福建耕地面积为 103458 顷，道光二十年（1840）约 14 万顷，仅增加 35%，而人口在同时期增长 2.5 倍。明后期福建人均耕地约 2.2 亩，沿海地区则不足此数，尽管商业、渔业能在一定程度上缓解闽南人民生计的窘迫，但远不足维持温饱。经过战乱以后，清初福建人均耕地可能略高于明末，但由于人口增长太快，到乾隆末年，人均耕地剧减为 1.05 亩，到道光二十年，仅剩 0.8 亩，这还是全省平均数，闽南地区则远不如平均数。这导致闽南地区的资源不堪重负，"田不足耕"，"本地所产，不敷食用"，流民剧增，推动人们寻找新的生存和发展空间，"故士农工商，维持生活颇费踌躇，于是乎奔走外洋"。[①] 闽南沿海三面环山，一面临海，人口迁移，唯有向海外发展一途。此外，闽南人冒险、重商的人文传统，以及欧人东来以后带动的东亚、东南亚沿海区域的经济开发对人力的需求，也使 17 世纪以后，闽南人大规模向海外移民，台湾也成为 17—18 世纪闽南人渡海移民的主要区域之一。这使台湾形成以闽南人为移民主体的社会。据日本殖民者 1926 年的调查，全台湾 375 万汉人中，有 311.5 万人祖籍为福建，约占 83%。福建人中，漳泉府籍者共约 300 万人，占闽省籍人的 90%。[②]

在第二章已说明，闽南人有茶业经营传统，因此闽南移民也成为台北茶业发展的产业经验载体和人力资源基础。前文提及的闽南茶商李春生、

---

① 南安丰山，《陈氏族谱》，抄本。

② 台湾總督官房調查課『台湾在籍漢民族郷貫別調查』台湾總督官房調查課、1928，转引自林再复《闽南人》，台北：三民书局，1993，第 80 页。

林维源等，以及包种茶技术发明人和经营者——同安茶商吴福老、安溪茶商王安定、张方魁等，都是他们的杰出代表；当然还有一大批移民分布在茶业各产业链和各环节，也为台湾茶叶出口做出了巨大贡献。

二　19世纪国际贸易港形成

19世纪前期，台湾得到进一步开发，并因清朝政策的规范和区域分工的需要，逐渐直接与大陆沿海各地进行贸易，而发展出数个以正口港市为中心的区域性经济圈，形成传统的以帆船为主的正口型港口贸易形态。[①]其下从属的几个以小口型港市为吞吐口的地区性经济圈，一方面与区域性港市互动频繁，另一方面直接与大陆沿海贸易，形成一种地域间既从属又分立的双重贸易结构。清末这些传统港市的贸易网络虽然扩及日本和东南亚，却仍以福建为核心。然而，由于官方政策、地理环境、交通易达性及市场圈规模的差异，各地的出口商品、商人组织、贸易网络以及贸易机制等都有不同。正口型港市由于贸易规模较小口大，出现本地与大陆固定商号之间的委托贸易制度，双方合伙投资关系亦相当密切；小口型港市则以由出海负责商品买卖的整船贸易为主，商业投资亦局限于台湾本地，且很少跨出区域性市场圈。无论是正口型或小口型的传统港市，均以中小型商人居多，贸易规模小，大半以现金或交互计算方式来解决财务关系，而始终未出现大陆流行的钱庄和票号。

1860年台湾开港之后，形成淡水-基隆、安平-打狗南北两个双核心港埠，大致以鹿港为界，全岛分成两大市场圈；贸易圈则由大陆沿海扩张到全球，[②]国际港口贸易形态形成。台湾出口的商品，以茶、糖、樟脑及煤炭为主，大多是从产地集中到条约港，船运到厦门和香港后再转口输出，少数直接由台湾出口至世界各地。以茶而言，90%的茶叶输往美国，5%至英国。以1891年北部的沿岸贸易为例，外国进口商品由淡水和基隆两港运到鹿港、梧栖、大安、吞宵、后垅、竹堑、南崁、三貂以及宜兰等传统港

---

① 林玉茹，《从属与分立：十九世纪中叶台湾港口城市的双重贸易机制》，《台湾史研究》第17卷第2期，2010年。

② 林玉茹：《清代台湾港口的空间结构》，台北：知书房出版社，1996，第261、315—317页。

市销售。

即使以与大陆沿岸的贸易而言，贸易范围也有大幅改变。以淡水港为例，传统帆船贸易时期，以至福州和泉州贸易居多；① 开港之后，主要输入贸易港依序是上海、厦门、汕头、牛庄、福州、打狗、烟台、宁波；输出贸易港则依序是厦门、香港、上海、汕头、福州、天津、宁波、打狗。② 很明显，由于条约港渐用轮船作为运输工具，没有传统中式帆船远程航行的种种限制，突破了过去正口港市时期以福建为主的贸易圈，台湾与华中、华北及广东有更频繁的贸易关系。台湾南北两个口岸也因轮船定期航线的出现，贸易互动更密切。

开港带来了新契机与变化，也造就了南北两大城市由传统正口港市进一步跃升为国际港市。特别是 19 世纪 70 年代后，北部台湾因茶叶贸易大兴，大稻埕趁势兴起，成为西方资本影响下的新兴港市。

三　产业金融支持

金融与贸易密切相关，工商业的发展离不开资金的周转，大稻埕茶业的发展与两个地区的金融业发展关系密切，一是台湾地区，二是厦门。

除了洋行和妈振馆之外，台北地区还出现了传统中国式的金融机构钱庄、汇兑馆（又称汇兑馆）以及汇兑局。汇兑局，又称官银局，于光绪十四年（1888）设立，以经营各衙门的官银汇兑交易为主，旁及贷款给有信用的官民或经手民间汇兑。钱庄可视为中国传统的银行，资本较票号少；汇单馆与内地的票号类似，主要经营汇票事业，但是规模较小。

由于台湾每年茶叶贸易规模巨大，需要巨额资金流通，交易对象又广，传统港市所采用的现金或是交互计算的交易方式，已经不能满足实际需要。原来仅在大陆流行的钱庄和汇单馆因而被引入。尤其是汇单馆，可以说是因应大量茶叶贸易而产生，汇单馆主要与妈振馆交易，在台南也仅有两家钱庄，而没有汇单馆存在。汇单馆最早设立于 1870 年前后，19 世

---

① 传统中式帆船的贸易范围和频率，相当受到季风的影响。以 1891 年淡水港中式帆船为例，进出口地点依序来自泉州、宁波、福州以及厦门等地。吉井友兄『台湾财务视察复命书』大藏省印刷局、1896、276 页。

② 戴宝村：《清季淡水开港之研究》，台湾师范大学历史研究所专刊，1984，第 173 页。

纪 90 年代迅速增加；至 1895 年前后，大稻埕有 10 家左右的汇单馆，^① 较著名的是建祥号、谦裕号、怡悦号（南街）、联成号以及鸿记号。其中，除了联成号外，其他也兼营钱庄（见表 5-7）。

　　汇单馆通常在香港、厦门、上海及福州设有代理店或支店，以进行双边资金流通。因其需要较大资本，大多是合股组成，主要由厦门商人经营，或是大陆商人与台湾商人共同组成，资本额在 1 万元至 10 万元之间。^② 汇单馆与钱庄的设立，代表的是华商金融资本，特别是台湾资本的崛起。例如，19 世纪 90 年代，大稻埕的汇单馆有两家由板桥林本源家开设、一家由经营郊行的新竹郑家出资成立（见表 5-7）。在厦门的 22 家钱庄中，也有 5 家由板桥林家创立或是其所投资；1895 年，台湾割让给日本之后，林维源甚至携带现银 7 百万元到厦门。^③ 由此可见，19 世纪末叶，台湾商人金融资本的崛起及其财力之雄厚，特别是传统港市的大郊商也试图涉足金融市场，再次展现台湾部分郊商参与贸易的面貌。

表 5-7　19 世纪末大稻埕的汇单馆

汇单馆名号	位置	成立时间	所有者	支店	备注
怡悦号（支店）	六馆街	1870 年前后	厦门人？	本店在厦门，以经营厦门与大稻埕汇兑为主；后扩张支店至天津、上海、香港	兼营钱庄。1900 年因天津支店营运不良，破产。资本 2 万元
鸿记号（支店）		刘铭传时期（1885—1890）已成立	厦门华商邱曾琼（盐运使衔）、英籍商江宗亮	本店在厦门番仔街。支店在台北、香港、上海、新加坡、福州、汕头、Binan、曼谷	兼营钱庄、洋行及米商，有轮船多艘。华商资本挂英籍。资本 5 万元

① 『経済資料調査報告』甚至指出汇单馆（为替店）在日据以前颇为隆盛，约有 20 户。参见临時台湾旧慣調查会第二部編『経済資料調査報告』上卷、102 頁。
② 《台湾私法》尚记载发记号、益昌、珍记三家。然而，发记号应为法记号，且其与益昌、珍记应是日据初期设立。不过，现在似乎很难完全重建清末台北所有的汇单馆名单。临時台湾旧慣調查会編『臨時台湾旧慣調查會第一部調查第三回報告書 台湾私法附録参考書 第三卷 下』臨時台湾旧慣調查会、318—320 頁。
③ 这 5 家是裕记谦栈、汇源、建祥、谦记、谦茂。澤村小南『廈門金融事情』、第 117 頁。

续表

汇单馆名号	位置	成立时间	所有者	支店	备注
谦裕号	六馆街	1890	林本源	厦门、上海、香港	林本源、王家春及许论潭合资，王惠泉经营。兼营钱庄；1899年休业，后变更为裕记谦栈。资本4万元；1905年为10万元
建祥号	六馆街	1890	林本源、林鹤寿出资，林冠英经营	厦门。日据时期已扩张至上海、香港、福州、神户	兼营钱庄，资本4万元；1905年为4.50万元
英芳		1893			
联成号（联兴?）	芦竹脚街	1893	厦门富豪黄尔仰	厦门海岸街	兼营钱庄，资产百万元
谦记		1897		本店在厦门	兼营钱庄
发记		1897	厦门人，陈建寅、洪寿卿合资；洪韫玉经营	与厦门启端号交易	兼雇船营北货贸易，资本1万元。1905年为5、6万元，1912年歇业
和成号	卑藏南街	1897	广东人		兼营钱庄
阜源（支店）			新竹郑家（郑以庠）	本店在厦门布袋街	兼营钱庄；新竹郑毓臣担任监督；1909年倒闭
益昌号		1901	林本源出资，林鹤寿出资一半	厦门、香港、神户	六人合股，资本22000元
珍记		1909	陈大珍	与厦门建兴钱庄互相交易，并透过其与上海、香港交易	资本1万元

资料来源：『台湾日日新報』、1898—1912；「台湾ニ於ケル金融景況調査」、『台湾総督府公文類纂』188册、1897、291—292；「领台当初本岛に存在せる汇兑馆」、『台湾時報』1919、7月号、28頁；澤村小南『厦门金融事情』、116—117頁；台湾銀行総務部調査課『台湾烏龍茶ノ二況並同茶金融上ノ沿革』、57—58頁；临时台湾旧慣調査会第二部編『経済資料調査報告』上卷、102—103頁。

　　鸦片战争后，福州、厦门被迫开放为通商口岸。开埠后，通过福州、厦门等通商口岸，中国日益成为世界资本主义市场的一部分。对外贸易成为城市经济发展的先导。金融与贸易密切相关，工商业的发展也离不开资金的周转，近代金融业因而迅速发展起来。外国银行设立，华资银行也随之兴起，传统的票号、钱庄、当铺等金融机构也开始进行近代化的调整和适应。①

1866年，总行设于伦敦的丽如银行在福州设立分行，1882年在厦门设立代理处。1866年英商汇丰银行在福州设立分理处，行址设于南台大岭顶，1868年升格为分行。1873年，汇丰银行在厦门设立代理处，1878年厦门分行开业，行址设在海后滩。甲午战争之后，厦门除了汇丰银行外，陆续有有利银行、渣打银行、万国宝通洋行、荷兰商业银行、荷兰银行等委托和记洋行、德记洋行设立代理处。

19世纪70年代后，外国在华银行除了买卖和经纪汇票，还开辟了新的业务领域。1878年，汇丰银行在厦门分行发行以西班牙本洋为单位的"银元钞票"。至19世纪80年代中期，"所出钞票，在厦门一隅，已约六七十万"，该行经营贸易汇兑、承办出口茶叶收汇和华侨汇款等业务，均以此钞票支付。1866年至1877年，仅通过两个经纪人之手，该行就贷放给厦门商人200多万两银。

从19世纪80年代末期起，汇丰的纸币开始普遍流行，"本地人宁愿要汇丰银行的票子，不愿要他们自己的钱庄的钞票"，② 有些交易契约，甚至"特别规定须用汇丰的钞票支付"。③

外国银行对茶叶进出口贸易的资金周转起着重要作用，他们与一般华商的金融联系主要是通过钱庄，商人通过钱庄向银行贷款。北洋政府时期的福建商务议员吕渭英就指出"查城台流通银币之总汇，本有英商汇丰、渣打两银行，然信用只及各洋行。而各洋行贷用之款又以转贷茶帮为巨数。每年茶市将起，茶客入山，则贷款于闽粤各商之茶栈。茶栈则贷款于英、德、俄商各洋行。各洋行则转贷于汇丰、渣打以资周转。1904年，茶帮贷出之款为172万，1907年则减为115万。④

---

① 林星：《晚清福建城市金融业的近代化——以福州和厦门为例》，《福建论坛》2004年第8期。

② 福建省地方志编纂委员会编《福建省志·金融志》，新华出版社，1996，第95页。

③ 汪敬虞：《十九世纪西方资本主义对中国的经济侵略》，第165页。

④ 吕渭英：《福建金银机关近年消长情形》，载北京农工商部署内商务官报局编《商务官报》，第26期，1907年，台北故宫博物院影印合订本第2册，1982。

外国银行—各国洋行—茶栈—茶客，构成了一条自上而下的资金链。日本人甚至说"汇丰及渣打银行是为了欧美人支付茶叶贸易，及供给欧美茶商给中国茶商的资金的目的而设立的。资金调运来自香港及上海。一般商人多通过钱庄与之联络"。① 此外，钱庄的汇兑业务也往往要通过外国银行。《厦门海关十年报告（1882—1891年）》称"这些钱庄一般通过外国银行与其他口岸进行汇兑业务。中国商人可能直接同外国银行打交道。但经常发生这样的事，当他们没有足够的钱来支付一笔他们必须发出的汇款时，他们不得不与钱庄商议，争取一笔条件尽可能有利的借款"。②

同时，传统金融机构也不断变化以适应新的发展状况。开埠之前，在福州、厦门等城市就有不少旧式银钱机构，如票号、钱庄、钱样店、当铺等。19世纪中叶后，尽管外国金融资本和商业资本的不断渗透，但福州和厦门的传统金融机构非但没有减少，反而获得了进一步发展，尤其是票号和钱庄，显示了其顽强的生命力和对环境的适应性。票号亦称"票庄""汇兑庄"，是以经营汇兑为主要业务并兼营存放款的信用机构。清光绪年间，厦门票号有蔚忠厚、蔚长厚、蔚泰厚、新泰厚、源丰润、协和信、协同庆等近十家分号。③ 票号的主要业务是进行资金的异地汇兑。《闽海关十年报告（1892—1901年）》载："票号按与汇款者议定的汇率收取汇费，汇率由2%—5%不等，在非条约通商口岸支取的汇票的汇率尽可能接近，固定在5%；在开放口岸，特别那里有外国银行时，汇率比每日外汇行情稍低。"④ 同一时期的厦门海关报告称"在汇兑业务中票号有时每1000两获利3—4两。他们与本地市场及那些依赖本口岸的市场保持联系，熟悉船货在口岸间的移动，通过为不同口岸间的商人汇兑而获取大量利润。⑤

① 东亚同文会编《支那省别全志　福建省》，第1003页。
② 戴一峰等译编《近代厦门社会经济概况》，鹭江出版社，1990，第287页。
③ 《厦门金融志》，鹭江出版社，1989，第31页。
④ 吴亚敏、邹尔光等译编《近代福州及闽东地区社会经济概况》，华艺出版社，1992，第377页。
⑤ 戴一峰等译编《近代厦门社会经济概况》，第286—288页。

　　清末，由于对外贸易发达，从事外贸的商行经常要向票号融通资金。据 1892 年 4 月 7 日《申报》报道，1891 年厦门各商行向票号借贷的款项共达六七十万元。如厦门文圃茶庄，拥有资本 10 余万两，它的资金周转很大程度上依赖于票号的支持，而票号也从中获利。①

---

①　东亚同文会编《支那省别全志　福建省》，第 1032 页。

第六章
清代台湾茶叶出口运输中的茶商经营

美国是台湾茶叶的主要出口市场。[①] 从茶产地到美国，台湾茶的运输要经过三个阶段：一是从茶园送到大稻埕加工，主要运送粗茶；二是从大稻埕运往厦门转口，或是送到厦门拍卖之后再出口，主要运送茶叶的完成品；三是从厦门运往美国，主要运送已交易完成的茶叶。本章主要讨论后两段路程的运输情况及运输经营者，厘清台湾茶叶的出口运输过程主要由哪些人控制。

第一节　19世纪交通技术变革与茶叶全球化

一　美国运茶快剪船及其经营者

英国东印度公司的茶叶专卖权被取消以后，茶叶贸易日趋活跃。由于茶叶是一种季节性很强的商品，运输越快越好，因此东印度公司行驶缓慢的船队日渐落伍，他们使用的军舰式的货轮，在当时被戏称为"茶车"。与此同时，美国出现了一种新式帆船，它是由巴尔的摩地区在1812年战争中所造的武装民船演变而来，故被称为"巴尔的摩快剪船"。这是一种装有两根桅杆的混合型帆船。

1816年，著名的黑球航线公司使用横帆装置式邮船，来往于纽约和利物浦之间，搭载旅客、邮件及货物。1825年，伊利运河开通以后，竞争变

---

① 《台湾淡水关报告》，1882，第7页。

得激烈。纽约和新英格兰的造船厂纷纷建造快船，以适应海洋航行的需要。

1. "安·迈金"号——快剪船的前身

1832年，巴尔的摩商人艾斯·麦克姆制造了一艘装备完善的三桅船，用于开展对华贸易。这艘船由佛尔斯角的肯纳德和威廉姆承造，被命名为"安·迈金"号。此船是航行到中国的货船中最快的一艘，但就长度及船员的需求而言，该船的空间相对较小。有一次"安·迈金"号在纽约船厂附近修理时，该厂的年轻海船建造师约翰·威里斯·格夫斯和道纳德·迈肯二人从该船得到了启发，后来他们造出了顶级的快剪船。

2. 美国第一艘超级快剪船——"虹"号

艾斯·麦克姆于1837年去世，"安·迈金"号便转到了纽约茶商霍兰德和阿斯比沃的手上。后来他们制造了美国第一艘超级快剪船——"虹"号。此船比"安·迈金"号改进了很多。"虹"号之后，大批美国快剪船相继出现。

3. 纽约茶商罗氏兄弟的快剪船队

美国人从开始用自己造的船航行海外时，就已经认识到对华贸易的重要性。第一次鸦片战争后，各国对华贸易大增，美国商人为此正式组建了一支快船队，抢占了大部分的对华贸易。

1844年，纽约茶商罗氏兄弟向布郎贝尔船厂定造了一艘船。为了拉拢广州行商浩官（即伍秉鉴），并且表达对他的敬意，罗氏兄弟将这艘船命名为"浩官"号。从"浩官"号开始，罗氏兄弟公司的快剪船队便逐渐在各方面都占据了优势。该船队共有16艘船，其中很多都享有盛名。"浩官"号首次抵达香港，用了84天的时间，从香港到纽约则用了90天；1850年，该船曾经用时88天从上海开到纽约。"塞缪尔·罗素"号因旗昌洋行的创办人而得名，该公司设在中国，罗氏兄弟也曾是该公司的股东之一。罗氏兄弟公司的一名驻华经理詹姆斯·本克斯特勒曾说，当新茶上市时，先让其他人用高价收购，等到三个星期后，公司再以较低的价格收购，然后用该船装载，仍然可以首先赶到纽约。这说明快剪船速度之快。

此外，纽约、旧金山其他数家从事中国贸易的公司，也都有自备的船只。这些船只不光用来为其他公司运输货物，有时也运输自己公司的货物。这些公司中有格林奈尔·明特公司，该公司最好的船有"飞云"号、"北风"号、"海蛇"号、"胜利锦标"号、"海王"号；古得侯公司有"中国官员"号；格里斯沃德公司的船有"乔治·格里斯沃德"号及"挑战"号等6艘船。

二 对华运茶快剪船的国际竞争

茶叶快剪船以其轻便快捷的优势在东西方茶叶贸易中发挥了重大作用。1850年美国快剪船"东方人"号（Oriental）首次从中国运茶至伦敦。美国茶叶快剪船的出现对英国构成了很大的威胁，特别是英国于1849年废除航海法（Navigation Act），允许外商到英国贸易之后，情况更是如此。快剪船的航运利润十分惊人，中国至伦敦每吨茶叶运费6英镑，"东方人"号走一趟运茶1118吨，运费达9600英镑，相当其造价的四分之三。英国奋起直追，模仿美国人打造快剪船。1850年英国有了第一艘快剪船"斯特诺威"号（Stornoway），它属怡和洋行所有。英国在19世纪50年代共建造了16艘茶叶快剪船，总吨位11788吨。当福州成为茶叶输出港之后，英美为控制福州茶市进行激烈争夺，结果英国后来居上，排挤了美国茶叶快剪船，而美国茶叶快剪船则转而从事中国苦力贩运。1859年的"海魔"号（Sea Serpent）是最后一艘到达伦敦的美国茶叶快剪船。此后，福州至伦敦的茶叶运输竞赛就在英国人之间进行。

到19世纪60年代，英国建造的茶叶快剪船达66艘，总吨位51231吨，最大的"野鹿"号（Wild Deer）达1126吨。每年入夏以后，茶叶快剪船便集结在福州马尾罗星塔下。当春茶从茶区运抵福州后，一阵海螺号声响起，宣告茶市开始。一旦买卖成交，茶叶便会在48小时内装上船。由于首先到达伦敦的茶叶每磅能多卖3—6便士，英国茶商便悬赏奖励最先到达伦敦的茶船，赏金有时多达500英镑。此外，有优异航运记录的快剪船还拥有在福州优先装茶的特权。因此，各运茶船争先恐后从福州港启碇，争取最早到达伦敦。当快剪船驶至格拉维森德（Gravesend）时，伦敦茶商、品茶师等便已聚集码头，翘首远眺，而茶叶拍卖行业马上忙碌起来。有的茶叶经纪人甚至在屋顶安装风向标，如果风向标指向西南便意味着茶船很快会到达，他们会马上派人骑马急驰郊外通知等待在那里的茶商。运茶船到达伦敦次日，伦敦茶叶店便会在橱窗里陈列一箱标有快剪船船号的茶样，因为如果不这样做就会无人问津。因此，茶叶快剪船的到达是伦敦一年一度的大事。

三　轮船取代帆船成为中西茶叶贸易运输主角

近代科技的进步及与之偕来的东西方之间交通和通信条件的变革，从根本上改变了茶叶贸易的模式。交通的变革主要是因为轮船技术的进步和苏伊士运河的开通。近代轮船是指以蒸汽为动力，以螺旋桨为推进器的船，所以有时也被称为汽船。开始时，轮船只是添加了蒸汽机和螺旋桨的帆船，航行主要还是靠风帆作动力，其蒸汽动力只是为了弥补帆船在无风时无法行驶的缺陷。早期的轮船功率不大，吨位小，速度慢，多是作为内河和沿海航行之用。如第一次鸦片战争时期英国的战舰还都是风帆动力的。早期轮船由于运费较贵，所以多用于邮件、乘客和贵重货物的运输。在远洋货运方面，直到1860年，帆船还是一种重要的运输工具。

> 在当时，英国有六千八百七十六只帆船，四百四十七只汽船。在汽船中只有九十只是从一千吨到二千吨，二千吨以上的，仅四只而已。所以汽船多是一千吨以下的小船。假若他们想载运相当多量的货物，便不能为长途航行装备充分的煤炭。当作货物装运的食品，一般都以为会在汽船上变味。因此最初的汽船是用作运送乘客和邮件的定期船而发展的。[①]
>
> 1862年，上海港有二百六十八艘外国船只，其中三十四艘轮船在五百七十至一千零四十吨之间；在二百三十四艘帆船中多数超过一千吨。[②] 即使是远洋轮船也在很长的时期里一直装有风帆，直到1889年，才开始有全靠蒸气推进的远洋轮船。[③]

① 诺拉斯（L. C. A. Knowles）：《英国产业革命史论》，第343—344页，聂宝璋编《中国近代航运史资料·第一辑（1840—1895）》上册，上海人民出版社，1983，第226页。

② 聂宝璋编《中国近代航运史资料·第一辑（1840—1895）》，第231页。

③ 聂宝璋编《中国近代航运史资料·第一辑（1840—1895）》，第227页。

从 19 世纪 60 年代起，装备蒸汽动力的轮船开始越来越多地被用于西方与中国的贸易中。首先是 1861 年汉口、九江、芜湖的开埠和长江航线对外国开放，远洋帆船不适宜进入内河，这就为轮船提供了巨大的商机，因为轮船行驶速度快，又不受有无风的限制，行动便捷，于是轮船成为外商从事长江贸易的主要运输工具。特别是时间性很强的茶叶贸易，开始大规模地使用轮船运输。

到 1869 年，苏伊士运河开通以后，远洋轮船就迅速取代帆船，成为茶叶运输的主要交通工具。这一方面是随着轮船技术的进步，轮船在速度、载重量和安全性上都逐渐超过了帆船，而运费却逐渐下降。"在 1874 年至 1877—1878 年间，铁制轮船的竞争迫使大西洋航线上的木质帆船的运输收费降低到仅够成本的水平，在 1877—1878 至 1885—1890 年间运输费又降低了 40%"。① 另一方面则是由于自然条件，红海在每年的大部分时间里无风。这令走苏伊士运河航线的帆船无法靠风力行驶，只能继续走绕道好望角的老路。

1870 年，中国经苏伊士运河用轮船运送了共 711000 磅茶叶往欧洲；1871 年，用轮船经苏伊士运河运送的中国茶叶增加至 400 万磅；1872 年更猛增至 2200 万磅。② 同期，中美间的茶叶运输也发生了类似的变化。本来中国出口美国的茶叶，是绕过好望角经大西洋到达美国东部的。1869 年，苏伊士运河通航后，原来绕道好望角的轮船改走苏伊士运河。同年，横贯北美大陆的第一条铁路建成通车，中国和日本的茶叶也可以通过行驶在太平洋上邮轮运到美国西海岸的旧金山，再经横贯大陆的铁路运到东海岸。这条路线使茶叶运输到美国东海岸的时间比从苏伊士运河走又减少了一半。1870 年，通过这条路线至少运了 200 万磅的绿茶到美国，"所付运费几乎不比取道苏伊士运河的轮船运费高，而茶叶到达目的地的时间却只要一半"。③ 这样，在东西方贸易的运输中，帆船再也无法和轮船竞争，从此

---

① H. J. 哈巴库克主编《剑桥欧洲经济史》第六卷《工业革命及其以后的经济发展：收入、人口及技术变迁》，王春法、张伟、赵海波译，经济科学出版社，2002，第 171 页。

② 《各国近事·轮船运茶考》，《中西闻见录》第 4 号（同治十一年十月）。

③ 李必樟译编《上海近代贸易经济发展概况：1854—1898 年英国驻上海领事贸易报告汇编》，上海社会科学院出版社，1993，第 233 页。

退出了历史舞台。

第二节　清代台湾航运业的竞争

一　台湾开港通商后的航运竞争

19 世纪 60 年代台湾开港通商后，台湾航运业的竞争格局，可以由当时淡水港进出的船只来源地体现出来。因为淡水港是台湾最重要的茶叶对外输出港，其航运的竞争情况一定程度上展现了茶叶输出竞争格局。

如表 6-1 所示，1872—1894 年，进出淡水港的总汽船数量从 80 艘增加到 378 艘，增加了近 3.5 倍。其中 1893 年更是在短短一年内就增加了 108 艘，这个事实反映了清末台湾贸易的繁荣景象。这期间，只经历了 1874 年与 1884、1885、1895 年等几次较显著的下降，1895 年的下降幅度最大，主要是受到甲午中日战争台湾割让给日本的冲击。而 1884、1885 年则是因为淡水港受到中法战争的波及。从长期趋势看，如表 6-1 所示，进出淡水港的总汽船数波动增加，并且在 1880 年之后超越总帆船数，且从此再未被帆船追过。这说明，北台湾的航运工具，初期虽以帆船为主，但到了 1880 年之后，汽船已经远胜于帆船了。这与前述世界航运产业史的发展规律是一致的。

表 6-1　1867—1895 年淡水海关进出船只数量

单位：艘

年度	出口汽船	进口汽船	总汽船数	出口帆船	进口帆船	总帆船数	总出口船	总进口船	总进出口船
1867	—	—	—	—	—	—	—	—	—
1868	—	—	—	—	—	—	111	111	222
1869	—	—	—	—	—	—	71	69	140
1870	—	—	—	—	—	—	—	—	—
1871	—	—	—	—	—	—	98	101	199
1872	40	40	80	105	107	212	145	147	292

续表

年度	出口汽船	进口汽船	总汽船数	出口帆船	进口帆船	总帆船数	总出口船	总进口船	总进出口船
1873	48	49	97	97	90	187	145	139	284
1874	33	32	65	36	36	72	69	68	137
1875	41	41	82	65	66	131	106	107	213
1876	44	44	88	111	115	226	155	159	314
1877	49	50	99	97	93	190	146	143	289
1878	63	62	125	77	78	155	140	140	280
1879	66	66	132	82	80	162	148	146	294
1880	83	83	166	29	33	62	112	116	228
1881	87	87	174	48	51	99	135	138	273
1882	103	103	206	54	47	101	157	150	307
1883	102	103	205	39	39	78	141	142	283
1884	88	88	176	28	28	56	116	116	232
1885	90	90	180	12	14	26	102	104	206
1886	107	107	214	30	29	59	137	136	273
1887	116	119	235	9	9	18	125	128	253
1888	106	104	210	22	24	46	128	128	256
1889	119	118	237	28	27	55	147	145	292
1890	126	126	252	8	8	16	137	134	268
1891	139	139	278	16	16	32	155	155	310
1892	134	134	268	9	9	18	143	143	286
1893	188	188	376	12	11	23	200	199	399
1894	188	190	378	8	9	17	196	199	395
1895	88	86	174	1	0	1	89	86	175

资料来源：戴宝村《近代台湾海运发展》，台北：玉山社，2000，第75—90页。

在淡水海关的统计资料上，曾经到过台湾的岛外船只，来自十多个国家和地区，包括中国大陆以及英、美、德、法、丹麦、荷兰、西班牙、日本、瑞典、挪威、俄罗斯、夏威夷、奥地利等。这里我们选取主要的中国大陆以及英、美、德、法、丹麦、荷兰等来探讨，并将相关资料整理为表 6-2。

由表 6-2 可以得知，在 1867—1895 年，持续与台湾保持商贸关系的是英国与德国，这两个国家的船只，在统计的 29 年间从未间断到台湾贸易，因为两国一为老牌的海权强国，一为在俾斯麦主政下的新兴帝国。至于其他国家或地区，情况则不太一样。

表 6-2　1867—1895 年各国或地区船只进出淡水港次数一览

年度	英国	美国	德国	法国	中国大陆	丹麦	荷兰	其他	总进出口船只
1867	—	—	—	—	—	—	—	—	—
1868	145	11	15	4	—	12	—	35	222
1869	55	14	59	4	—	4	2	2	140
1870	—	—	—	—	—	—	—	—	—
1871	99	12	37	14	—	2	2	23	199
1872	169	22	60	6	—	2	—	33	292
1873	150	47	65	—	—	—	—	22	284
1874	86	7	22	2	—	—	2	18	137
1875	147	28	18	10	—	2	—	8	213
1876	211	4	48	17	—	8	—	26	314
1877	175	13	86	9	—	—	2	4	289
1878	194	10	62	6	—	4	2	2	280
1879	219	9	42	4	—	2	16	2	294
1880	202	2	6	—	18	—	—	—	228
1881	229	—	30	—	8	—	—	6	273
1882	255	—	38	2	6	2	—	4	307
1883	171	2	68	6	30	—	2	4	283
1884	168	—	36	—	16	2	—	10	232
1885	146	2	48	—	10	—	—	—	206
1886	170	7	78	—	16	2	—	—	273
1887	145	3	61	—	36	8	—	—	253
1888	163	—	64	—	26	—	1	—	256

续表

年度	英国	美国	德国	法国	中国大陆	丹麦	荷兰	其他	总进出口船只
1889	178	—	58	—	52	—	—	4	292
1890	185	2	3	—	78	—	—		268
1891	193	—	19	—	98	—	—		310
1892	201		15		68			2	286
1893	189		56		148			6	399
1894	212		23		140			20	395
1895	116		31		28				175

资料来源：戴宝村《近代台湾海运发展》，第75—90页。

在中法战争之前，法国船只到台湾的次数相当频繁，然而1885年之后没有任何法国船只到过台湾。荷兰与丹麦船只到台湾的频率较低，甚至每隔几年才到一次，而美国的船只来台湾较频繁的时期，则是在1868—1880年。

如图6-1所示，不管总船数如何变化，英国的船只来台比例总是高于其他国家的船只。唯一的例外，只是在1869年，这一年德国以59艘超越英国的55艘。除此之外，在1893、1894年，中国大陆船只进出淡水港的频率一度接近英国船。在29年的平均各国和地区船只比例中，仅英国一国的比重就高达65%，甚至在1879—1882年中，英国船的比重高达84%（如

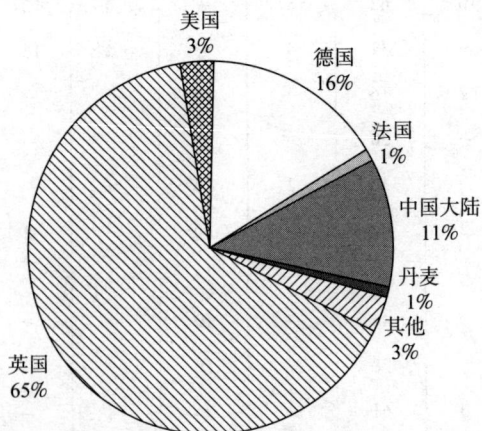

图6-1　1867—1895年各国或地区船只进出淡水港比例

资料来源：戴宝村《近代台湾海运发展》，第75—90页。

图 6-2 所示)，可以说是英国船只数量的峰值。

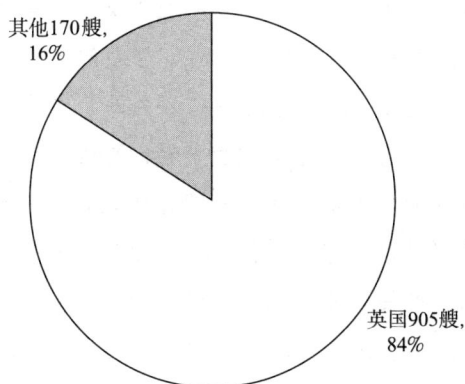

图 6-2 1879—1882 年进出淡水海关各国或地区船只的数量与比例

资料来源：戴宝村《近代台湾海运发展》，第 75—90 页。

二 台湾茶叶出口运输中的民帆与外船

1866 年以前，台湾茶除了 1862 年有 3516 担由外船载出外，[①] 主要是由民帆载出。[②] 外船的大量使用，始于 1866 年，但在 1867 年至 1876 年间，仍有部分茶由民帆载出，具体情况见表 6-3。

表 6-3 1867—1876 年间运茶船（民帆与外船）运茶量比较

单位：担

年份	民帆载茶量	外船载茶量
1867	1600	2030
1871	858	14868
1872	1309	19513
1874	5052（其中一等茶 1806 担，二等茶 3246 担）	24610
1875	8200（其中上等茶 1880 担，劣等茶 6320 担）	41573
1876	4000（其中上等茶 550 担，劣等茶 3450 担）	58877

资料来源：《台湾淡水关报告》，1867—1869，第 73—84、126、162、213 页。

---

① British Parliamentary Papers: Embassy and Consular Commercial Reports （以下简称《领事报告》）（Irish University Press , Area Studies Series, 1971, China），Vol. 10, p. 93, 1870，淡水部分。

② 《台湾淡水关报告》，1866，第 45—49 页。

由表 6-3 可见，1867 至 1876 年台湾民帆载茶量与外船载茶量的差距越来越大，民帆载茶量远远不如外船，所载茶又以劣茶居多。1866 年淡水海关报告还说："民帆不用付关税，在运茶方面似乎较外船占优势。"① 至 1873 年淡水海关报告已记载："民帆贸易渐为外船所取代。"② 1877 年的淡水海关报告更记载："轮船大大影响戎克贸易，导致许多华船经营者亏损。"③

外船在载茶方面取代民帆，除了外船速度较快外，还因为外船船价较廉，保险额在 1873 年以后提高，而 1876 年以降，基隆煤矿的开发，使外船可就地取得燃料，亦使外船载运量增加。④

1877 年以后的台湾相关《海关报告》不再记载民帆载货量，而据 1893 年的《英国领事报告》说："海关进出口数字不包括民帆载运数字，但目前民帆贸易比起轮船、外国式帆船已不太重要，由后者之载运数字已可知台湾贸易之一般。"⑤

第三节　台茶出口运输中华商与洋商的经营费用比较

一　从淡水港到厦门港的费用

除了 1869 年第一次台湾茶叶出口是直接从淡水运到澳门和纽约市场上贩卖，后来的台湾茶叶都是集中到淡水港（先到大稻埕，由大稻埕装上小船接驳到淡水港口的轮船上），运到厦门装船，或是在厦门茶叶市场上拍卖给洋行再装船出航，几乎所有的茶叶都要经过厦门再输出到海外。台湾茶叶必须到厦门转口，原因如下。

第一，港口本身的问题。淡水港是河港，有河床淤积的问题。装载茶叶的远洋轮船无法直接进淡水港装载货物，必须由戎克船接驳：

---

① 《领事报告》，淡水部分，1866，第 7 卷第 484 页。
② 《领事报告》，淡水部分，1873，第 11 卷第 59 页。
③ 《台湾淡水关报告》，1877，第 165 页。
④ 《领事报告》，淡水部分，1873，第 11 卷第 159 页；1876，第 12 卷第 104 页。
⑤ 《领事报告》，淡水部分，1893，第 18 卷第 34 页。

茶现在还不能直销，因为港口还没疏通，船进不入。如果茶可以搬去基隆出口，美国的船又不用付税，这就是最好的情况。……麻烦的是轮船都在港口外等，没办法直接装货。轮船没办法进淡水，只有戎克船才能进去。①

自开港之后，茶逐渐变成主要的出口货品……我们希望中国商业船行会派代理人过来，这样可以反映给中国政府，这里实在需要一个好的港口。②

厦门港比淡水港深阔，而且导航设施、通信设备都较为先进。在1880年的《海关贸易报告》中提到："厦门作为航运中心的有利条件是非常明显的，她是一个极好的港口，船只易于进入，并有着灯塔设施极好的航道，同时船只停靠也极方便。她是南部沿海地区唯一与其余的世界保持电讯联系的港口，在茶季，她每日通过信使和中国主要的茶港福州保持联系。信使通过陆路送信，往来于厦门和福州间大约需48小时，她是一些轮船航线的中途站或者是她们的终点站，因而是处于一种中枢的位置上。"③

淡水港因为淤积，吨位较小的轮船无法直接进港载货，要停在港外，使用人力和船只将货从岸上接驳到轮船上，这很麻烦。而厦门港有完善的港口设施，没有河港淤积问题，远洋轮船可以直接进港装卸货物。

第二，厦门的洋行比台湾的洋行数量多。如前所述，台湾主要经营茶叶买卖的洋行只有6家，厦门的洋行更多，在台湾没有卖完的茶叶会被送到厦门市场上寻求卖出的机会。

第三，在通信设备上，上海、香港和英国的电报线在1871年6月接通，福州、厦门可以借此跟海外市场联系，茶商可以较准确预测茶叶的交易状况，决定购买茶叶的数量。④ 虽然台湾的港口到福建各港只要一昼夜的时间，⑤ 但仍然比不上电报的速度。茶商在厦门可以更快得到海外消费

---

① 《台湾淡水关报告》，1878，第342页。
② 《台湾淡水关报告》，1879，第403页。
③ 《1880年厦海关年度贸易报告》，《厦概况》，第209、211、215、219页。
④ 陈慈玉：《近代中国茶叶的发展与世界市场》，第31页。
⑤ 戴宝村：《近代台湾海运发展》，第54页。

市场的消息，找寻买卖茶叶的机会，赚取利益。

第四，轮船本身运量大，如果不载满就出航，对开航的成本有损，轮船通常会在岸边等候良久满载茶才会离去。① 远洋轮船在厦门港装载货物的数量比淡水港多。厦门的远洋轮船航班也比淡水多。

第五，厦门较台湾有更多欧美的银行，可以因应金融事务。许多洋行的本店会设在厦门，方便处理资金事宜，在台湾设立分店，方便购买茶叶。前面说到，台湾的茶馆十分之九与大陆有关联，很多泉州和漳州茶商到台湾投资茶叶加工厂，他们 4 月或是 5 月的时候从厦门带资金来台湾制造或是购买茶叶，取得茶叶之后再回到厦门卖茶给洋行，资金若是借贷而来的，便可直接还款给厦门的债权人。②

当时，厦门本身也出口福建的茶叶，但因茶叶质量问题，福建茶叶出口逐渐减少，渐渐以出口台湾的茶叶为主。

1889 年的厦门海关报告提及："置于本口土茶销售之淡其迹已显，加以台北现在整顿工程一经完竣，则淡水茶务势必移往基隆，此非本口之利，固为在厦贸易者不能不见之事也。若前项土茶台茶两大贸易罢后，其余别项贸易并将来有新增之处，其能否足以维持厦门商务以作洋人通商获利之区，固未易言矣。"③

报告中所说的"台北整顿工程"是指基隆港的整修工程。北台湾除了淡水港，还有基隆港。基隆港是一个峡湾港，可以停泊远洋轮船，但港口设备不足，基隆和大稻埕、艋舺等经济重地又隔着山脉，交通不便。光绪年间刘铭传计划从台北盆地修筑一条铁路通往基隆港，1891 年这条铁路完成，但是使用情况不佳。外国商人认为茶叶可以从基隆港直接出口，"希望能开辟基隆港，吃水量大的船才能入港，以基隆取代淡水，用铁路连结大稻埕和基隆"。④ 但是基隆港的兴建一直到 1902 年才完成。在此之前，台湾的茶叶还是要到厦门转口。⑤

---

① 陈慈玉：《近代中国茶叶的发展与世界市场》，第 42 页。
② 台湾银行総務部調査課『台湾烏龍茶ノ二況竝同茶金融上ノ沿革』，39 页。
③ 《1882—1891 厦海关十年报告》，海关报告，厦门，第 179—180 页。
④ 《台湾淡水关报告》，1885，第 261 页。
⑤ 《晚清闽台的商业贸易往来（1860—1894）》，《台湾商业传统论文集》，第 122—123 页。

如果是大陆商人运出茶叶，属于国内贸易，不涉及关税的问题；如果货主是外国商人，要将茶叶送往厦门出国，便会涉及出口关税和复进口半税。

1858 年签订的中英《天津条约》规定，外国人从事进出口，货物应交纳值百抽五的关税，即为货物价值 100 元便缴纳 5 元的关税。① 复进口税是指外国人运中国的货物从一个中国港口出关，又到另一个中国港口入关，在入关的时候所要缴纳的税款。例如从淡水出关，又从厦门入关进到厦门市场，就必须在厦门海关缴纳复进口税。这个税制主要是针对外商载运本国的货物往来于各港口之间。1861 年 10 月《各口通商章程》第二款记载的复进口税税制是：在国内消费之已交出口税的本国货物，于到达通商口岸进口时，按当时出口税率的一半收复进口税，也就是 2.5%，因此在 1861 年之后复进口税改称为复进口半税。

1883 年之后，厦门海关有了新的规定，由淡水运茶叶送入厦门港，只要外国商人具结保证茶叶复出口，就不必缴纳进口税。起初具结的有效期限为一季，如果期限到了，货物没有付运出口，则要征收进口关税。如果征税之后短时间将货物出口，税款可以退还。从 1885 年 1 月起，具结有效期限延长为一年。② 因厦门本地所产的茶叶出口量日益下滑，台湾茶叶成为厦门主要转口输出的货物，这样规定有利于厦门转口贸易的发展。③ 外商将茶叶送到厦门转口需要缴纳复进口税，之后会退还，形同不必缴交。而华商将茶叶从大稻埕沪尾送到厦门是国内贸易，不用交进口税。

茶叶是用轮船送到厦门的，将茶叶运出岛外的商人，可能是在大稻埕市场上已经买到茶叶的外商，也可能是要将茶叶送到厦门市场拍卖的华商。从大稻埕到沪尾的运费占支出成本的比例不高。从沪尾到厦门，因为许多轮船公司竞争，造成运费降低，选择也比较多。虽然外国籍的轮船数量较多，但不能因为船行是外国籍便说明外商借掌控运输而影响茶业，实际上他们有求于客户，影响力有限。

---

① 陈诗启：《中国近代海关史（晚清部分）》，人民出版社，1993，第 212—213 页。
② 《1882—1891 年厦海关十年报告》，海关报告，厦门，第 290 页。
③ 林仁川：《晚清闽台的商业贸易往来》，《台湾商业传统论文集》，第 122 页；李金明：《厦门海外交通》，鹭江出版社，1996，第 86—89 页。

在税务上，茶叶到厦门转出口，外商虽然要付复进口税，但是因为在1885年之后，只要一年内将茶叶运出都可以退税，台湾茶叶是要卖往美国的，一定会出口，复进口税形同没有。差别在于关税，外商将茶叶运出中国需要缴纳关税，华商则不用。关税在乌龙茶再制成本中占的比例最高，占36.60%，在这一点上外商处于劣势。

二 从厦门港到美国运输过程中的费用

美国在1872年之后茶叶进口免关税。而外商将茶叶送出中国，要在厦门或是淡水缴纳关税，税率是5%。

当时在中国从事远洋航运的运输有多家公司，在竞争中，不免出现降低运费的竞争手段。

从1878年开始，远洋航运的运费下降，各种货物的运输营利越来越少，到1879年初运费低到航运业已经无利可图，船主们宁可不开航也不愿蚀本经营。因此，1879年9月在伦敦召开的一个船主会议上，船主们决定成立联盟组织，这个联盟后来称为运价联盟，以便调节船舶的吨位以及分配运输，防止船货堆积，保护彼此的利益不受损害。但是在这次会议上联盟的成立目的完全没有达成，因为共同议定船价以避免船主削价竞争的目的没有成功。①

1885年之后，由于运价联盟没有成功对抗其他的竞争者，从福建到伦敦的运费有时会突然发生变化，从正常的每吨60先令降低到每吨30先令。运费大幅滑落，受益者自然是货主。1887年秋季福州至伦敦的运费跌到每吨25先令，甚至每吨20先令。不经过伦敦直接往纽约的运费通常是每吨45先令以上，在送往伦敦的运费大幅下跌时，先将货物送往伦敦，再从伦敦转往纽约有可能比直送纽约来得便宜。②

同样是商业竞争，前往纽约的轮船运费也会改变，因为纽约没有运价联盟这种船主联合排除其他竞争者的组织，有时把货物运往纽约比运往伦

---

① E. J. Eitel, Europe in China: The History of Hongkong, Taipei: (reprintend by) Cheng Wen Pub. Co., 1968, pp. 550-551.

② A. J. Sargent, Anglo-Chinese Commerce and Diplomacy, pp. 282-283.

敦或利物浦还要便宜，价格比送往伦敦的运费减少30%到50%。① 在船行的削价竞争中，受益者是货主，他们可以用很低廉的运费将货送到市场去。

这样的竞争情况也出现在轮船公司对股东的报告上。怡和洋行为扩大航运业务，将所属的船只和其他子公司组合，于1881年成立怡和轮船公司，运送怡和洋行的货物，对外也承接运送货物。② 1888年，怡和轮船公司在股东会议上提到：

> 对于驶往东方的远洋航运，无论是开出或是回程，运费都很低廉，而以回程尤甚。自然在目前贸易中，雇用船只者少，又偏偏从事货运的船只多，这是我们在过去几年中必须认真对付的严酷挑战。③

又在同一年，《北华捷报》称：

> 综合各方面的情况看来，北德轮船公司（North German Lloyd）新近开辟的远东路线，在国家的帮助下，取得惊人的发展。……中国和纽约之间的航运业务已逐步落入这家公司之手。看来，北德轮船公司正在顺利地取代不久前还控制着远东贸易并在这方面占领先地位和主导地位的英国和法国的轮船公司。④

怡和轮船公司的经理在对股东解释1887年的经营情况时，说远洋航运的运费低廉，远洋航运的运输业是供过于求，轮船公司必须严肃面对竞争问题。但商人重利，轮船公司对本身运费低廉的抱怨不一定完全可信，或者他们为争取股东投资而将情况夸大了。同一年，《北华捷报》也提到北德轮船公司正在与其他轮船公司竞争，挑战其他轮船公司原本所有的主导地位。可见从中国大陆出发的远洋航运是多头竞争的局面。

从19世纪70年代到1895年，将茶叶从厦门运送到纽约的运价呈现不

---

① 聂宝璋编《中国近代航运史资料·第一辑（1840—1895）》，第705页。
② 中国航海学会：《中国航海史（近代航海史）》，人民交通出版社，1989，第173、174页。
③ 聂宝璋编《中国近代航运史资料·第一辑（1840—1895）》，第705页。
④ 聂宝璋编《中国近代航运史资料·第一辑（1840—1895）》，第665页。

稳定的状态，多家公司相互竞争造成价格起伏，一直到 1893 年或 1894 年价格才稳定。外国人掌控从厦门到纽约的这一段航路，想要将茶叶从厦门运到纽约就不可避免要用外国轮船，有时直接输往纽约的运费高昂，商人可以利用前往伦敦的运费便宜，先将茶叶送往伦敦，在伦敦找寻前往纽约的船只。除非是商人自己有轮船，否则不管是华商或是外商在运茶时，都要面对运费的波动。

第七章

清代台湾茶商在美国的经营

本章的主要研究对象是台湾茶叶在美国的销售情况、华商在美国售茶遇到的竞争、美国茶叶消费环境等问题。本章首先勾勒清代中美茶叶贸易的简要轮廓；其次考察台湾茶叶在美国市场上的价格等级、销售情况，分析台湾茶叶在美国的市场需求，介绍了美国销售台湾茶叶的华商茶行；最后分析1895年之前美国国内的情况，讨论华商在美国经营台湾茶叶的社会和市场环境。

第一节　清代中美茶叶贸易

一　清代中美茶叶贸易简况

在18世纪后期到19世纪初期的茶叶贸易中，由于英国茶叶需求量大，茶价高，而东印度公司贩运的茶叶又满足不了国内消费增长需求，这给其他国家的商人——主要是美国商人——提供了机会。如前所述，1784年，第一艘美国船"中国皇后"号（The Empress of China）到达广州，从此中国的茶叶出口又增加了一个贸易对象国。因当时欧洲其他国家海上贸易力量已基本无力同英国进行竞争，欧洲很多国家已经逐渐淡出了与东方的贸易，大约在18世纪最后十年间，非英、美船只从广州输出的茶叶从1100万磅跌到了150万磅，而美国在此期间从事的广州和欧洲的直接贸易以及经由美洲的间接贸易，则一日千里，见表7-1。1803年，美国从中国进口的茶叶，半数以上是再出口到欧洲去的。

表 7-1 1764—1833 年西方国家对华贸易额比重

（选取每年平均值）

年度	英国（%）	美国（%）	其他欧陆各国（%）
1764	46.7	—	53.3
1765—1769	52.4	—	47.6
1770—1774	48.6	—	51.4
1775—1779	41.7		58.3
1780—1784	41.6	0.3	58.1
1785—1789	65.0	3.9	31.1
1790—1794	79.5	6.0	15.5
1795—1799	72.1	17.6	10.3
1800—1804	72.7	19.6	7.7
1805—1806	66.2	30.4	3.4
1817—1819	58.2	41.5	？
1820—1824	66.9	33.1	？
1825—1829	71.0	28.6	0.4
1830—1833	74.0	24.7	1.3

注：根据严中平《中国近代经济史统计资料选辑》第 5 页表 3 编制。

美国参与华茶贸易虽然较晚，但同英国东印度公司垄断，英国商人无权公开同中国进行贸易相比，美国人是那个时代的"自由商人"，在他们的国家里没有任何握有垄断权的特许公司，贸易是在相对平等条件下向所有商人公开的，因此在同英国进行茶叶贸易的竞争中，美国商人占有很大优势。另外，美国的对华贸易得到联邦政府政策的扶持，政府在茶叶进口关税上给予商人优惠待遇。1789 年的关税法规定：美国船只如果直接从中国输入茶叶，每磅征税 6—20 分，从欧洲运入则征收 8—26 分，外国船只运来茶叶，每磅征税高达 15—45 分。1790 年，政府为了增加财政收入，修改了以上条例，提高了进口茶叶税率，尤其是废除了对美商税收优惠的政策，结果引起费城和波士顿商人的极大不满。最后联邦政府不得不让步，并允许美商的茶税可以晚交两年。此后，联邦政府虽然多次提高关税税率，但对茶叶以及棉布等中国商品的关税仍按低税率征收。1830 年，联邦政府大幅度降低茶叶的进口关税，1832 年，政府豁免美国船舶自东亚运来的茶叶的关税。这样，在东印度公司的垄断结束前夕，美国已成为英国对华茶叶贸易的最有力竞争者，1784—1832 年间美国从广州进口的茶业数量情况见表 7-2。

表 7-2　1784—1832 年茶叶从广州出口美国数量统计

年份	船只（只）	茶叶数量（担）	年份	船只（只）	茶叶数量（担）
1784	1	3204	1811	27	26778
1786	5	8868	1812	17	10556
1787	2	5632	1814	13	7133
1788	4	8916	1815	21	53040
1789	15	23199	1817	33	169143
1790	6	5575	1819	39	76447
1791	3	13974	1820	25	40153
1793	6	14115	1821	42	63159
1794	7	10787	1822	31	84778
1795	10	21147	1823	35	76142
1796	11	25848	1824	37	103061
1797	11	23356	1825	42	96162
1798	13	42555	1826	19	64321
1799	18	42488	1827	29	78807
1800	23	35620	1828	31	73883
1801	36	40879	1829	40	66204
1802	32	38732	1830	25	54386
1804	36	54902	1831	41	83876
1805	41	87771	1832	62	122457
1806	38	65779			
1807	30	58770			
1809	37	73028			
1810	15	21643			

注：根据〔美〕马士《东印度公司对华贸易编年史（1635—1834）》第 4 卷、第 5 卷编制。

美国商人的参与，加剧了茶叶市场的竞争，并使茶叶价格急速上涨，比如 1824 年"茂官①将他提供的一批美国货物的平均数量"列出如下：

500 至 800 箱贡熙茶，前时值 42 至 44，现在为 48 两

1000 至 2000 箱雨贡熙，前时值 44，现在为 48 两

1000 至 2000 箱贡熙骨，前时值 23 至 25，现在为 28 两

美国进口的中国茶叶不仅满足了本国民众消费日益增长的需要，而且还被大量转运到欧洲以获取利润。美国转运至欧洲的茶叶大部分到了英国，这对英国的华茶贸易形成了直接的威胁。

从 18 世纪末到 19 世纪末（1785—1895），茶叶一直是中国输美的第一大宗商品，增长速度迅猛。在 1784 年，中国输美茶叶仅为 3022 担；到 1799 年，达到 33769 担，增加 10 倍余。进入 19 世纪后，输美茶叶持续增长，1833 年超过 10 万担，1836 年最高，达到 22 万余担。在此后的几十年，输美茶叶数量持续增长，茶叶一直占中国出口美国货物总数的 60% 以上，最高时达 80%，这种格局一直延续到 19 世纪 70 年代末。早期美国进口茶叶的 99% 来自中国，19 世纪 80 年代以后，同中国输英茶叶数量下降趋势相一致，中国对美茶叶出口量占美国茶业进口量的比重也是直线下降：1880 年为 45.9%，1890 年为 42.2%，1895 年为 36.8%，1901 年为 26.5%，1911 年更是跌至 8.4%。

与英国主要进口中国红茶不同，美国主要进口中国绿茶。美国商人以上海为基地，在上海开埠后十年左右的时间中，把上海变成"美国制造品在中国的主要集中地和中国绿茶的主要出口港"。从 19 世纪 50 年代末起，日本绿茶对中国茶叶出口开始形成威胁，大有取代中国绿茶外贸市场之势头。1860 年，日本人模仿中国人制造绿茶的方法获得成功。正如中国红茶在 19 世纪 70—80 年代以前对英国出口占绝对优势一样，中国绿茶在 19 世纪 60—70 年代对美出口也占有绝对优势地位。同样惊人相似的是，正如中国把红茶出口的头把交椅交给印度一样，中国也将绿茶出口的头把交椅让

① 指广东"十三行"中的伍秉鉴。

给了日本。

二 清代美国对华茶贸的主要经营者

当美国还没有脱离英国统治时，茶叶贸易被北美拒之门外。1776 年独立战争以后，由于两方面原因，茶业在美国兴起，一是因为以前荷兰人和英国人的移民有饮茶的习惯，二是东方和美国间开始由船主主导形成一种新的贸易形式，而茶叶是唯一可以从广州大量购运的商品。

（一）旗昌洋行

旗昌洋行是 19 世纪远东最著名的美资公司，1818 年，由出生在康涅狄格州米德镇（Middle Town）的商人塞缪尔·罗素（Samuel Russell）创办于广州，从事广州至波士顿之间的跨国贸易。旗昌洋行早期主要的经营项目是茶叶、生丝和鸦片，它的主要贸易伙伴是广州十三行富商伍秉鉴（1769—1843）。1845 年，公司的主要合伙人之一约翰·默里·福布斯（John Murray Forbes）撤出中国，回美国兴建中西部横贯铁路。1846 年，旗昌将总部迁至上海外滩 9 号。1853 年，由于战乱，广州和上海到茶叶产地的道路受阻，旗昌洋行直接去武夷山收购茶叶，沿闽江运至福州，实际上成为福州口岸的真正开辟者。

（二）清代重要美国运茶船的经营者

约翰·雷亚德（John Ledyard，1751—1789）是提倡中美贸易的第一人，按照他的计划，船只从大西洋各口岸取道合恩角到太平洋西北部，以美国的物产换取皮货，再将皮货运到中国，交换茶叶、丝及香料等，再取道好望角返回美国。雷亚德是一位航海冒险家，曾经往来于北大西洋沿海一带，并积极向商人及船主游说，强调在地球的另一端可以获得巨大的利益，但是这些人都不为所动。直到 1783 年，费城的罗伯特·莫里斯向他伸出援助之手，答应出动一只船做环球航行。[①]

罗伯特·莫里斯联合纽约港的丹尼尔·帕克公司准备了一艘船，将其命名为"中国皇后"号，于 1784 年 2 月 22 日从纽约出发，不走合恩角，而是取道好望角到达广州，船只载运的货物是人参，运回美国的是茶叶及

① 〔美〕威廉·乌克斯：《茶叶全书》，第 824—835 页。

中国的物产。这是首艘到达中国的美国船。船主是约翰·格林，萨缪尔·肖任押货员，此后，萨缪尔·肖受命出任美国驻广州第一任领事。这次投资共 120000 美元，获纯利 30727 美元，收益率达 25%。

"中国皇后"号于 1785 年 5 月 11 日安全返回纽约，当时纽约商人集资另建了一艘单樯帆船，名为"试验"号，于同年 12 月 26 日开航，彼得·施莫洪及约翰·万德比尔特是此次航行的投资人，船主是斯蒂万·迪恩，经过两年的航行，载回美国的主要货物是茶叶，投资额是 20000 美元，获得的收益为 10520 美元。不久以后，皮货成为茶叶贸易的支柱，也因此使美国国内最需要的现金不外流。

罗伯特·莫里斯向萨缪尔·肖及兰多船长收购了他们于 1786 年初通过单樯帆船"派勒斯"号载运来的一满船中国茶叶后，于 1787 年又出资资助"爱丽斯"号由费城出发，船长是托马斯·里德，"爱丽斯"号是第一艘取道澳洲到中国的美国船，该船于 1788 年返回，所载货物价值 50 万美元。

这时，一些美国人对于新兴茶叶贸易的狂热不亚于采金，当时，有一位历史学家甚至称美国的每一条小河上的每一个小村落都有可以乘坐五人的帆船准备出发装运茶叶，但实际上仅有纽约、费城、普罗维登斯、塞勒姆及波士顿有船开往中国。

1786 年埃利亚斯·哈斯科特·德比的货船从塞勒姆出发，该船名为"大特克"号，满载美国物产沿非洲海岸及印度洋各海岛贩卖，换得西班牙银币后，驶往广州购买茶叶、丝及瓷器回国。

第一艘从普罗维登斯驶往中国大陆的货船是"华盛顿将军"号，属于布朗和弗兰克斯公司的约翰·布朗，该船于 1787 年 12 月启程，1789 年 7 月 4 日返回。同年，美国政府对于进口的茶叶开始征收捐税，红茶每磅纳税 15 美分，珠茶及圆茶征收 22 美分，贡熙茶征收 55 美分。

当这种商业愿望获得圆满成功后，美国人相信他们与广州之间的贸易将有无限的前景，但这种前景却无法得到实现，因为美国的茶叶市场极为有限，而且缺少用于贸易的货物及银币。

美国在西北太平洋的皮货贸易很发达，商人们收集大量的货物换取茶叶。美国北部沿大西洋的波士顿港与中国通商最晚，但是以皮货作为茶叶贸易的主要媒介则最早。1787 年波士顿有六位商人合资 5 万美元，置备

"哥伦比亚"号驶往西太平洋从事皮货贸易，然后再驶向广州换取茶叶，再经好望角返回波士顿，于 1790 年 8 月 9 日完成航行。此行结果圆满，波士顿与中国大陆间的航线由此建立。

（三）业茶致富的美国茶商

受早期成功消息的影响，经过一段时期的普遍投机后，中国茶叶贸易就集中到了美国少数大商人手中，如费城的斯蒂芬·杰拉德、波士顿的托马斯·汉德希德·帕金斯及纽约的约翰·贾克布·阿斯特，都是因茶叶致富而成为当时的大富翁，上述三人都拥有资产上百万，而当时的美国人有 10 万美元已可以被认为是富翁了。他们趸囤茶叶，等待时机卖给批发商，以四至六个月的期票付款，给几乎濒于破产的各州带来了新的商业模式。

美国政府为了鼓励他们，准许从事中国贸易的商人可以在 9 至 18 个月的期限内缴纳税款，因此大规模经营茶叶的商人大多数对政府有巨额的欠款，阿斯特在 20 年内对政府的欠款达到了约 500 万美元，并得以免除利息。

约翰·贾克布·阿斯特（1763—1848 年）他 20 岁时，随德国的沃多夫人来到纽约，他所带的商品只有七支笛子，后来他由笛商发展到皮货商，但是他发迹是从劝纽约的西印度商人詹姆斯·利弗摩合伙经营中国贸易开始的。当时法国巡洋舰及武装民船专门捕捉驶往英国领土的美国船只。因为利弗摩的商船无法前往西印度群岛，所以同意改行。在 1800 年，利弗摩派他最大的商船装载上人参、皮革、铁屑及 3 万元西班牙银币驶向广州，这次航行的结果是利弗摩在码头上的所有货物都进入了阿斯特的商店，阿斯特分得 5.5 万美元。

在以后的 27 年中，阿斯特经营中国的皮货、檀香及茶叶贸易，获得丰厚的利润。一次航行获利百分之百的情况很多，而 50% 就更是很平常的事情。1803 年以后，阿斯特就开始自备商船，他的商船所用的旗帜为英、美港口所熟悉。1816 年他开始兼营银行业，1827 年他放弃经营茶叶，逝世后他的遗产达到 800 万至 3000 万美元。

斯蒂芬·杰拉德，1750 年出生在法国的波尔多，少年时在商船上服务，23 岁时任船长。该船于 1776 年在费城被封锁，于是他在水滨开设一家小店，出售船上所载货物，这成为其一生事业的开端。

1789 年至 1812 年，杰拉德率领他的商船队走遍世界各地，其主要的商业活动是在费城至波尔多和费城至东印度群岛之间进行贸易，后来也包括广州的茶叶贸易。这时他已经积累了不少资产，成为一位财力雄厚的银行家，以巨额款项贷给政府，而帮助美国在 1812 年的战争中获得胜利，他还协援助社会上的各种公私事业。1831 年杰拉德逝世后，其遗产中有 600 万美元被捐献给社会，兴办费城杰拉德学院。

汉德希德·帕金斯生于 1764 年，他的父亲和祖父都在马萨诸塞州经商，最初他与弟弟詹姆斯合资经营西印度洋商业，事业很发达，他的商店设在波士顿和圣多明哥。

1789 年年轻的帕金斯突然产生航行到中国的兴趣，于是到"阿斯托"号商船任管货员，该船属于塞勒姆的 E. H. 德比，他在广州的时候直接得到了不少关于茶叶贸易的有价值的信息，又与行商浩官相识，成交了大宗的贸易，但从不用订立合同。在这次航行之后，帕金斯商店的商船继续从圣多明哥收购糖及咖啡运往欧洲，但它主要的经营业务则是向美国的西北海岸收集皮货，然后再到广州易取茶叶，运回欧美销售。1838 年帕金斯的商店解体，他本人退出商业圈，于 1854 年逝世，享年 89 岁。

第二节　清代台湾茶叶在美国的市场情况

清代，美国消费台湾茶叶的地区主要有八个州，分别为缅因州、马萨诸塞州、新泽西州、宾夕法尼亚州、马里兰州、康涅狄格州、俄亥俄州、伊利诺伊州，这些州集中分布在美国东部。消费茶叶比较多的大城市有纽约、波士顿、费城、芝加哥，其中纽约输入最多，占输入美国台湾茶叶数量的 70%。① 台湾运往美国的茶叶有 75% 是从厦门往西，跨过大西洋从纽约上岸。

旧金山虽不是美国茶叶输入量前四的城市，但是日本外务省所编写的

---

① 台湾銀行総務部調査課『台湾烏龍茶ノ二況竝同茶金融上ノ沿革』、28—29 頁。

《通商汇纂》经常提到旧金山的茶叶交易状况。这是因为旧金山是太平洋东岸的重要港口，也是连接美国东西两岸的太平洋铁路西部重镇。茶叶在旧金山上岸，可以使用太平洋铁路将茶叶送到各地。因此旧金山虽然不是茶叶输入美国的主要城市，却是跨太平洋送来美国的台湾茶叶必须经过的城市。

一　清代茶叶在美国的流通

（一）茶叶运抵纽约

19世纪60年代末，纽约成为美国唯一的茶叶市场，有以下几方面原因。一是所有从事远东贸易的船只都在此卸货；二是每磅茶叶25美分的战时税均用金币缴纳，而金币在华尔街兑换有优惠；三是这时商业上的旅行推销制还未实行，货物的分配多借助于代理处经纪人，买方每年多次到纽约或通过邮局寄送样品，以便选择。茶叶的买卖除了由代理处分配以外，也常常以拍卖方式进行，汉诺威广场的拍卖由 L. M. 霍夫曼公司主持，后来改由约翰·H. 多普公司在前街举行。这种交易的额度很大，常常达到数千箱，交易中中国茶和日本茶均有。来自纽约、波士顿、费城、巴尔的摩及其他小城市的经纪人会参加竞拍。

所有印度、锡兰、爪哇及苏门答腊运往纽约的茶叶，几乎都取道苏伊士运河。经过太平洋运至美国西海岸沿海各口岸，然后经由巴拿马运河或从陆上由铁路运往纽约，也可以行得通，但是从经济的角度上看，这样很不合算，因为由苏伊士运河运到纽约与经过太平洋而运到美国西部沿海的运费，几乎没有什么差别，然而从西海岸至纽约的额外运费，对于在纽约市场的竞争则特别不利。中国及日本的茶叶都是经由苏伊士或巴拿马运河运到纽约。

纽约并没有装运茶叶的特定区域。单就茶叶而言，曼哈顿和布鲁克林（Brooklyn）两处码头有堆存茶叶的堆栈约60处，主要的公营堆栈有布鲁克林的布什特米诺堆栈，迪萨多克罗威尔高夫和色姆克堆栈，曼哈顿的弗得利蒂威尔豪斯公司。其余的堆栈，很多是大包装公司所设立的，专门用来堆放自己的茶叶。

依照美国海关的规则，堆存茶叶的堆栈应该由海关收税员指定，同时货主应出具保结。不在指定堆栈堆存的茶叶，在未经查验并得到移动许可证前，需要放置在进货公司或公共贮藏所内；出具保结后，茶叶可以在进口商自有的库房内堆存，等待查验。遇到这种情况，收税员会委派一名管货员在堆存茶叶的库房内执守，这部分费用由进口商负担。在任何堆栈内留待查验的茶叶，都必须与其他商品分离。依海关的规章，准许保税堆栈内的茶叶在某种条件下重新包装运输出口。所有栈租、车力及工资等一应费用，均归进口商负担。

美国的各种包件及茶箱的重量都与伦敦市场相同。每当一批茶叶运到后，进口商就派人到堆栈提取大样，从大样中分出若干小样，送交茶叶经纪人，然后由茶叶经纪人分发给中间商、批发商及连锁商店。经纪人正常的佣金是2%，但有的时候，大宗交易经双方协商，佣金要减到1%。

纽约进口商都预备有贮存在标着编号铅罐内的茶样，在进口商派往产茶国的买办或代理人的办公室内，也有同样的茶样。进口商预备的中国大陆、日本及中国台湾的茶样，基本上是一年更换一次，而印度、锡兰及荷属印度的茶样更换的次数会更多。

茶叶运到美国以后，主要费用包括以下各项：报关、车力、栈租、工资、桶费、保险、利息、扦样、过磅、称取皮重、中介费、佣金。

美国其他的主要茶叶进口市场，按进口量的多少依次排列如下：东部海岸的波士顿；太平洋沿岸的西雅图、旧金山；中太平洋夏威夷群岛的檀香山。

（二）美国茶叶批发业和零售业

美国有茶叶批发商3700余家，包括杂货批发店及专营茶叶与咖啡的批发店，另外还有325家连锁店也经营茶叶。

在美国，茶叶经纪人与茶叶中间人的地位介于批发商和进口商之间，但是茶叶经纪人和中间人数量不多，后来批发商有直接向进口商购买茶叶的趋势，凡是进入美国的茶叶，60%—70%都是批发商直接定购的。

19世纪末，美国经营茶叶量较大的批发商约有1200家，专营茶叶的为数不多，大多数商店是在各项批发货物中另设茶叶部。分包和散装茶叶均有出售，但为迎合大众的嗜好，大多数专营茶叶及咖啡的商店更注重咖啡，而茶叶得不到同等的重视。后来，这种情况稍微有所改变，这当然不包括比较大的茶叶包装商，因为在他们的商品中，茶叶一直占有很大的比重。

美国有许多批发商将茶叶包装工作委托给专营此项业务的商店代办，批发商先将茶叶运到包装商店，包装成各种式样，然后运回，再销售给零售商。但是有少数比较大的批发商有自己开设的设施完备的包装工厂，置有全部拼配及包装用的必要机械设备。

美国的茶叶零售店主要有几种业态，一是连锁店，主要兼营散装及小包装茶叶；二是少数的连锁药店，以经营茶叶及咖啡为主，而且销量很大；三是有些邮购商店、赠品商店和家庭服务商店也卖茶。①

二　台湾茶叶在美国的其他竞争者

纽约的市场上交易的茶叶除台湾茶叶外，还有日本茶、中国大陆绿茶及平水茶、厦门乌龙茶、印度茶等。② 其中数量最多的是日本茶、中国大陆绿茶和中国台湾茶。

表 7-3　1882—1886 年日本茶、中国大陆绿茶、中国台湾茶输入纽约相对比例

年代	日本茶（%）	中国大陆绿茶（%）	中国台湾茶（%）
1882	3.38	1.54	1
1883	2.22	1.29	1
1884	2.77	1.56	1
1885	2.18	0.84	1
1886	2.63	1.21	1

资料来源：外务省通商局编『通商彙纂 第 5 卷』、1988、151—153 页；外务省通商局编『通商彙纂 第 6 卷』、1988、7—8 页。

日本茶在 1863 年初进入美国，在美国很受欢迎。1880 年在纽约市场上，日本茶的占比最多，是中国台湾乌龙茶占比的二到三倍。中国台湾乌龙茶在纽约市场上的占有率排行第三，和中国大陆绿茶较为接近，偶尔会比中国大陆绿茶多，见表 7-4。

---

① 〔美〕威廉·乌克斯：《茶叶全书》，第 730—735 页。
② 外务省通商局编『通商彙纂 第 2 卷』、1988、167 页。

表 7-4　1887—1891 年纽约市场上的茶叶数量前三名比例

年代	日本茶（%）	中国大陆绿茶（%）	中国台湾茶（%）
1887	50.00	18.43	18.75
1888	49.91	17.29	16.71
1889	50.00	17.90	17.90
1890	51.68	17.97	15.70
1891	55.11	16.97	15.94

资料来源：外务省通商局编『通商彙纂 第9卷』、1988、710頁；外务省通商局编『通商彙纂 第12卷』、1988、7—8頁。

即使计算美国和加拿大所进口的茶叶数量，中国台湾茶叶在市场上所占的比例也还是低于中国大陆绿茶和日本茶，见表 7-5。

表 7-5　美国和加拿大市场上日本茶、中国大陆绿茶和中国台湾茶的市占率

年代	日本茶（%）	中国大陆绿茶（%）	中国台湾茶（%）
1890	51.68	17.97	15.73
1891	53.38	17.09	16.26
1892	51.46	17.21	15.56

资料来源：外务省通商局编『通商彙纂 第16卷』、1989、341頁。

从表 7-5 的数据可以看出，台湾茶叶在美加地区输入的茶叶总数量中的占比，和在纽约市场上茶叶总数中的占比，都是 15%—17%。输入美加地区最多的是日本茶，占了一半以上。可见，虽然台湾茶叶主要输往美国，但在美国市场上并不是主要的消费对象。

日本茶叶在美国市场战胜了中国大陆和中国台湾茶叶，主要有以下三个原因。

第一，明治维新后，日本茶叶出口得到政府的大力引导与扶持。明治政府在成立之初，便将向国外学习以促进国家的经济发展作为一项重要的施政纲领，"殖产兴业"政策也成为明治政府发展资本主义的指导方针。在此背景下，明治政府积极鼓励出口。当时东西方之间最重要的贸易商品就是丝和茶，日本遂以中国为榜样和竞争对手，大力发展丝茶出口贸易。

日本驻外使领馆官员非常关注驻在地的茶叶贸易情况。1874 年 10 月，

日本驻美国纽约领事富田铁之助回国述职时，与内务卿大久保利通商谈的主要事项，就是丝茶贸易形势。关于茶叶贸易，他说："我国之茶叶，彼国称作五色茶，现在波士顿受到普遍喜爱。……且渐及附近，终将形成传播各州之势。中国茶叶粗制滥造者居多，为美国人所厌弃。……故而今若输送精良之丝、茶，以充美国人民之所望，则将以往中国在美所占之利益转归于我，亦不难矣。"① 1875 年日本外交官富田冬三途经东印度时，听说印度茶叶质量很好，就报告给国内，于是，"明治九年，遂遣多田元吉为制法视察委员，石川正龙为器械视察委员，梅浦精一为商务委员，均往印度研究其法。及归，遂以高知县下取自生茶，制以印度之法，果投西人嗜好。乃将其制法遍告各府县，并设传习场，受业者凡五百余名云"。② 1879 年，日本全权公使榎本武扬由俄国回日本时，得知俄人嗜好饮用砖茶，于是就购买了数种砖茶带回国，交由政府和有关茶商如法仿制，销往俄国。③ 由上可见日本政府有关部门和官员积极从各方面推动茶叶的生产和出口。

此外日本政府还注重进行茶叶生产的社会调查。1875 年，时任日本大藏卿的大久保利通命令劝业寮进行茶叶生产的社会调查，以便将四国、九州等地所产的茶叶制成红茶远销欧洲。为此，劝业寮创编《红茶制法》一书颁布诸府县。日本政府还指示其驻上海领事聘请中国人凌长富、姚秋桂等茶师到日本传授和指导制茶工艺，又派遣多田元吉等多次到中国和印度考察和学习。

1880 年，鉴于制茶畅销，但茶叶采制质量下降，还出现假冒名茶现象，日本政府有关官员立即制定对策，务求不对来年的茶叶贸易造成影响。④ 鉴于茶叶制造粗劣，造成价格下跌，使业茶者获利变少，日本政府除了采取措施，维护和推进茶叶外贸外，还鼓励和推动民间的商人和茶叶生产者成立一些公司和行业组织，协调和组织茶叶的对外贸易。如 1880 年

---

① 日本史籍協会编『大久保利通文書 第 6』東京大学出版会、1968、468—469 頁，转引自米庆余《明治维新——日本资本主义的起步与形成》，求实出版社，1988，第 146 页。

② 黄遵宪：《日本国志》卷三八，上海古籍出版社，2001，第 7—10 页。

③ 黄遵宪：《日本国志》卷三八，第 7—10 页。

④ 『大隈文書 第 5 卷』早稲田大学社会科学研究所編印、1962、330—331 頁。

成立的制茶共进会，参加的会员有 864 家，共提供了 1172 品茶叶，由专门选出的委员从茶叶的形状、色泽、火度、水色、茶滓、香、味、收藏、价格、性质、原价等方面进行审查，将茶叶分为 8 个等级，对于质量好的，发给赏牌。于是"民人奋励争进，其豪农富商自种茶园，有辟地五十余町之广，制额二万余斤之多者，比之从前，大有进境云"。① 在制茶共进会成立大会上，政府的劝农局局长发表演讲，将日本茶业与印度、中国茶业进行比较，提出六点忧虑，告诫日本的业茶者们要意识到本国茶业的不足，"官民协同一心，以实验征实效，自培养制造以至贸易，苟有利益则急起以图，精进不已，务使货美价廉，无复余术，则庶几其可也"。② 1881 年，红茶商会在横滨成立，日本政府给予平价外汇贷款，以助红茶的直接出口。

第二，注意扬长避短，有针对性地展开茶叶出口竞争。日本明治维新后的政治环境是其茶叶出口战胜中国的前提和保证。当时，日本政府和民间想方设法了解国外的茶叶生产和贸易情况，主动到中国、印度和欧美考察和学习，这使他们对外部世界的了解比中国人更多，可以有效地扬长避短，有针对性地开展茶叶出口的竞争。具体所采取的政策有三。

首先是主动放弃英国红茶市场，全力和中国竞争美国绿茶市场。起初，日本茶叶同时出口美国和英国。在 1864—1865 年度，其出口总数不及 400 万磅，其中只有 2/5 运往美国，3/5 运往英国。但实际销售情况表明美国绿茶的市场需求更大，1867—1868 年度，日本出口到美国的绿茶已经增加到 870 万磅，对英国的出口则下降到 110 万磅。1868—1869 年度，日本出口美国的绿茶总量为 1070 万磅，出口英国的为 120 万磅。而且此时印度茶叶对英国的出口量迅速增加，不断挤占过去日本茶叶在英国销售的低端市场．于是从 1870—1871 年度以后，日茶即专运美国。这一年运美日茶增加到 1350 万磅。随后，日茶对美国的出口不断增加，到 1874—1875 年度就超过了中国对美国的绿茶出口量。

其次是及时掌握美国茶叶市场动态，大力宣传和推广日本"本色"茶。19 世纪 70 年代初，由于茶叶出口畅旺，中国一些茶商开始在茶叶里

① 黄遵宪：《日本国志》卷三八，第 7—10 页。
② 黄遵宪：《日本国志》卷三八，第 10 页。

掺杂作假。特别是当时兴起一种所谓的阴光茶,这种茶通过添加滑石粉和颜料进行人工着色,看起来光泽诱人,外商不明就里,高价争购。于是很多茶商纷纷效仿。这些伪劣茶被外国消费者揭露后,严重败坏了华茶声誉,使中国茶叶对美国的出口严重受挫。当时日本也有制造伪劣茶的现象,但是由于日本驻美使领官员及时把伪劣茶在美国遭到诟病的情况报告国内,日本政府又及时采取了措施,进行规范和引导,并采纳领事的意见,大力宣传日本的茶为无色茶或本色茶,以示与遭到谴责的绿茶(英文称"green tea")的区别,使日本茶叶在声誉上很快超过中国茶叶,出口量随之迅速增加。

最后是大力开发新茶。1876年起,日本茶叶专家在静冈县富士郡试制成功一种蛛状的笼制茶,这种绿茶在美国大受欢迎,在数年之内,每年出口量可达600万磅以上。这对于日本茶扩大在美国的市场起了极大的作用,对日本茶业度过19世纪70年代中期以后国际市场茶价下跌带来的危机功不可没。

第三,日本茶叶生产、出口成本比中国低,是其战胜中国茶叶的又一个原因。一是日本产茶区距离茶叶出口港比中国近,这降低了日本茶叶的出口成本。日本是岛国,国土狭小,产茶区到出口港都不远;中国幅员辽阔,许多产茶区都在内地,远离出口港。这一方面使日本出口茶叶运费比中国少,另一方面也导致日本茶叶出口商和茶农之间的中间环节比中国少。"在日本,茶叶也是由外国人装箱……他们在横滨、长崎和神户有自己的烘焙行,由于这些地方几乎位于产茶区的中心,所以他们与种茶人之间的商贩很少。"[1] 二是日本出口茶叶的税收负担轻于中国。据赫德的报告,日本的茶叶出口关税每百斤只有银七钱二分或银元一元,只相当于中国茶出口税的四分之一。[2] 而且日本茶叶没有厘金负担。中国出口茶叶的捐税负担,仅条约规定的出口关税和子口税两项就达到每百斤3.75两白银,如果加上各种内地捐税、厘金,每百斤茶叶要负担的明文规定征收的捐税都在5两左右。如果再考虑到各种官吏的勒索,华茶的成本就更高。

---

① Commercial Reports 1875, Shanghai(上海), p. 27.
② 海关总税务司编《访察茶叶情形文件》,第5、6页。

由于日本茶叶的成本大大低于华茶，所以能够以比华茶低的价格竞销。在这种情况下，同样品质的中国茶往往竞争不过日本茶。如在北美市场上，"日本茶出口税不过每担一元。其叶颇似中国之嫩熙春，在外洋销售亦即因税轻可以比赛中国嫩熙春。而中国之嫩熙春因有此日本茶即更难销售，所得之价甚至不能到本"。①

三　台湾茶叶的价格和质量

台湾茶叶在美国市场上的市占率不是最高的，但价格却是比较高的。茶叶在市场上的等级有不同的划分，《通商汇纂》中记录了纽约茶叶的等级品级，历年不同，有的分为八等，有的分成五等（特等、一等、二等、三等、并等），有的分为六等（特等、最上等、上等、中上、中等、普通），②本书只考察特等、最上等和普通三个等级。

最高等的茶并非取最高的一等，在其上还有特级茶之说。特级茶在制造中完全不和其他碎茶混合，品质极好，因此价格也最为昂贵，远超过其他等级的茶叶。一般制造的茶叶考虑到成本收益，会有碎茶或是茶末夹杂其中，第二好的茶叶便会开始夹杂碎茶或是茶末，越不好的茶叶碎茶或是茶末的比例会越高。记录中的等级分类并没有说明哪一种是完全不杂有茶末的特级茶，因此本书在比较的时候取最高的两等和最下的一等，来观察茶叶的价格范围。

《通商汇纂》里将茶叶分为新茶跟古茶两种，价格有所差别。古茶指的是上一期未卖完的茶叶，价格低于新茶。表7-6只记新茶的部分，不计算古茶。另外，纽约的茶叶买卖有公开拍卖与一般交易两种形式，《通商汇纂》仅记录公开拍卖的价码，没有公开价码的部分则留空，不记录一般交易的价格，因此一般交易价格的资料缺乏。在前面提到台湾四季茶叶中，夏茶质量最好，台湾夏茶的采收制作时间是每年5月中旬到8月上旬，送到美国后，8月的茶叶仍属于夏茶的价格。

---

① 海关总税务司编《访察茶叶情形文件》，第43页。
② 原日文为：撰等、最上等、上等、并ノ极上、并ノ上、自并等至并ノ上。

表 7-6 纽约 1884 年到 1894 年年中一磅的茶叶价格

年份	茶叶种类	最高级的价格（仙）	第二级的价格（仙）	最下级的价格（仙）
1884（8 月）	台湾乌龙茶	43—55	43—55	27
	厦门乌龙茶	26—27	24—25	20—21
	中国茶（绿茶）	43—50	43—50	24—26
	日本茶	38—40	34—36	19—21
1885（8 月）	台湾乌龙茶	32—33	30—31	22—23
	厦门乌龙茶	23	21	18—20
	中国茶（绿茶）	33—40	33—40	13—14
	日本茶	35—38	32—33	22—23
1886（8 月）	台湾乌龙茶	38—42	32—25	18—19
	厦门乌龙茶	22	19—20	14—16
	中国茶（平水珠茶）	35—47	25—30	15—18
	日本茶	31—33	27—28	12—14
1887（8 月）	台湾乌龙茶	38—40	32—35	19—20
	厦门乌龙茶	16—17	14—15	12—13
	中国茶（平水珠茶）	23—30	18—21	10—12
	日本茶	28—30	25—26	12—13
1888（8 月）	台湾乌龙茶	42—47	34—37	21—22
	厦门乌龙茶	14—15		12—13
	中国茶（平水珠茶）	24—30	19—21	10—13
	日本茶	28—30	25—26	12—13
1889（9 月）	台湾乌龙茶	35—38	30—32	16—17
	厦门乌龙茶	0	0	0
	中国茶（平水珠茶）	22—30	17—21	11—13
	日本茶	27—28	21—22	12—13
1890（8 月）	台湾乌龙茶	43—45	36—38	22—23
	厦门乌龙茶	0	0	0
	中国茶（平水珠茶）	27—32	21—23	20—23
	日本茶	33—35	30—32	15—17

续表

年份	茶叶种类	最高级的价格（仙）	第二级的价格（仙）	最下级的价格（仙）
1891（7月）	台湾乌龙茶	30—32	28—39	16—19
	厦门乌龙茶	0	16—17	13—15
	中国茶（平水珠茶）	23—28	20—21	19—22
	日本茶	30—33	26—28	14
1892（9月）	台湾乌龙茶	40—45	34—36	21—23
	厦门乌龙茶	15—16		13—14
	中国茶（平水珠茶）	35—30	19—23	12—14
	日本茶	33—35	28—30	16—18
1893（8月）	台湾乌龙茶	32—35	28—30	15—17
	厦门乌龙茶	29—33	28—30	11—12
	中国茶（平水珠茶）	35—31	19—22	16—18
	日本茶	30	25—27	14—15
1894（9月）	台湾乌龙茶	37—42	32—35	17—19
	厦门乌龙茶	10.5—12		8.5—9.5
	中国茶（平水珠茶）	25—32	20—22	10—12
	日本茶	27—30	23—25	14—15

资料来源：外务省通商局编『通商彙纂』。"仙"是英文中的"cent"，"弗"是"dollar"，100仙＝1弗。

从 1884 年到 1894 年纽约茶市价格可以看出，台湾乌龙茶在同级的茶叶中价格是更高的。

茶叶价格反映出质量。1872 年，继加拿大之后，美国也减免了茶税，以便利茶叶的进口。1882 年美国发布禁止劣质茶输入的法令，在海关检验茶叶，检查不合格者不许通关。不合格的项目包括茶叶品项不合标示，以其他干叶混杂其中，或是混入有害化学物品（主要指为使茶叶色泽看起来较好的着色剂）。[①] 可见当时输入美国的茶叶常常有劣质茶蒙混进口，以至美国政府需要颁布法令加以遏制。禁止劣质茶输入的法令起初执行效果较

---

① 外务省通商局编『通商彙纂 第 2 卷』、1988、23 页。

好，暂时维持了美国市场上的茶叶质量，即使可能有质量较差的茶叶出现，但都在容许的范围内。但是这个法令的实施细则并未有详细的标准，主要以检查员的目光决定，这导致法令逐渐放宽执行。1894 年《通商汇纂》中旧金山的报告指明，禁止劣质茶输入的法令曾有一段时间被忽视，1893 年突然又被严格执行，造成该年纽约和旧金山海关都查到大批劣茶，其中又以来自中国的茶叶较多。[①] 以国籍来分，台湾茶叶是中国茶叶的一部分，很有可能这些劣茶中也包含台湾茶叶。

台湾茶叶虽然价格比其他茶叶要高，但历年价格却有明显的起伏（见表 7-7）。

表 7-7　1884 年到 1894 年纽约市场上台湾茶叶一磅的价格

年份	最高级的价格 （仙）	第二级的价格 （仙）	最下级的价格 （仙）
1884（8 月）	43—55	43—55	27
1885（8 月）	32—33	30—31	22—23
1886（8 月）	38—42	32—25	18—19
1887（8 月）	38—40	32—25	19—20
1888（8 月）	42—47	34—37	21—22
1889（8 月）	35—38	30—32	16—17
1890（8 月）	43—45	36—38	22—23
1891（8 月）	30—32	28—29	16—19
1892（8 月）	40—45	34—36	21—23
1893（8 月）	32—35	28—30	15—17
1894（8 月）	37—42	32—35	17—19

由表 7-7 可以看到，台湾茶叶价格在纽约市场上波动非常大，同一等级的茶叶最高价格前后年的差距可以达到 25 仙。价格是质量的反映，价格的不稳定反映出茶叶质量的波动。那么，茶叶价格的大幅波动是否受到当时纽约的物价影响，同一时期日本茶叶和中国茶叶价格是否也有同样的大

---

① 外务省通商局编『通商彙纂 第 21 卷』、1989、227—228 頁。

幅波动？

对比日本与中国茶叶的价格可以看到，台湾下级茶叶的价格都比较平稳，但是最高级和第二级的茶叶，台湾茶叶的价格波动是最明显的。物价的影响应该是同时影响三者的价格。但除了1889年三种茶叶价格都往下滑落之外，其他时候没有明显同时上升或是同时下降，且日本茶叶的价格起伏较低，中国茶叶更低。相较于日本茶叶和中国大陆茶叶，台湾茶叶价格的起伏较为明显。因此应该是质量的不稳定导致价格的起伏。

日本驻纽约领事在评论中曾提到1885年纽约茶市中的台湾乌龙茶，说明1884年中法战争对台湾茶叶出口的影响不大，台湾茶叶依然供应充足，所以台湾茶叶真正的问题是上市的新茶混杂着去年的旧茶，影响茶叶质量。日本驻纽约领事历年报告市场上的乌龙茶——在纽约市场上有台湾、厦门、福州三个地方生产的乌龙茶——时最常提到的问题也是新茶掺杂旧茶。很有可能正是这个问题导致茶叶价格的起伏。而新茶掺杂旧茶的问题既可能是在生产地，也就是在台湾加工时造成的，也可能是在美国重新包装时造成的。美国市场上每年有不少的旧茶在当年没有卖出，到下一年重新进入拍卖市场时，有商人可能将去年的茶混进新茶中再拍卖出去。

第三节　台湾茶叶在美国的消费对象与商家

一　台湾茶叶的消费对象

在美国市场上，台湾茶叶的消费对象以美国人为主。但由于当时美国的华侨数量不少，也可能对美国茶叶的最终消费数量有所影响，需要对其加以关注。

美国在南北战争后积极发展全国的交通网，美国国会规定要在1869年完成连接东西两岸的铁路，即太平洋铁路，需要许多的劳工，由于能招募到的白人工人很少，所以美国政府派人到中国招募华工，由此大量的中国劳工涌进了美国。

茶对美国的华人来说是经常饮用的饮料，修筑太平洋铁路的华工的膳食配给中就有茶叶。[①] 但这些华工所用的茶叶不太可能是台湾茶叶,因为台湾茶叶不管是最上等或是最低等,价位都是同级茶中较高的,不太可能成为建筑公司所发的配给茶叶,能消费得起台湾茶叶的华人可能是更有钱的华侨。

1895 年之前在美国的华人并不多,其中在 1850—1880 年华人主要集中在加州,比例占了在美华人的 77.89%。1880 年之后,纽约布鲁克林附近逐渐成为华人第二集中区,芝加哥、波士顿、新奥尔良、费城等都市也开始有不少的华人移入,但数量上都不及占绝对多数的旧金山。[②]

旧金山是 1900 年之前美国华人最多的地方。从 1848 年美国加州的淘金热开始,华人大批移民美国。因为出入港的缘故,旧金山华埠应实际需要而生,成为华人货物与服务的大中转站。[③] 1876 年,李圭到美国参观万国博览会,提到他所见的旧金山华人工商业情形:

> 华人于彼为商者,百才四五人,专运中土之货,售于寓彼之华人。从前商力颇厚,近则轮船月二三至,各货难以居奇,日趋日薄,然营货之易,究胜中华。[④]

在 1876 年旧金山的《华人商店总录》中,没有出现茶行,这一时期贩卖茶叶的地方是杂货店。据 1878 年的旧金山的《华埠商店总录》记载,华侨所经营的商家主要在沙加缅度街、都扳街(Dupont)、商业街、昃臣街(Jackson)、华盛顿街、企李街(Clay)、太平洋街、市作顿街(Stockton)、吕宋巷(Ross Alley)、德和街(Washington Alley)、坚尼街(Kearny)等,总共 396 家,从经营项目看与卖茶叶相关的有三种:

1. 茶居饼食。3 间(昃臣街 2 间、企李街 1 间)
2. 茶居酒楼。9 间(都扳街 3 间、昃臣街 2 间,德和街、吕宋巷、企

---

① 刘伯骥:《美国华侨史》,第 275 页。
② 刘伯骥:《美国华侨史 续编》,黎明文化事业公司,1981,第 32 页。《美国华侨史》,第 68—69 页。
③ 刘伯骥:《美国华侨史》,第 68 页。
④ 李圭:《环游地球新录》卷三。

李街和华盛顿街各 1 间）

3. 唐山杂货。4 间（皆位于都扳街）①

到了 1882 年的《商店总录》，在商店分类中依旧没有茶庄。从交易货物内容来看售卖茶叶的商家有唐山杂货 43 间、酒楼茶居 10 间。②

茶居饼食、茶居酒楼、唐山杂货，皆非专门贩卖茶叶的地方，没有专门贩卖特定物品的商行存在，表示这一物品在该地没有足够的消费量，或是有足以取代其功能的其他商行存在。不论外国茶行是否在旧金山地区贩卖茶叶，至少华侨对茶叶的需求量以及由此所带来的经济利润无法在该地区支持一家专门运营中国茶叶的商行。

在华侨聚集的地方没有茶行出现，说明输入美国的台湾茶叶消费地区不在华侨集中的地方，主要的消费者应该是美国人。在华侨较少的地区，贩卖台湾茶叶的商家应该是由外国人开设。因将茶叶运到美国的商人多是英国籍，所以在美国贩卖台湾茶叶的商家很可能是英国人，也有可能是美国商人从纽约拍卖市场买到茶叶，再转卖到各地。

二 在美国经营茶叶的华侨

在美国贩卖茶叶的商人，不只有外国人，也有华侨。1900 年之前，在史料中出现的和茶叶有关的华人有三个人。

1. 亚宝（Quimbo Appo）：在贝克（L. J. Beck）所写的《纽约华埠》（*New York Chinatown-An Historical Presentation of Its People and Places*，1898）提到中国人亚宝 1844 年由中国到旧金山，以经营茶业维生，颇有成就。1850 年他乘美国船"瓦伦西亚"号（Valencia）抵达纽约，娶妻生子，经营茶叶生意颇为兴旺。③

2. 亚提（Ah The）：在加州的记录中有茶商亚提和宋四（Say Sung），1855 年 4 月 7 日亚提在旧金山奥拜利（O'Baoley）法官的法庭结婚。④

3. 陈诚学：他在 1860 年到达西雅图，在 1886 年组织华昌公司（Wa

---

① 刘伯骥：《美国华侨史》，第 335—342 页。
② 刘伯骥：《美国华侨史》，第 342—343 页。
③ 刘伯骥：《美国华侨史》，第 34 页。
④ 刘伯骥：《美国华侨史》，第 110 页。

Chong Co.），为西雅图最老的商号之一，原在缅街（Main Street），1909年迁到国王街（King Street）；华昌公司制造雪茄，销售茶叶、爆竹，经营裁缝、包工等，可说是一家多元化经营的公司。①

除了西雅图之外，纽约、旧金山都是台湾茶叶主要销售的城市，在这些城市经营茶业的华商可能经手过台湾茶叶，但是有关他们的身家和商业数据的资料不多，无法展开讨论。但这些资料至少说明，华商是有机会在美国设店铺进行茶叶买卖的。

三　社会环境对华商的影响

台湾茶叶在台湾出口货物中属大宗商品，且在美国市场上，台茶价格较高，对台商来说这应是一个高利润的商品，然而很少有华商积极地将茶叶销往美国，更多的华商留在台湾本岛或是到厦门、福州去贩卖茶叶，极少到国外从事跨国贸易。鉴于1865—1895年，中美并没有因锁国或是发生战争造成贸易不便，华商缺乏将茶叶销往美国的积极性，很可能与当时美国社会对华人的态度有关。

台湾茶叶在1869年第一次来到美国，华商从1875年开始加入制茶卖茶的行业，而19世纪70年代正好是美国开始对华人展开非法限制与排斥时期。1869年美国太平洋铁路完工之后，美国由原本对中国人广开门路的态度转向限制，主要有以下几方面的原因。

经济方面：华工工资便宜，造成白人工人缺乏竞争力，1869年太平洋铁路完工之后，九千多名华工重新回到市场中求职，华工和白人工人之间的冲突日趋激烈。

种族方面：美国对有色人种的歧视。

政治方面：美国两党政客为争取选票，竞相夸大宣传中国人的"罪恶"，煽动大众反华的情绪，将排华由地方性事务升高为全国性，加入两党的政争，原本方便输入华工的蒲安臣条约变成了美国两党间的政治角力的牺牲品。②

---

① 刘伯骥：《美国华侨史》，第82、83页。
② 李定一：《中美早期外交史（1784—1894）》，北京大学出版社，1997，第496、497页。

1880 年美国已经开始限制华工进入美国。1882 年 4 月 29 日，美国国会通过总统签署的限制法案（The Restriction Act of 1882），规定暂停所有各种华工入境十年，其他留学、旅行、贸易人等赴美，须持有中国政府之凭证。1884 年美国西部各州议员在众议院通过《排华法案》，该法案将"劳工"一词含义广泛化，对"商人"及"游历"的条件做极严格的规定将商人的定义缩小。①

美国严格限制华工进入，也波及赴美行商的华人，对赴美国行商的华人在出入海关时造成麻烦。因为许多工人为了规避海关的刁难，常在国内购买商人的行证：

> 盖庚辰（1880）续约以后，华工依然络绎不绝，因美例凡立约以前，寓美者凭税关执照，仍得往来。于是关照一纸，遂为确凭。华商亦降格以请，一年之间，足敷周转。贪劣关吏又时发空白照，寄售香港，即映相亦可临时互易，移花接木，随意为之。②

美国海关不明白华人赴美是做工还是行商，就索性将他们全部原船赶回。而赴美行商的商人也一并遇阻。但对前往美国的华商来说，这种情况只要不频繁出入美国还可以避免。真正影响华商在美国买卖茶叶的是 1880 年之后陆续发生的排华暴动，虽然暴动一开始冲击的对象并非华商，而是华工，但因为同是华人，暴动扩大之后，也波及了华商，对华商的财产造成损失。

华商在美国因排华暴动受到财产损失，他们通过中国驻美的官员提出赔偿，但经常得到敷衍的答复。最为严重的排华惨案是 1880 年 10 月 31 日丹佛（Denver，位于美国科罗拉多州）的暴动案和 1885 年 9 月 2 日石泉城（Rock Springs，位于美国怀俄明州）的排华惨案。中国驻美公使向美国政府抗议，要求赔偿损失、惩办凶手并保护华侨，但是美国对抗

---

① 李定一：《中美早期外交史（1784—1894）》，第 537 页。
② 王彦威、王亮编《清季外交史料》，台北：文海出版社，1969，第 28—29 页。

议置之不理。①

中国和美国签订条约，彼此的国民在对方的国家里享有最惠国待遇。美国人到中国行商，有子口税三联单便利税金缴交和手续，中国政府在美国民众危难时加以保护援助。② 美国政府却没有依照最惠国条约的规定，在华侨危难的时候加以保护援助。比起美国人在中国行商遇到麻烦时可以用外交压力逼中国政府加以解决，华侨在美国行商遇到麻烦、遭受暴动时所遭到的损失往往是求偿无门。

移民美国的华侨多半系东南沿海居民，旧金山的华侨曾请当时的广东总督张之洞将陈情书转告中国政府，希望中国政府能与美国展开谈判，改善华侨的处境。③ 陈情书中列举自 1885 年以来华侨在美所遭受的排挤和排华事件，并叙述旧金山华侨被美国政府刁难的苦状：

> 所谓七难者：一为守业之难，二为拒匪之难；三为求保护之难；四为居散埠之难；五为聚大埠之难；六为业工者之难；七为业商者之难等语。④

19 世纪美国的社会氛围使对华人不友善的态度居主导。虽然台湾茶叶在美国的销路不差，属于高价的商品，但华商在美国行商困难重重。相对于华籍茶商，英美茶商没有受到敌视，他们可以在较平静的社会环境中行商，不会受到威胁，而且受到比较多的保护，在市场上占有优势。

---

① 李定一：《中美早期外交史（1784—1894）》，第 539—544 页。
② 黄嘉谟：《美国与台湾》，台北："中央研究院"近代史研究所，1979，第 201—218、337—350 页。
③ 王彦威、王亮编《清季外交史料》卷六七，第 6、7 页。
④ 王彦威、王亮编《清季外交史料》卷六七，第 7 页。

第八章

清代外贸茶商经营的政治经济学思考

第一节　清代外贸茶商与英俄日茶商的竞争

　　鸦片战争后，受国内国际政治、经济、文化的多重因素影响，中国茶叶出口逐渐衰落，销路日益壅塞，茶价急剧下跌，茶园荒芜，茶商破产。加上英国主导下的印度、锡兰茶叶以及俄国、日本茶叶的竞争和排挤，中国茶叶在国际市场上销量日减。进入 19 世纪 70 年代以后，输入英国的中国茶，遭到印度、锡兰茶叶的排挤，进入美国的中国茶，则受到日本茶叶的竞争。

一　中国茶商丧失英国茶叶市场垄断权

　　中英茶叶贸易始于 17 世纪，早在 1650 年，中国茶叶就出现在进口到英国的东方货品名目中。1658 年，伦敦第一次出现茶广告。此时进口英国的茶叶，多是中国茶出口南洋再转销到英国的。1689 年，经中国厦门转口的中国茶首次直接输送到英国。整个 17 世纪，英国进口的中国茶主要流行于宫廷和贵族间，需求数量相当有限，1699 年英国进口的中国茶一共也仅为 160 担。

　　18 世纪以降，英国东印度公司由于在国内丢掉自印度进口纺织品的机会，便将目光投向中国茶叶进口。这一时期，中英茶叶直接贸易迅速发展，贸易规模不断扩大。1704 年，东印度公司派到广州的贸易商船"肯特"号（Kent），总吨位才 350 吨，但在运回国的货物中，仅茶叶就占 117

吨，首次成为英国自广州进口的主要商品。1717 年，茶叶取代生丝成为中国对外出口的主要商品。饮茶文化在 18 世纪 20 年代开始在英国社会上流行，饮茶成为英国中产阶级身份的象征，并逐渐向各个社会阶层渗透。而当时的中国仍是茶叶唯一产地，这使英国对中国茶的需求异常强烈。整个 18 世纪，特别是最后三十年英国降低进口茶税后，中国茶出口量增长将近 70%，东印度公司将茶叶变成最重要的垄断商品，中国茶叶出口格局发生重大变化。到该世纪末英国东印度公司取得了华茶出口贸易垄断权，中英茶叶贸易开始进入鸦片战争前的高峰期。

进入 19 世纪，中国茶叶海外贸易表现出两大明显特征。一是茶叶贸易量不断增长。19 世纪中英茶叶贸易进入繁荣时期。1835 年中国茶叶出口英国总量为 26 万担，在鸦片战争之后，中英茶叶贸易继续发展，1871 年出口量增长至 175 万担，到了 1880 年则已经达到 200 万担之多。在顶峰时期，中国茶叶占据英国茶叶市场份额的 97%，两国茶叶贸易紧密程度可见一斑。二是茶叶贸易逐步自由化。在英国内部，东印度公司之外的散商，也积极插手茶叶贸易。1833 年后，由散商经营的查顿混合茶开始成为风行英国的名牌货。在英国外部，美国成为中国茶贸易新的竞争者。美国不仅进口茶叶以供本国需要，而且将茶叶转运欧洲，最后走私倒运到英国，这直接威胁了英国的中国茶贸易。1834 年，在英国自由贸易商人和美国商人的推动下，东印度公司的茶叶贸易垄断权被废除，大量的散商涌入中国，他们在华的交易额占中英贸易总额的比重连年增长。1835 年，中国茶出口达 2525.3 万公斤，超过鸦片战争前有统计数字的任何一年。

中国强势垄断茶叶出口的格局，让英国上下处于一种强烈的不安之中，他们迫切希望打破中国茶垄断的局面，于是开始在其殖民地探索茶叶种植。实际上，早在 18 世纪末英国殖民主义者就开始在印度试种茶树，然而由于东印度公司一心只想凭借自身在中国茶叶贸易中的垄断权猎取巨额利润，无心推动印度茶树种植业的发展。随着 1834 年东印度公司贸易垄断权被取消，东印度公司才开始认真考虑发展印度茶产业。在 19 世纪 50 年代之前，印度茶树的种植总体上还停留在试验的阶段。从 1852 年起，印度茶叶开始逐渐成为对英国的一项重要出口商品，然而，当时印度出口茶叶总量不过 23 万多磅，与将近 1 亿磅中国茶叶相比，差距巨大。进入 70 年代以后，形势发生了变化。茶产业在印度得到迅速发展，资本主义的大茶园成为印度的一项"有利的事业"。1869年英国进口的印度茶叶量第一次突破1000万磅的大关。到了19世纪80年代，中国茶叶出口盛极而衰，在英国市场逐渐萎缩，而英国人实际控制的印度茶、锡兰茶则开始高歌猛进。到了19世纪90年代，中国茶和印度茶在英国市场上的形势已经完全倒转过来。以1889年至1892年三年来看，英国市场年均进口的印度茶叶已达到1.55亿磅，而中国茶叶只有7000万磅，和40年前相比，两者恰好换了一个位置。到了19世纪90年代，印度茶、锡兰茶几乎联手将中国茶赶出了英国市场。"现在中国茶在英国只是作为一种充数之物，如果茶商能够买到印度茶和锡兰茶，他们就不会要中国茶。"当时许多茶商承认他们已经不卖中国茶，在伦敦杂货店里也已经买不到中国茶。如果买主指明要买中国茶，茶商就把他们自称为中国茶的茶叶卖给买主，实际上那些茶叶根本不是中国茶。

　　锡兰植茶试验也开始于19世纪70年代。锡兰茶叶种植规模总体上虽不及印度，而产业的整体发展速度却领先于印度。在1880—1887年的7年间，锡兰的茶园从13个迅速增加至900个；而在1886—1889年，印度茶叶出口量增加不到50%，锡兰茶叶则增加了4倍。1886年锡兰向英国出口的茶叶，不及印度的1/10，1889年则上升为1/3。据当时中国茶叶对英输出的重要口岸——福州口岸的海关报告："目前印度和锡兰茶在价格及质量上不仅已打垮福州的低级茶，甚至还打垮了一些高级茶。"最终使福建茶叶丧失英国茶叶市场。1886年中国茶叶对英国的出口约为9800万磅，而印度、锡兰茶不过5900万磅。到了1889年，印度锡兰茶对英国的出口上升到超过1.066亿磅，中国茶叶却下降为5816万磅。正如当时一位英国商人所说："锡兰茶每年产如此之多，而印度茶产数仍然不减，则中国茶在英国市面不能不退。"中国茶陷入"无人问津"的局面。中国茶叶与印度茶叶在英国市场份额具体变化情况如图8-1所示。

　　那么，英国人为什么放弃喝中国茶？中国茶又是如何丢掉英国市场的垄断地位的呢？这主要有竞争对手的迅速崛起以及清代中国内部贸易制度的缺陷两个深层次的原因。

　　让我们先看看中国茶叶的主要对手印度茶叶。19世纪中后期的印度

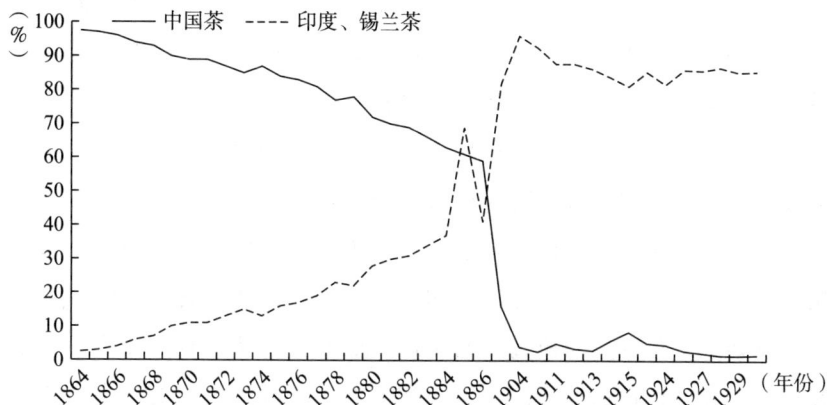

图 8-1　中国茶叶在英国茶叶市场所占份额的变化情况

说明：数据来自陶德臣《清至民国时期中国茶叶海外市场分析》，《安徽史学》
2009 年第 6 期。

茶，在英国人的扶持之下，确实具备了与中国茶一决雌雄的条件。

首先，印度的主要茶叶种植区阿萨姆地区地理条件得天独厚，非常适合茶叶生长。1823 年，罗伯特·布鲁斯（Robert Bruce）在阿萨姆地区发现了一种当地特有的大叶种茶树，当地雨量充足，茶树生长十分迅速，这打破了英国人传统观念中认为茶叶只生长在中国的固有印象。1834 年，丧失了中国茶叶贸易垄断权的东印度公司利用阿萨姆地区得天独厚的地理优势，迅速开辟了大片茶园，引种了 8 万棵中国茶种生产红茶。结果，阿萨姆地区生产的红茶浓稠、浓烈、清透鲜亮、耐冲泡，很受英国人的欢迎，一跃成为东印度公司发展茶叶贸易的"掌上明珠"。

其次，印度采用了英国先进的技术，将英国工业革命的成果运用到茶叶种植、管理、制作、贩运等环节，极大地提升了印度茶叶生产的效率。当中国的制茶还停留在手揉、锅炒等传统手工工艺的时候，印度已经开始使用机器来完成揉捻、解块、烘焙、拣选、筛分等步骤，这大大提高了制茶的效率。当中国茶叶还借助不同层级的区域市场，将小农户的茶叶人挑肩扛，送到贸易中心城市时，印度茶叶已经完全由英国设立的现代化公司管理，根据英国市场的需求与仓储情况，直接调节茶叶运送的时间及运量。

再次，印度茶叶没有中间商赚差价。英国自中国进口的茶叶，因为中间商层级多，至少经过茶贩、茶庄、茶栈、洋商四级，每级中间商都要抽取一部分利润，逐级抬价，所以茶叶价格高昂。而印度种植茶叶的主要目的就是出口英国市场，少了中间商的投机盘剥，使印度茶叶出口价格明显低于中国。二者的价格差异直接导致了印度茶叶 19 世纪 80 年代在英国市场的大流行。1876 年的时候，印度茶每磅价值 1 先令 5 便士，到了 1886年已降低到 9.5 便士，价格下降了一半。不仅价格便宜，从质量上来看印度茶也不输给中国茶，有人称"用印度茶一分，就可以抵中国茶三分"。

不仅如此，英国茶商通过"自生产"尝到的甜头还远不止本土市场的茶叶价格下降，他们还渐渐改变了中英双方在茶叶市场上的均衡态势，从中国茶商的卖方市场转移到了英国茶商的买方市场，英国茶商开始有底气耍起手腕来压低中国市场的茶叶价格。汉口是清代中国茶叶交易的中心之一，在茶叶交易季节，当大量茶叶运输到汉口准备卖给外国商人时，英国商人就以茶叶质量不好为由，低价收购中国的上等茶叶。再有，在过磅称重时，英国人会故意缺斤少两，"偷吃"掉一部分茶叶，向中国茶商交款也会严格限制支付手段，一拖再拖。中国商人敢有抗议，洋商就联合起来拒绝收购茶叶，断了中国茶叶的出口销路。如此，中国茶叶收购价格基本被腰斩，以 1897 年为例："宁州茶以前卖六十两，现在只能卖三十四五两；华阳茶实本三十二两，今只售十三四两；安化茶实本六十余两，今只售五十二三两。"①

接着，让我们聚焦清代中国茶叶的贸易制度。总体上看，清政府并未意识到茶叶贸易的重要性，且茶叶贸易政策调整明显滞后于市场变化，具体表现为以下几个方面。

一是清政府对茶叶贸易的重要性认识不足，没有意识到茶叶贸易对于增加本国财政收入的重要性，未能及时推进中国茶产业的产业升级。对外贸易往来通常对于贸易国双方来说都是有利可图的，有利于促进双方的物质交换和产业互补。但清政府却忽视了茶叶贸易所能为其带来的巨大利益，例如鸦片战争前，广东海关在出口细土茶时仅收取每一百斤二钱，粗土茶则为每一百斤一钱，可见茶叶出口的税率极低，这使清政府错失了增

① 《19 世纪的茶叶革命：英、俄联手破除中国茶叶垄断》，澎湃新闻，2016 年 6 月 21 日。

加财政收入的大好机会。因此，清政府在前期并未注重本土茶产业的发展，未及时采取措施进行茶产业的转型升级，导致中国茶叶生产及出口大大落后于印度，对中国茶叶的出口造成了无法挽回的负面影响。

二是中英贸易双方信息渠道不畅，沟通机制不健全。尽管中英茶叶贸易早在 17 世纪就已经展开，但清政府始终未能建立起完善的外贸管理体系，导致当时的闽、粤、江、浙四大海关在行使职权时频频受到地方督抚和当地商人的干扰，极大地拖延了解决中英贸易问题的效率，例如粤海关监督分别在 1782 年和 1830 年奏报行商的进出口货物交税迟滞问题，说明几十年的时间都无法解决这一弊政。此外，英方提出的在北京设立办事处或者派驻驻外使节以提升贸易信息沟通效率的建议也因为地方当局及他们在北京的关系人的阻挠而未能实现，这导致中英贸易信息沟通机制严重缺失。

三是清代海关与地方政府贪腐问题严重，对中英贸易产生了消极影响。在晚清和北洋政府时期，政府干预经济的能力相当弱。据东印度公司有关资料的记载，清政府地方官员通过茶叶贸易大肆敛财，随意提高地方关税，甚至通过扣押买办和通事等方式迫使商人缴纳罚款来获得利益。此外，部分外国商人通过行贿等手段与地方官员勾结，以在贸易过程中谋求更多不正当利益，也严重地影响了中英的茶叶贸易。这也解释了英国政府在鸦片战争胜利后，为何要在条约中特别提出杜绝中国海关"左右勒索，额外苛求"的要求。

四是中国茶叶的包装简陋，宣传力度不足。清政府在茶叶出口过程中对中国茶叶的优点宣传力度不够，且生产者采用较为简陋的包装方式。而且部分英国商人为了进一步推销印度茶叶，恶意中伤中国茶叶，谎称中国茶叶对身体存在危害，这也极大影响了中国茶叶的销量。实际上，印度茶叶也存在相同的成分，且含量并不低于中国茶叶。直到 1906 年，《商务官报》才将广告归结为印度茶叶挤占中国市场份额的三大原因之一，在这种意识的推动下，中国茶商终于开始关注文书广告和茶叶包装等问题，并积极宣传中国茶叶，但由于采取行动较晚，已无力挽回中国茶叶在英国市场上的颓势。

总之，到了 19 世纪 80 年代，英国茶叶市场已经成功摆脱对中国茶叶的依赖，英国人在印度、锡兰发展出自己的茶产业经济链，并进一步通过在世界市场上的主导权，来推广印度茶、锡兰茶。有人将这一变化称为"茶叶革命"，而中国在这场"没有硝烟的革命"中，彻底丧失了茶叶垄断权。

二 俄国直接控制中国上下游茶叶生产链

在近代中国茶叶在迅速失去英国市场的同时，哪里来的需求增长维持了中国茶叶的繁荣表象呢？这个至关重要的需求源是俄国。

俄国与中国间很早就开始了茶叶贸易。前文提及，早在1640年，阿勒坦汗就以茶叶款待奉命出使蒙古土默特部的俄国使者瓦西里·斯达尔科夫，并以200包中国茶叶作为国礼，由瓦西里带回俄国赠予沙皇，这成为中国茶入俄的开端。此后一个多世纪，中国茶叶逐渐征服了俄国的各个阶级，发展成为俄国人重要的生活必需品。1689年中俄《尼布楚条约》签订后，恰克图成为清代中俄重要的通商口岸，中国的茶叶从这里被大规模转卖到俄国。正如1764年米勒在关于赴华使团的意见书中所写的那样，俄国人早已将饮用中国茶作为日常生活的一部分，茶叶贸易是中俄进行贸易过程中必不可缺的一部分。在恰克图口岸开办之后，晋商依托他们纯熟的经营之道、较高的政治地位和雄厚的资本，纷纷前来开办分号，并迅速垄断了恰克图贸易。他们深入中国茶叶主产区，通过经营"汉口—樊城—太原—恰克图"的贸易路线，将中国茶叶出口至俄国的圣彼得堡。这一茶叶贸易路线维持了两百余年，晋商利用贩卖茶叶获取了巨额利润。

当然，俄国商人也深刻地意识到自身所处的不利地位，但苦于清朝较为严厉的"边禁政策"，他们只能被限制于在恰克图口岸，没法越过中国的商人，直接同茶叶主产区的茶商进行交易，因此茶叶售价较为高昂。这成为"边禁政策"给中国茶叶商人带来的政策红利。另一方面，由于俄国地处北部，气候严寒，在其本土不太可能实现茶叶的大规模种植，加之俄国没有自己的海外殖民地，无法同英国一样在气候适宜的殖民地开拓自己的茶叶种植园，培育自己的茶叶品种。俄国对于茶叶的这种刚性需求，使其只能从中国进口茶叶，这使中国茶叶在逐步失去英国市场后还维持了一段时间较高的茶叶出口量。但是，面对中国茶商对茶叶出口的垄断，俄国

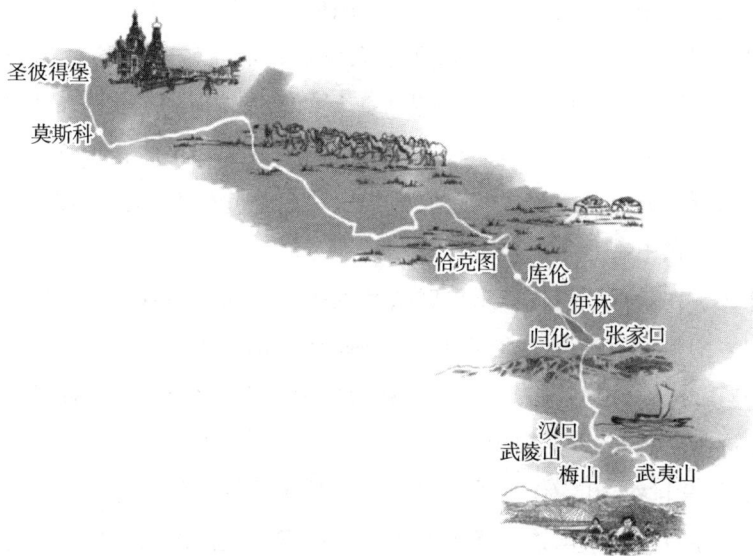

图 8-2　中俄茶叶贸易"万里茶道"路线图

资料来源：线路图来源于中国古迹遗址保护协会，详见 https://www. hunanto-day. cn/ news/xhn/201905/14438579. html。

商业也积极采取应对策略，特别是在鸦片战争后，试图摆脱中国商人在茶叶出口方面的垄断。

鸦片战争后，清王朝的大门被迫打开，清王朝国力的衰弱使中俄两国势均力敌的均衡局面被打破，处于强势地位的俄国也终于露出了獠牙。1862 年，为避免与英法等国在海上竞争，妄图独享中国内地陆路贸易的俄国胁迫中国签订了《中俄陆路通商章程》，规定俄国商人可进入中国内陆进行贸易，打破了边境贸易的地域限制。随后，俄国商人开始在汉口购买茶叶。汉口作为鸦片战争后中国长江流域重要的通商口岸，其水路与中国福建、江西、江苏、湖南、湖北、安徽与四川等省份相连相通，且与海路相通，地理位置十分优越。俄国商人正是看重这一点，直接将茶叶贸易深入汉口，并将大量的茶叶沿长江水道贩运出海至莫斯科，运输成本较陆运有了大幅度的降低。

为进一步降低茶叶进口的成本，除了交通运输，俄国也逐步将目光聚焦到茶叶的生产过程。随着茶叶贸易的深入，俄国商人开始向中国本土茶农收购茶叶，并直接在汉口开办制茶加工厂，以制造更符合俄国市场喜好且质量更好的茶砖，例如著名的阜昌、顺风、新泰等茶叶加工厂。这些工厂大量雇用了本地工人，规模均在千人以上，最高峰时期甚至达到 2000 人。在 19 世纪末，单单是俄国制茶加工厂的工人就占到了汉口工人总人数的 40%，足见俄国人在汉口茶产业中的影响力之大。在此背景下，俄国茶叶商人从原来的下游买家，一跃成为华中地区茶叶生产的实际控制者，中国茶叶商人在中俄竞争中败下阵来。

那么，在获得了清代华东地区茶叶生产的实际控制权后，俄国茶商从中获利多少呢？1877 年，在圣彼得堡每担砖茶的成本平均是 4.8 两，售价则为 10.7 两，每担利润为 5.9 两，利润率为 137%。当年，仅砖茶一项就帮助俄国人获利 87 万两白银。

到了 19 世纪 80 年代，受到印度茶叶与锡兰茶叶的强势竞争，中国茶叶贸易由盛转衰，中国茶叶逐步失去英国市场，但俄国的中国茶叶进口却持续高涨。1888 年，俄国进口的中国茶叶只占中国茶叶总出口量的 31.13%，但到了 1898 年，这个比重已经上升到了 61.14%。1894 年，俄国商人在汉口的茶叶采买量首次超越了英国。俄国人牢牢控制了汉口的茶叶市场，而汉口出口的中国茶叶占当时整个清政府全部的茶叶出口总量的 50% 以上，是清末中国茶叶的输出第一大港。中国的茶叶对外贸易进入"俄国时代"，但在相当大的程度上受到俄国商人的制约。

三　日本侵占中国茶叶国际市场份额

与清朝同期的日本，为避免遭到外国势力的冲击，也曾采取了闭关锁国的政策。日本"闭关锁国"期间，曾通过长崎港出口极少量的茶叶。直至 1854 年美国海军叩关，日本才开始打开国门，对外开放。此后，日本的茶叶贸易迅速发展，并与中国产生了竞争。

在日本闭关锁国期间，长崎港是当时日本唯一对外贸易的口岸，该港口间断性地出口少量茶叶。当时，全球茶叶的主要产区在中国，中国茶率先占领了以英国为主的世界茶叶消费市场。1859 年日本不得不开港口对外开放以后，日本的茶叶贸易规模快速扩大，仅次于生丝，成为日本第二大贸易品。并且日本茶叶输出港在 1868—1900 年从长崎转移至邻近东京的横滨，横滨出口全日本约 85% 的茶叶。日本出口茶叶的主要品种是绿茶，这些绿茶在经过伦敦转口贸易后，大部分运往美国东海岸（如纽约等），而约 14.4% 的绿茶出口到上海、香港等港口后最终也再次出口到美国西海岸的旧金山等地。自 1865 年起，日本出口商为节约成本，提高竞争力，重新规划出口路线，约 90% 的茶叶直接出口到美国，使美国成为日本绿茶最主要的销售地。中国口岸开放后，传统绿茶产区（如安徽屯溪、浙江平水、江西九江等地）直接将茶叶运往上海口岸，经英国中转后运往美国的绿茶占 15%，直接运往美国的则占 85%。在日本茶叶输出迅速扩张的情况下，日本不可避免要与中国争夺茶叶市场占有率，中日双方争夺美国茶叶市场主要经历了以下三个发展阶段。

第一个阶段是快速增长期（1875 年及以前）。在中日相继迎来港口开放之后，中美日三国贸易的禁锢逐渐解除。茶成为美国日常消费的主要饮料之一，由于中日均为茶叶的主要生产国，两国生产的茶叶大规模涌入美国市场。中国茶叶输美的表现延续了鸦片战争前的良好势头：1858 年输出量为 3061 万磅，1873 年达到顶峰，达到 4415 万磅，增幅高达 44.2%；1858 年输出货值约为 700 万两，1873 年同样达到顶峰，为 1700 万两，增幅为 142.86%。从数量来看，忽略汇率和通货膨胀等因素，初步判断这一时期中国每磅茶叶在美国的售价总体上呈上升趋势。尽管中国茶叶输美总量在 1858—1862 年和 1865 年曾有两次下降，但能逐渐稳定并重新启动增长趋势而日本茶叶对美国的出口增长更为迅猛。1865 年后，日本对美国的茶叶出口情况有了持续的数据记录。输美茶叶量从该年的 122 万磅增长到 1875 年的 1910 万磅，增长了 14.7 倍；输出货值从约 28 万两增长到 1875 年的 710 万两，增长了 24.4 倍。在这整个时期内，日本对美国的茶叶出口一直保持着稳健的增长态势，没有出现下滑波动。

第二个阶段是日本侵夺中国份额期（1875—1899 年）。1876 年和 1877 年中日在美国市场地位发生明显变化。在这两年中，中国对美国茶叶的供应量略有下降，而日本则大举拓展市场，积极倾销自家茶叶。以 1876 年为例，日本对美出口的茶叶量激增至 3117 万磅，是 1875 年的 1.63 倍，市场份额从 29.45% 迅速提升至 49.56%。同时，日本茶叶的出口额首次突破了 1000 万两，占美国茶叶年消费额的 53.40%。然而，这一状况维持时间很短暂，在 1878 年即恢复正常，直至 1900 年前，中国对美国的茶叶供应量

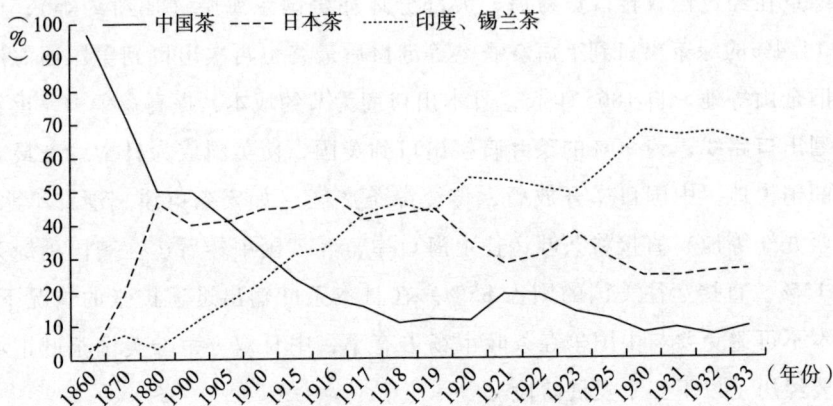

图 8-3　中国茶、日本茶与印度、锡兰茶在美国市场份额变化情况

资料来源：陶德臣《清至民国时期中国茶叶海外市场分析》，《安徽史学》2009 年第 6 期。

和货值仍保持在 50% 以上，而日本茶叶则在 40% 左右波动。在 1864 年之前，中国茶叶几乎垄断了美国市场，占据了市场份额的 90% 以上，到 1874 年前仍保持在 70% 以上。然而，在进入第二阶段后，中国茶叶失去了这一垄断地位，逐渐被日本茶叶夺走市场。此外，在这个时段内，中日对美国出口的茶叶数量和货值波动的幅度相近，表明两国都受到美国进口政策、经济形势和市场环境等因素的影响，差异仅在影响程度上。中日茶叶在美国市场份额的变化几乎完全是中国茶质量下降和日本茶品质不断提高所导致的。在这一时期，黄遵宪已察觉到这一问题，并在《日本国志》中指出："至明治二三年，适用中国红茶有伪造者，为美人所厌忌，而日本绿茶乘机得以销售，至明治十一年输出至二千八百余万斤……。"

第三个阶段是日本优势确立、中国陷入衰颓的时期（1900 年及以后）。20 世纪之后，日本茶在货值和数量上先后超越中国茶，中国茶的优势地位不再，且与日本之间的差距不断拉大，中国茶市场至此日渐衰落。1900 年，中国茶出口至美的货值还可达 487 万两，与日本茶的 480 万两仍相当接近。然而，此后中国茶出口至美的货值份额从 40% 以上持续下降至 30%，甚至不足 20%。具体来看，中国茶在 1900 年的输美量达到 4228 万磅，而日本为 3395 万磅，尽管中国在数量上仍有近 1000 万磅的优势，但是这一优势仅持续到 1906 年。在 1900—1906 年之间，相比日本，中国茶输美数量虽然还有一定程度的优势，但其总货值已经接近甚至一度低于日本，这表明中国茶在美国市场上的售价相对较低，导致中国茶只能通过降价来争取市场。然而，这种策略等同于自毁前程，当中国茶对美贸易出现严重亏损时，就不得不退出美国市场，这使日本茶在美国市场上的地位更加稳固。值得注意的是，这一时期英属印度、锡兰等地区的红茶在美国市场的营销也取得了成功，导致中日茶叶所占的市场份额下滑，在1906年跌破80%，1909年进一步跌破70%。这一现象的恶化迫使日本加快红茶研制和在美国市场的销售能力。

那么，是什么原因让日本的茶叶克服自身所存在的弊端，逐渐在国际市场上战胜中国茶叶的呢？如前文所述，日本在茶叶贸易之初也同样面临茶叶品质不均、生产成本高昂等问题，与中国情况相当类似。为了提升出口茶叶的品质，打开茶叶的销路，日本在充分研究学习英国在殖民地种茶、产茶的茶业经营经验的基础之上，对本国同业组织进行改造，构建了有利于生产、销售的茶业组织与制度。例如在明治20年（1887），日本发布茶业组合规划，以政府主导，联合茶户、茶号、茶栈乃至出口商共谋日本茶产业发展，并设立检查站，用来检测各厂所生产的茶叶，并规定标准品级，防止假冒伪劣。与此同时，日本不断对国内国际茶叶市场进行调查，结合本土具有特色的生产方式，改革升级其自身的茶产业，利用自身所建立的高效完善的组织与制度体系，大大降低了茶叶交易成本，成功跨过了"显规制"和"隐规制"的门槛，打开了日本茶叶的国际市场，同中国、印度和锡兰茶叶展开了激烈的竞争。此外，在侵略战争时期，日本还通过不正当手段强占、侵夺中国茶叶的本土市场和国际市场。最终，中国茶商败于日本茶商。

第二节　马克思关于清代外贸茶业发展的相关论述

马克思在其多部著作中反复提及中国的茶叶贸易，如《资本论》《政治经济学批判》等，这一系列论著不仅阐明了中国茶叶贸易与西方经济和社会发展的关系，还介绍了中国与其他国家开展茶业贸易的路线、经营成本和营销过程等。

一　马克思论中英茶叶贸易

（一）关于中英茶叶贸易历史进行相关论述

在中国对外茶叶贸易历史中，和英国的茶叶贸易最为典型。17世纪以后，英国从宫廷贵族到上流社会，再到中产阶层和一般民众，逐渐养成喝茶的习惯，茶叶从奢侈品变成一般消费品，从进口产品变成热销产品，成为英国民众喜爱的物品之一。18世纪中叶，无论地位高低，英国人几乎人人都要喝茶。而且据记载，英国每年人均消费的茶叶量也在不断增加，到18世纪末平均每人每年消费的茶叶量超过了2磅，英国成为当时世界第一茶叶消费国。中国是当时世界重要的茶叶生产国，英国每年必须从中国输入大量茶叶，不仅用于满足国内的茶叶需求，还进一步转售给世界其他国家和地区。

从统计数据看，17世纪中叶到18世纪初，英国进口的茶叶几乎全部供应国内市场，进口量从2万磅增加到1712年的15万磅；从18世纪初开始，英国的年均茶叶进口量激增，达到2100万磅；到19世纪10—30年代，平均每年进口的茶叶超过了3000万磅。这一时期，茶叶贸易持续被东印度公司垄断。马克思在《资本论》中明确指出，东印度公司不仅独占对印度的统治权，还对与中国的茶叶贸易及其与欧洲、印度的货物运输具有独占权。

英国茶叶进口量在鸦片战争后继续增长，中英两国在相当长时间里，其贸易结构基本保持不变。马克思在给恩格斯的信中，就指出了这一观点。他在仔细分析1836年以后的贸易情况后指出，1844年至1846年英国、美国的出口额并无增长，之后的十年情况大致相同，但这两个国家从中国的进口额反而大大增加；同时他指出，五口通商和占领香港，造成的主要后果是中国的贸易中心从广州转到了上海。恩格斯在1858年的《俄国在远东的成功》一文中也提出类似观点，他认为，英国同中国的贸易，还是跟过去一样，除了鸦片和若干棉花外，主要为茶叶和丝，这主要取决于英国国内的实际需求。他还指出，各国在《南京条约》签订前，已在广州经营茶叶和丝绸，《南京条约》签订后，随着五口通商，广州的贸易部分转至上海。中英茶叶贸易中心也随之转到上海。

鸦片战争后中英两国的茶叶贸易也为马克思所关注。1853 年 5 月，他在《中国革命和欧洲革命》中写道："从中国输入的茶叶数量在 1793 年还不超过 16067331 磅，然而在 1845 年便达到 50714657 磅，1846 年是 57584561 磅，现在已超过 6000 万磅。目前这一季茶叶的收集量看来也不少。从上海的出口统计上可以看出，它比上年增加 200 万磅。"李圭在《通商表》卷三《各国运销茶数表》中的相关记载也可以证明马克思这一预言的准确性，他记录道，英国从中国输入的茶叶，在 1859 年、1863 年分别约为 23 万担和 56 万担，到 1868 年突破了百万担，其后约 20 年间，其年均进口茶叶量在 100 万担上下。

（二）科学分析中英茶叶贸易迅速发展的原因

马克思在关注中英两国茶叶贸易发展态势的基础上，从经济制度等方面剖析了两国茶叶贸易迅速发展的原因。

一是不断降低的茶叶进口税刺激了消费。英国为了扩大旧市场、开辟新市场，即使已拥有了广大的国内茶叶市场，仍然不断降低茶叶进口税。18 世纪末，世界各地的英国人都热衷饮茶，每人年均消费一磅以上的茶叶，巨大的需求量为英国创造了通过茶叶进口牟利的优越条件，1793 年英国茶叶贸易收入为 60 万英镑，到 1833 年增长了 4.5 倍，达到 330 万英镑，占英国国库总收入的十分之一，这是当时东印度公司的全部利润。英国政府认为，"茶叶是能够成为普遍消费品而又不与本国制造品竞争的一个合用的货物"，因此英国继续实施"降低茶税"的政策，一面增加茶叶的输入量，一面试图以茶叶贸易来开辟和扩大其工业品输出市场，从而加大对中国的工业品输出。降低茶税，下调茶叶的销售价格，强烈刺激了英国的茶叶消费和市场的扩大。

二是贸易方式由垄断变为自由贸易。在英国，茶叶贸易被东印度公司长期垄断，直到 1834 年东印度公司的茶叶贸易物权被取消，英国商人才拥有了从事茶叶贸易的自由。鸦片战争之前，中国施行行商制度，外国商人只能与行商开展交易。行商制度在鸦片战争后被取消，两次鸦片战争迫使中国先后开放了广州、厦门、福州、宁波、上海五口和汉口、九江、台湾（今台南市）、淡水等 11 个商埠进行通商，中外商人开始在这些通商口岸进行自由贸易。英美等国的茶商在中国展开激烈的茶叶贸易竞争，他们采用一种名为"内地采购制"的贸易新办法，与中国商人签署新茶收购合同，并支付大量金银进行预订，然后亲自前往产茶区收购茶叶，再从通商口岸将茶叶运送回国。这样，外国商人就以更加便捷的方式购得了中国茶叶，从而进一步刺激了茶叶贸易。

三是贸易地点变得更加方便。在鸦片战争之前，外国人与中国人的接触交往仅限北京和广州两个城市。当时的中外茶叶贸易只在广州进行，但广州与国内主要产茶区距离较远，存在运输茶叶费用高、新茶上市常受延迟等问题，既影响了茶叶质量，也提高了茶叶价格。鸦片战争爆发后，通商口岸相继开放，许多地区离茶区更近，运输出口也更为便捷。因此，广州茶叶贸易口岸的功能，很快被上海、福州、汉口、九江、厦门、宁波等地取代。

（三）剖析影响中英茶叶贸易的制约因素

马克思在分析中英茶叶贸易发展兴盛的基础上，深入剖析了影响中英茶叶贸易的各种制约因素。

一是西方资本主义国家的侵略。1840年，英国对中国发动鸦片战争，清政府被迫向英国交付大量赔款，英国对中国的鸦片贸易让中国的金银不断外流，国内生产也受到了外国竞争的破坏，税捐更加繁重，人民不堪其苦，纷纷起来反抗，这造成了西方资本主义国家在中国茶叶贸易的损失。据记载，1853年，起义部队占领了中国产茶区的道路，抢劫了俄国的商队，造成俄国运往恰克图的茶叶仅剩5万箱。英法在1856年发动第二次鸦片战争后，开始担心继续在中国进行战争可能对茶叶贸易带来的影响。马克思认为，英国的这种顾虑是有依据的。因为第一次鸦片战争的"最后一年内，俄国经由恰克图得到12万箱茶叶。在英国同中国媾和后的一年内，俄国对茶叶的需求减少了75%，总共只有3万箱"。他指出，英国、美国、法国等任何列强对中国的侵略，都能轻易引起中国国内的混乱，造成中国产茶商的贸易中断。因此，资本主义国家的入侵是影响中英茶叶贸易的重大制约因素。

二是荼毒中国人民健康的鸦片贸易。1830年之前，英国花费大量的金银向中国购买茶叶，但英国的产品在中国打不开市场，因此英国与中国的贸易长期处于贸易逆差。英国为了扭转这一局面，便在 18 世纪末开始向中国走私鸦片以吸取中国的白银。

马克思彻底揭露了英国这一险恶行径。他在《鸦片贸易史》中指出，英国对中国输入鸦片，造成鸦片泛滥成灾，"从 1833 年起，特别是 1840 年以来，由中国向印度输出的白银是这样多，以致天朝帝国的银源有枯竭的危险"，他还指出，中国南方各地区的官员因为吸食鸦片而腐化，军队也完全丧失了战斗力。第二次鸦片战争使鸦片贸易变为合法，对中国的伤害加剧，国内大量的白银都用于购买英国鸦片，已经没有财力来购买其他商品，中国人一般的贸易因此遭到重创，只能用茶叶和丝来交换商品。英国便用这种丑恶手段来换取中国的茶叶和丝，以维持贸易的平衡。

三是英国未有合适的对华贸易商品。中国老百姓除了生活必需品外，对英国人卖得再便宜的东西都缺乏兴趣。因此在鸦片战争之前，英国的工业品无法在中国打开市场。马克思在分析从 1836 到 1846 年的贸易情况后指出，这些年间英国和美国对中国的出口贸易基本持平，反而进口大为增长。他在《对华贸易》中分析了原因，即中国的小农业与家庭手工业紧密结合，在顽强的小农经济面前，除鸦片外，英国其他商品的对华出口都难以迅速发展。

马克思同时发现，澳大利亚和美国每年也从中国进口大量茶叶和一些数量的生丝，却始终没有找到合适的货物来作为交换，以打开中国的市场，他们从中国的进口额远超对中国的出口贸易金额。他指出："这两种有利于中国的差额，必须由英国来弥补，英国靠澳大利亚的黄金和美国的棉花来补偿这种交换的平衡。"因此必然也影响了英国对澳大利亚和美国的贸易。

四是中国国内金银的缺乏。鸦片战争后，中国经常发生金银奇缺的现象。没有金银，茶叶贸易就无法正常开展。英国为了获取茶叶，只能不断提高茶叶价格，最终产生巨额贸易赤字。而中国人为了获取金银现钱，故意将茶叶囤积起来，没有现金就不进行交易。如此一来，英国国内的茶叶价格随之不断上涨，金银持续外流，他们在中国的棉毛织品贸易也就大幅萎缩缩小。

（四）深入分析中英茶叶贸易所产生的影响

中英茶叶贸易在全球贸易史上具有相当重要的地位。马克思也认为，中英茶叶贸易的影响广泛而深刻。

一是英国国内的茶叶需求得到充分满足。马克思敏锐地意识到，一旦生活必需品涨价，国内外对工业品的需求量就会相应减少。在英国国内，茶叶是主要的消费品之一，其价格的增长将引起工业品市场的缩小，对市场造成负面影响。而英国以越来越便宜的价格大量进口茶叶，不但充分满足了英国人民的饮茶需求，更是增加了英国的关税和对华出口贸易额。

二是英国政府和商人获取了巨额利润。1812年，东印度公司的茶叶贸易利润达350万英镑，在其垄断茶叶贸易的最后几年，茶叶贸易为东印度公司提供了几乎全部的利润。英国政府也收益颇丰，据记载，英国年均征得茶税从18世纪末约38万英镑增长到19世纪约为16764万磅。

三是引发英俄美等国家展开激烈的茶叶贸易竞争。俄国、美国等国从英国的茶叶贸易中看到了丰厚的商业利润，也开始投身加入茶叶贸易，与英国展开竞争。1860年之前，俄国购买茶叶主要靠恰克图进行贸易。第二次鸦片战争后，俄商开始通过开放的通商口岸汉口来到九江、福州等地，在这些地方开设多个砖茶厂，制茶后运回国内，同时与英国展开正面竞争，向中国人采购茶叶。美国也与英国激烈竞争，在广州、福州、上海等口岸的茶埠快速扩大茶叶贸易，对中国茶叶的采购量仅次于英国。

四是英国等国大量的白银流入中国。1784年，英国国会通过了"抵代法案"，茶税大幅下降，输入英国的茶叶量迅速增长，英国因此获取了大量税金。为了进口更多茶叶，英国必须向中国输送更多的金银，中国在与英国的贸易中处于有利地位，大量白银的流入让中国国内的货币趋于稳定，有利于国内生产的发展。然而自1830年大量鸦片流入中国以后，中国的金银开始严重外流，政治、经济和社会等一系列问题相继涌现，这也从反面印证了茶叶贸易流入白银的积极作用。

二 马克思论中俄茶叶贸易

马克思在其系列论著还勾勒出了中国茶叶贸易与西方经济和社会的关

系，同时论述了中俄万里茶路的路线、经营成本和营销过程。

马克思在《资本论》第二卷中详细记录了中俄茶叶贸易的路线："经陆路运到恰克图出售的茶叶大部分在广州东北的福建省收来的……沿江到上海。在这里把茶叶装上船只，这些船只除其他货载外，装载 1500 箱茶叶。这些船只离开上海，沿着海岸航行到天津，在天气好的时候，大约要 15 天才能到达。在天津，又把茶叶装在较小的约能载 200 箱的船上。它们沿白河经过 10 天到达离北京约 22 俄里的通县。从那里茶叶继续由陆路用骆驼和牛车运抵边防要塞长城边上的张家口，距离约 252 俄里，再从那里经过草原，或沙漠、大戈壁，越过 1282 俄里到达恰克图。茶叶从福建省运抵恰克图，根据不同情况需要两三个月之久。位于俄国和中国边界上的恰克图和买卖城是茶叶商队贸易的中心。"

马克思的这段记述，证明了当时南方的茶叶主要是通过海运到天津，沿海河以及通惠河到达通州，然后陆路经北京、张家口，再沿着张家口到库伦的商贸大道，到俄国的恰克图。

《清季外交史料》记载，张家口当时有 100 多家专营茶叶的商户，其中买卖最兴盛的是山西人开设的大玉川、长裕川、长盛川、大昌川四大茶庄。他们经营的川字砖茶在俄国、蒙古等地非常抢手。茶叶甚至成了硬通货，可以作为货币使用。

清顺治三年（1646），户部在张家口设立钦差户部分司。据《大清会典》记载，清朝初年，张家口关税定额 1 万两，雍正时期增到 2 万两，关税定额随着中俄贸易的繁荣而不断上涨。清末的报刊也为马克思的记载提供了印证，如《京话日报》第 243 号中《张家口俄人举动》一文报道，俄国商人觉得"张家口地方山势高高下下，很不平正。俄人费许多工夫，把山岭全部削平，在上边修造洋楼，所用的华工很多。近来大黄、茶叶等货由口外运往俄国的，比前几年增加一倍，所以口上的华商很见兴旺"。这些报道对考察晚清时期张家口与恰克图的贸易具有一定的参考价值。

马克思对中国茶叶之路的深刻论述，为晋商万里茶路的历史做了印证，也为研究晋商万里茶路提供了重要史料基础和理论方法的指引，使我们能从另一个视角去解读晋商开放带来的繁荣。

三　马克思恩格斯对早期"和平贸易论"的批判

贸易和平论，又叫"经济相互依赖和平论"或"经济依存和平论"。最早考虑经济尤其是贸易与和平之间关系的，是 17 世纪法国的自由主义经济学代表人物埃默里克·克吕塞。他认为，通过征服或占领的方式所获取的国家收益，采用自由贸易同样能获得。其后几代经济人，在这一理论的启蒙下，不断继承与完善他的观点，并影响着国家的经济活动，使国家间的关系发展导向重视和平。

19 世纪 50 年代，英国激进派政治家、经济学家、曼彻斯特学派（自由贸易派）的代表人物理查德·科布顿，进一步延伸了上述思想，提出了"贸易和平论"。他将自由贸易视为一种最完美的社会制度，坚信通过自由贸易，可以让不同国家因共同的物质利益而紧密联系在一起。他认为，自由贸易和国家和平互为因果，一方面，商业贸易需要和平的环境，英国只有在和平环境中才能通过贸易获得利益；另一方面，贸易也反过来促进和平，相互不了解是国家之间爆发战争的一个重要原因，而贸易往来刚好能让各国产生交往并加深彼此了解。他还认为，每个参与自由贸易的国家都能从中获利，国家间的依赖关系会因此得到深化，战争不再是国家发展的首要选择，这必然有效地抑制了战争的发生。因此，在科布顿看来，自由贸易具有强大的凝聚力，让本来相互隔阂的国家因共同的商贸利益而团结起来，"如同宇宙万有引力定律一样，将人们吸引在一起，将种族、信仰、语言的对立抛在一边，把我们团结在永久和平的纽带中"，推动着各国各阶层人民共同乐于为对方寻求繁荣发展的道路。

总而言之，科布顿认为，自由贸易是万能良药，能为国家带来自由、和平。他说，他相信自由贸易可以从道德的层面去改良世界各国的关系，可以让世界免于战争。因此，他宣称，让国家实现永久和平的唯一途径就是消除贸易壁垒，开展所谓的"自由贸易"。

本质上，科布顿宣扬的"贸易和平论"是为工商业资产阶级牟利的，其真正目的是让资本采用和平的方式，完成对广大工人和群众的压榨和剥削，进而不采用武力便能让英国在全世界拥有霸权。这种抽象的"和平"是不切实际的幻想，但它表面上符合了人们反对战争、渴望和平的朴素愿望，极其容易迷惑工人阶级和劳动群众放弃斗争，还纵容了资本主义以和平为幌子的帝国主义侵略行径。

马克思从无产阶级和人民群众的立场出发，批判和揭露了这种所谓"贸易和平论"的真面目。

一是"贸易和平论"是举着和平的旗号帮助英国实现垄断和称霸世界市场的目标。马克思指出，科布顿绝不是真心爱好和平，他鼓吹自由贸易可以带来和平，是因为当时英国工业已确立了在世界生产体系中的优势地位，科布顿深信英国可以不通过战争，而是采用和平贸易的手段，便能在世界市场上称霸。

马克思在《宪章派》中分析道："自由贸易派……所理解的贸易自由就是让资本畅行无阻地运动，摆脱一切政治的、民族的和宗教的束缚。……英国如果能同别的国家和平相处，就能够以更少的代价来剥削它们。"他认为"贸易和平论"倡导的是在资本主义统治下的和平，其本质是剥削别国和民族。他在《英国议会中的辩论》中进一步指出，曼彻斯特学派追求的是英国资产阶级的统治地位，其本质是把大炮替换为资本，将打仗更换为商业，因此，英国所谓的自由贸易，其本质就是垄断。

恩格斯同样明确指出："幻想成立欧洲共和国和利用适当的政治组织来保障永久和平，就像空谈靠普遍的贸易自由来保护各族人民的团结一样荒唐可笑。"他认为，各国的资产阶级都在尽力维护他们看重的"特殊利益"，这无法超越民族的范围，少数几个理论家的"贸易和平论"只是空话，根本无法超越他们的利益和整个社会制度。恩格斯的《对法国的通商条约》一文，精准剖析了资产阶级宣扬"贸易和平论"的真实目的。他指出，由于英国在工业制造方面取得巨大的进步，需要将国内的工业品向外销售到其他国家，并希望从其他国家获取谷物、棉花、亚麻、咖啡、酒类和茶叶等农产品。如果一直延续这种贸易形态，英国就可能将一时的工业优势变为永远，真正取得世界工业的垄断地位，而其他各国都将在经济上沦为英国的附庸国。他认为，自由贸易是以英国工业优势为主导的，英国与其他国家构建的是不平等的关系，这是服务英国霸权的不公正的和平。

二是资本主义的自由贸易事实上对工人阶级加剧了剥削，进而激化了阶级矛盾。自由贸易派为了得到广大工人阶级的支持，将自己包装为人民群众的"保卫者"，宣称自由贸易可以让劳动阶级的处境得到改善，包括食品价格降低、工资待遇提高、就业机会保障等。马克思对此进行了深刻批判，主要体现在他《保护关税派、自由贸易派和工人阶级》和《关于自由贸易的演说》等文章中。

马克思指出，自由贸易表面有利于工人阶级，因为它确实使生产力扩大，让资本增殖。但事实上，在资本主义的生产形式下，工人间的竞争反而会加剧。由于生产资本扩大，资本更加集中，生产分工扩大，机器被更广泛使用，因此劳动者的劳动技能趋于统一。资本的集中还推动工业资本家扩大生产规模，导致利息率下降，小企业主和小食利者从而沦为无产阶级。此外，资本集中还会造成更猛烈更频繁的经济危机，资本集中进一步加速，无产阶级的规模不断扩大。因此，自由贸易不断使工业资本家的资本增殖，却让无产者大量失业和贫困，"劳动阶级的苦难就是资产阶级福祉的必要条件"。

恩格斯也剖析道，劳动力作为商品，在自由贸易使一切商品价格降低的环境中，其价格也会下降。"劳动力"商品的自然价格即最低工资，最低工资的规律在自由贸易实行的过程中越发明显。

因此，自由贸易所谓的"自由"，本质是资本的自由。工人阶级将看到，无所约束的资本对他们的奴役和受关税束缚的资本对他们的奴役同样严重。剥削阶级和被剥削阶级将永远存在于资本和雇佣劳动的关系中，不论商品贸易的条件如何有利。资本的运用只会加剧工业资产阶级和工人阶级之间的对立。自由贸易派为了让更多劳动力被资本奴役，更是想方设法废除对妇女、18 岁以下少年和 12 岁以下儿童工作时间的法律限制。因此，"贸易和平论"的拥护者，事实上是与工人阶级为敌的。

三是资本主义自由贸易无法带来真正的国际和平。自由贸易派主张以英国为主导的自由贸易和国际分工可以让世界出现所谓的永久和平。马克思、恩格斯也无情地批判了这种幻想。

首先，随着自由贸易的发展，不甘心依附于英国的其他资本主义国家，与英国之间的利益分配冲突将日益加剧。德、美等后起的资本主义国家，起初为发展工业实施的是贸易保护政策，到其足以与外国开展竞争时才开始施行自由贸易，并迅速与英国展开激烈竞争，争夺原料产地与国际市场。对此，恩格斯指出，英国和德国在竞争中已无法和平共处。他们的矛盾日益尖锐，埋下了第一次世界大战的伏笔。

同样，迅速发展的美国工商业也被科布顿视为英国的威胁。马克思斥责道，这与他们的虚伪论断完全不相符，即一个民族的经济发展水平取决于其他民族的发展水平，是保护关税主义的错误导致了工业发达的国家间产生激烈竞争，也不符合他们鼓吹的英国用机器生产可以让世界和平共处，使欧洲和美洲可以相互依赖。马克思认为，资本主义因自由贸易而加剧资本扩张，资本主义国家间因争夺原料和市场矛盾日益剧烈，造成了战争的爆发。资本主义固有经济危机也无法通过自由贸易消除，反而因为各国间的联系更为紧密，一旦有个别国家发生经济危机，就往往会影响到其他国家，甚至在世界范围内产生严重程度更高的危机。

资本主义国家相继在1857年、1866年、1873年、1882年和1890年爆发世界经济危机，导致资本主义国家间的矛盾不断激化。各国在危机中谋求发展，互相争夺，终于在1907年形成了由德奥意构成的同盟国和由英法俄构成的协约国两大对立军事集团，并最终爆发了第一次世界大战。尽管在一战前，资本主义各国的贸易水平已经很高，存在强烈的相互依存关系，但战争还是发生了。

其次，资本主义强国在自由贸易中实现了对无产阶级的剥削和对弱小国家的压迫，必然加剧资产阶级与无产阶级、强国与弱国之间的冲突。资本主义列强用武力在亚洲、非洲和拉丁美洲的落后国家和地区掠夺原材料、剥削劳动力、倾售工业品，将这些国家和地区变为他们的殖民地和半殖民地，构建了适应资本主义生产关系的国际分工体系和国际关系体系。

比起落后国家和地区在自由贸易中获得的收益，他们受到的来自强国的不公平剥削要更多。马克思指出，一个国家内部的亏损和盈利是平衡的，但价值规律在不同国家间却有重大变化。他讽刺道："即使自由贸易在世界各国之间建立起友爱关系，这种友爱关系也未必更具有友爱的特色。把世界范围的剥削美其名曰普遍的友爱，这种观念只有资产阶级才想得出来。"他认为，资产阶级打着自由贸易的名号施行剥削掠夺，让落后国家和地区依附于他们的经济和政治。通过武力侵略和不平等贸易构建的资本主义列强与世界其他国家的依存关系极不对等，被侵略和压迫的国家人民奋起反抗，埋下了国际矛盾和冲突的种子。因此，马克思认为，"从来没有一种预言遭到过像曼彻斯特学派的预言那样彻底的破产"。

四是宣扬"贸易和平论"是在投机和平，会造成放任对外侵略扩张。马克思指出，"贸易和平论"拥护者所谓的爱好和平，实际是打着和平的幌子为英国工业资产阶级牟利。他们的"和平"往往是骗人也骗己，是"在根本没有和平的地方，他却说那里有和平"。

科布顿基于英国的利益，不愿看到美国繁荣发展，却对沙俄的武力政策选择无视，主张不干预沙俄侵略巴尔干的行为，并且不主张英国参加克里米亚战争，他还认为："我们在黑海进行的全部贸易，都要归功于俄国推进到了土耳其的沿海地区。"科布顿之所以有这样的主张，是因为当时英国与俄国在商品贸易上有很大的一致利益，而且科布顿本人分别在1834年和1835年前往俄国进行商务旅行，可以看出他与沙皇俄国也有着紧密的利益关系。

马克思认为，沙俄被欧洲反动势力视为最后的支撑和镇压革命的利刃，自由贸易派为了守卫欧洲在1815年建立的保护大国反动统治集团切身利益的制度，企图以和平为幌子保存沙皇制度，因此他们对沙俄一再支持与纵容，沙俄的侵略野心不断膨胀，无产阶级革命遭到进一步扼杀。马克思对此进行批判，他指出，沙皇是看清了英国自由贸易派的卑劣企图的，沙皇并不相信英国愿意进行战争。英国于19世纪在"贸易和平论"的庇护下替对外侵略的沙俄辩护，还利用"贸易自由"的幌子以坚船利炮对中国、印度进行侵略。

第九章

清代外贸茶商经营的国际宏观背景

清代被誉为中国茶文化发展的鼎盛时期，不仅国内茶文化走向繁荣，茶商还逐步迈出涉足国际市场的历史性步伐。在这一时期，茶商的经营活动日益活跃，其影响力逐渐渗透到世界经济格局的每一个角落，成为中国对外贸易和文化交流的重要使者。与此同时，在 17 世纪与 18 世纪交替之际，在遥远的新英格兰地区也正在经历一场翻天覆地的"消费革命"。这场革命极大地改变了人们的消费习惯和生活方式，推动了社会经济结构的深刻转型。值得关注的是，茶这一在中国已有深厚历史底蕴的饮品，此时在新英格兰地区正作为一种新兴的消费品悄然兴起并迅速占据市场。基于此，本章将从国际宏观背景出发，深入剖析这场消费革命中需求端的变化如何促进茶产业的发展，并进一步探讨这一历史进程对全球茶文化产生的深远影响。

第一节 需求端的变化：消费革命的起点

在经济学和经济史的研究中，供给需求分析始终占据核心地位。当我们深入探索清代茶业发展的全球脉络时，虽然外贸茶商供给角度的研究至关重要，但对需求侧的研究同样重要。事实上，清代全球茶叶消费市场的繁荣与欧洲，尤其是英国消费社会的崛起紧密相连。这一消费观念的历史性转变，为茶叶等东方奢侈品在全球范围内的热销奠定了坚实的基础。

对茶叶的需求推动了英国茶叶市场的快速发展。茶商们纷纷涌入这个新兴的市场，通过各种渠道从中国进口茶叶，满足英国消费者的需求。这种需求的增长不仅推动了茶叶贸易的繁荣，也促进了中国茶文化的传播。

同时，随着 17 世纪末英国消费社会的雏形初现，中产阶级的消费行为开始发生显著变化，他们的消费不再仅仅只满足于生存需求，而是越来越倾向于炫耀和奢侈。最初，茶叶被视为一种奢侈品，只有富人才能享用。当时的人们描述道："随着财富的增长和海路的开拓，我们从世界各地搜罗珍稀物品，以满足日益膨胀的奢侈欲望。"然而，随着时间的推移，越来越多的中产阶级开始加入茶叶消费的行列。他们不仅在家庭中饮用茶叶，还在社交场合中将其作为一种时尚和品位的象征。这种消费习惯的变化进一步推动了茶叶市场的扩张和茶文化的普及。不仅是茶叶，过去被视为奢侈的商品和服务，如意大利的建筑设计、法国的内饰品、中国的瓷器等，也开始大量进入英国中产阶级的家庭。甚至社会下层也通过各种方式涉足奢侈消费，使奢侈消费逐渐成为全社会共同关注的现象。

此外，消费革命也为茶叶市场的繁荣提供了有力支持。在这场革命中，人们的消费观念发生了深刻变化，开始追求更加多元和个性化的消费体验。茶叶作为一种新兴的消费品，正好满足了这种需求。它的普及和热销不仅反映了人们消费观念的转变，也预示着一个全新的消费时代的到来。在这个时代中，茶不仅是一种饮品，更是一种文化和生活方式的象征。

然而，这场消费革命并非没有争议。悲观者担心经济的过度扩张会给社会带来灾难性的后果，他们怀念过去的传统价值和信仰。而乐观者则认为奢侈消费为社会注入了新的活力，推动了乡村和城市生活的改善和变革。由此，一场关于奢侈消费的大讨论开始了。两方意见的交锋遍及 17 世纪后期至 18 世纪的全球政界、知识界。这场讨论在英国有几百位学者参与，体现在 18 世纪所有形式的论著中，从论辩小册子到政治理论、大众小说乃至报纸。这场大讨论也成为西方消费史研究的热点之一。

第二节　消费端观念的改变：从生存型消费
到享受型消费

一　奢侈消费大讨论的原因和内容

18世纪奢侈消费大讨论出现的原因大致有四点。其一，随着奢侈消费的流行，当时一些思想家担忧奢侈消费破坏了禁奢法所要维护的社会秩序。一些道德家担心新的消费模式会削弱区分社会等级至关重要的视觉标记，比如，一些人担忧无法将女仆和女主人区分开来，因为她们的服装太像了。其二，一些道德家对奢侈消费会"败坏"传统道德充满了焦虑。他们将奢侈视为"瘟疫"，认为"智慧和美德"正在被"贪婪"取代。曼德维尔在《蜜蜂的寓言》中对这些"傲慢的道德家"的道德拷问提出了强烈质疑，认为众多"蜜蜂"的生活"实在是奢华安逸"，但私人恶德即公共利益。曼德维尔的观点引发了道德家的愤慨，成为众矢之的。在他的《蜜蜂的寓言》出版之后五年内，至少出版了10本抨击《蜜蜂的寓言》的书。其三，一些重商主义者仍固守传统立场，担心大量进口奢侈品会破坏贸易平衡。进一步说，这样的模仿消费被看作浪费和不必要，完全是对稀缺资源的不当使用。其四，随着海外贸易的繁荣，过去被视为奢侈品的商品已成为普通日用品，再加上针对新消费群体而开发生产的"新奢侈品"种类繁多，规模大增，都要求重新界定奢侈品的定义并认识奢侈消费的经济意义。随着进口奢侈品的数量增多，价格下跌，逐渐成为普通消费商品，此外，印刷术的推广和普及也提升了讨论的效率和便捷程度。

从古希腊时代开始，奢侈一直就是西方思想史的重要议题。从内容上来看，"奢侈消费大讨论"主要聚焦于奢侈消费的定义，以及与社会道德、经济、健康的关系上。

奢侈的定义是大讨论的核心主题之一，也是解读这次奢侈消费大讨论的钥匙。因为奢侈的含义在17世纪中后期开始发生了重大转变，这种转变开始于霍顿、尼古拉斯·巴本等人，但决定性的转折点是曼德维尔。这一重大转变的关键之处，在于将奢侈的定义与道德脱离关联，而是从经济发展的视角来看待奢侈的价值。就像社会的转变都是从思想观念的突破开始的，围绕奢侈的争论很快扩散到当时的知识圈中。约翰·比尔在杂志上看到霍顿宣称奢侈这类的恶习可以使英国变得富裕时，大为光火，在公开信中捍卫传统道德并反驳霍顿。曼德维尔则将这一讨论推向了高峰，他直截了当地挑战奢侈品和必需品的界限，公开反驳所有对奢侈的指控。他认为，奢侈是一项公共福利，奢侈品能够满足人们追求快乐的心理需要，沉溺于奢侈消费能够推动商业的扩展和穷人的就业，为此他列举了一系列事实。更有意义的是，他将奢侈和贸易的结合上升到了一个更为广阔的对商业扩展和商业社会讨论的层面。曼德维尔的观点虽然受到不少人的抨击，但他用激进观点开辟了更为宽松的言论环境。从此，从经济发展的视角来看待奢侈消费的问题逐渐成为思想界的共识。

大讨论的一个重要主题是奢侈与道德的关系。虽然掌握正统的道德家认为奢侈败坏了传统美德，但包括重商主义思想流派在内的思想家都旗帜鲜明地支持奢侈的去道德化。因为从重商主义的观点来看，只有当为了本国工商业的利益而禁止消费外国奢侈品时，禁奢法才具有正当性，这种务实的利益选择，在逻辑上已经抛弃了对奢侈进行任何道德评价。不过，在17世纪90年代，对奢侈和消费者欲望极度放纵的道德反击形成了一个强大同盟，进而引发了更为广泛的激烈争论。由于不少道德家在社会生活中也积极参与到商业活动中，投资获益，由此他们形成了一种论战策略，承认奢侈是罪恶，但同时认为这种罪恶是商业社会实现富裕的道德代价。哈奇森和休谟都认为，享受适度的奢侈和维系道德两者并不冲突。

奢侈消费与经济发展也是这场大讨论的主题之一。尼尔·麦克肯德里克指出，17世纪之初的思想家还没有认识到奢侈消费的益处，而是把奢侈视为异国情调，因而对贸易平衡有害。到17世纪晚期，英国的思想家开始从经济方面而不是道德方面来思考奢侈问题。从曼德维尔开始，奢侈消费更是逐渐被看成一种经济优势。曼德维尔反驳了"奢侈有损国家个人财富，而节俭能使国家个人富裕"的观点。他虽然没有脱离"贸易平衡的正统观念"的范畴为奢侈进行辩护，但他明确表达了奢侈消费能够促进穷人就业，刺激工业发展，鼓励工匠改进工艺的观点。在近代早期，英国形成了一个足够富有的社会，能够提供有效需求促进英国制造业经济在工业革命之前快速增长，甚至成为工业化的重要前提。

在古罗马、古希腊等的传统观念中，奢侈会损害身体健康，造成精神颓废、品行懦弱。曼德维尔对这种观念进行了驳斥。随着道德家们也不断卷入商业活动中，在切身利益面前，道德改革同盟很快瓦解，这为理性看待奢侈与道德的关系提供了一种土壤。最终社会达成共识，奢侈消费可以促进经济发展。

这次奢侈消费大讨论涉及的问题相当宽泛，内容五花八门，但这以上几个主题是当时参与讨论者关注最多的问题，其他议题也受到程度不一的关注，但限于篇幅和内容，这里不再一一展开论述。

二　奢侈消费大讨论带来的观念蜕变与启示

这场著名的关于奢侈消费的大讨论，不仅重塑了当时的经济结构，更是深刻地影响了社会观念和道德认知。其影响之广，至今仍为历史学者所津津乐道。

首先，通过这场大讨论，英国人逐渐摆脱了消费的道德意识形态困扰，消费观念发生了根本性的转变。在近代欧洲，道德的基础性理念发生了根本性的变化，古代和中世纪的道德统一标准已经不复存在，各种道德分化现象出现。在商业时代的大背景下，即使是道德改革的鼓吹者自己也参与到市场经济活动中，分享经济发展的成果。这使奢侈消费大讨论能够逐渐摆脱道德意识形态的束缚。于是，社会舆论开始理性平和地看待奢侈问题，消除了日常消费中的意识形态限制。人们开始认识到奢侈消费能够促进经济发展、财富增长。随着本国生产的"新奢侈品"大量涌现，英国人的消费观念发生了根本性的变化。消费的巨量增长，使英国在17世纪晚期至18世纪中期前后迎来了消费社会的诞生，这是一个历史性的里程碑。

其次，奢侈消费大讨论促使英国人重新思考本国消费品的生产。他们意识到，为了满足急剧增长的社会多样化需求，英国人必须能够生产出与众不同的奢侈品和新的消费品。这促进了消费品设计和生产的创新，成为工业化的重要动力。在大讨论过程中，"有益的奢侈"理论逐渐取代了过去的"贫穷效用"理论。人们开始认识到，在所有社会等级中，生活舒适和便利同生活必需品一样有益，能够对工业产生强有力的促进作用。英国制造商受东方奢侈品启发，充分借鉴其设计、多样性和美学特性，并结合英国消费者的品位和时尚，进行产品创新和工艺革新。最终成功开发出本国生产的"新奢侈品"或"新消费品"。

英国陶器的成功就是这一创新战略的典型例证。最初，英国的陶器和瓷器制造是模仿荷兰代夫特陶器和中国瓷器的，但通过仿造、抄袭以及融入本土设计元素，英国制造商创造出了具有鲜明英国特色的新陶瓷产品。这些产品不仅以适中的价格满足了中产阶级和乡绅消费者对优雅品位的追求，更在国际市场上赢得了较好的声誉。例如，英式奶油色陶器、伍斯特和德比瓷器以及斯塔福德郡洁具等，都因其独特的风格和品质而备受瞩目。此外，从茶具、茶几到漆器、搪瓷器皿以及各种镀金器皿、搭扣、纽扣和金属饰件，原本依赖进口的商品在经过模仿和再创新后，都变成了具有英国特色的新产品。其中，玻璃器具、陶瓷器具、镀银器皿、钢制品、黄铜制品和漆饰品等更是获得了广泛的消费和好评。这些产品创新和工艺革新不仅促进了制造业的蓬勃发展，也推动了生产力水平的显著提升。随着时间的推移，"新消费"理论不仅提升了人们的生活品质，还对工业发展产生了强大的推动作用。

最后，在大讨论过程中，奢侈也成为18世纪政治经济学的主题之一。为了避免奢侈的争议，当时的人们使用了"舒适""品位""幸福""优雅""体面"等词语来描绘和界定日益丰富的物质生活。这不仅极大地丰富了经济和社会理论，还不断刷新了人们对所能达到的理想生活状态的期望。自曼德维尔以后，奢侈逐渐从道德哲学领域转向政治经济学领域，并成为广泛商业讨论的核心议题，与商业、便利和消费紧密相连。经济学家如大卫·休谟等也深入探讨了这一主题。他们用"舒适"等词替代"奢侈"，以避免陷入道德争议。同时，"品位"成为定义奢侈的关键，而"幸福"和"优雅"也随文化消费兴起成为奢侈的代名词。这些概念在18世纪商业意识形态中占据重要地位，推动了文学、戏剧和艺术的发展。此外，"体面"一词的出现也丰富了消费的道德、政治和经济内涵。这一系列探讨极大拓展了人们对奢侈的理解，推动了社会理论和追求理想生活的进步。

总的来说，这场关于奢侈消费的大讨论彻底改变了人们对奢侈品的认知和定义。亚当·斯密从一个全新的视角出发，将必需品定义为不仅维持生活所必需，而且符合社会习俗、缺失会损害各阶层体面的商品。除此之外，其他所有物品都被视为奢侈品。这一广泛的共识性定义有效地消除了奢侈与健康、道德等争议性问题的联系，使人们不再从道德败坏或品行优劣的角度来看待奢侈消费，而是转向商业经济视角，开始关注中等阶层乃至广大劳工的消费动机和实践。随着英国奢侈品生产的不断创新，许多曾被视为奢侈品的商品逐渐融入人们的日常生活，商品种类的丰富极大地提升了人们的生活品质。这为清代中国茶叶贸易在英国的迅猛发展奠定了观念基础，而随后的工业革命更是为这一历史进程注入了强大的动力，这也使人们更加深刻地认识到，舒适和便利的生活品质对工业发展的促进作用是不可忽视的。

第三节　奢侈品的崛起：茶等海外奢侈品对近代英国社会的推动

　　随着地理大发现和新航路开辟，全球经济逐渐走向一体化，世界贸易也日益紧密。在 17 世纪至 18 世纪，随着英国的崛起和其海外殖民帝国的建立，大西洋和欧亚的贸易对英国资本主义的发展和工业革命的发生起到了至关重要的作用。特别是来自亚洲的奢侈品，如茶叶、印花布和瓷器等，不仅极大地丰富了英国人的生活方式，提升了其生活品位，还因为社会各阶层对这些奢侈品的强烈需求，有力地推动了英国的海外贸易和产品技术创新，对于消费革命的发生、工业革命的发生以及英国向消费社会的转型都具有深远的意义。

　　光荣革命后，英国经济繁荣，政治稳定，海外贸易也进入了快速扩张的阶段。随着英国在海洋争霸战争中的不断胜利，其殖民帝国地位日益巩固，英国社会对海外奢侈品的需求日益增加。大量奢侈品涌入英国市场，这既展现了英国社会各阶层，尤其是贵族和中产阶级强大的消费能力和欲望，也反映了英国大西洋和欧亚贸易的繁荣，预示着以欧洲为核心的现代世界体系的逐步形成。

对于茶叶等海外奢侈品的消费对英国资本主义发展推动作用进行了解，不仅对理解历史有重要意义，同时也将为当今中国的发展模式转型、社会结构优化以及建设内需驱动型社会提供有价值的借鉴。

一　奢侈品消费推动了贸易扩张

在大航海时代，欧洲的海洋势力逐渐崭露头角。西班牙人率先开启了大西洋三角贸易航线，而葡萄牙人和荷兰人则相继垄断了欧亚海洋贸易。他们经营的亚洲贸易航线成功地将欧洲和亚洲纳入了同一个贸易圈。欧洲对亚洲的传统商品如茶叶、茶具、香料、棉布和瓷器等，以及美洲的蔗糖和烟草等都表现出了浓厚兴趣和持续的消费需求。因为这些海外商品在欧洲人眼中具备稀有性、艺术性和社会性等特质，一旦这些特性消失，它们便会从奢侈品沦为普通消费品。

16—17世纪之后专为欧洲生产的泛亚洲贸易圈形成，如在印度迅速形成的出口导向型棉纺织业，产品设计吸收和采用欧洲风格，以适应与满足欧洲市场。英国东印度公司商人穿梭于纺织业城市苏拉特（Surat）、马德拉斯（Madras）、孟加拉（Bengal），卡拉芒代尔的印花布的三分之二购自马德拉斯，苏拉特纺织品占东印度公司1664年亚洲进口总量的50%，孟加拉占9%，1728—1760年高质量且昂贵的孟加拉纺织品占东印度贸易总量的60%—80%。[①]18世纪以后，英国经济繁荣，商业发达，海外贸易急速扩张，财富积累迅速。社会中上层群体对海外物品特别是亚洲的咖啡、茶叶、瓷器、印花布以及美洲的烟草等奢侈品需求大增，这也预示着近两个世纪主导的传统香料贸易衰落，逐渐让位于新的奢侈品。虽然香料贸易从绝对数量上来讲，从中世纪到近代在不断发展，在16—17世纪以后达到顶峰，但是进入18世纪后，香料贸易在人们的视野中逐渐消失，历史的进程让其变得无足轻重，新的贸易的出现让那些道德卫士们发现其他商品更需担忧，在伦理上更令人怀疑，它们包括蔗糖、茶叶、咖啡和巧克力。18世纪中后期是东印度公司亚洲贸易最为兴盛的时期，根据东印度公司统计，1775—1804年的三十年间，英国东印度公司派往广州的商船达495艘，而

---

① Maxine Berg, *Luxury and pleasure in eighteenth-century Britain*, p. 62.

且一般是 700—800 吨以上吨位，进入 18 世纪 90 年代，商船吨位超过 1000 吨，甚至高达 1200 吨，远远超过法国和德国。[①]

18 世纪欧洲掀起的"中国热"（Chinese taste）、"中国风"（Chinoiserie）推动了中英贸易"黄金时代"的到来。"中国热"的出现是明清以后"西学东渐"和"中学西渐"的结果。18 世纪发达的中英贸易就是在欧洲启蒙运动中走向高峰的，启蒙运动中中国的文化典籍等大量被翻译，为伏尔泰、孟德斯鸠、莱布尼茨等一批启蒙学者所推崇，他们塑造了富有、开明的中国形象和中国神话。18 世纪中英贸易是在茶叶贸易主导下进行的，由于茶叶是唯一能够成为普遍消费品而又不会与英国本国制造品竞争的一种货物，而大量来自印度的优质印花布却因为冲击了本土弱小的棉纺织行业而遭法令限制和禁止进口，所以东印度公司在失去进口印度纺织品利润之后，将大宗贸易的重点转向中国的茶叶。[②] 18 世纪中后期，英国、中国和印度存在一个繁荣的"三角贸易"，由中国广州出口到英国的货物主要是茶叶（占贸易总量的 90%—95%），还有生丝、瓷器、大黄、漆器以及肉桂等，而从英国进口的货物包括纺织品、铅、锡、铁、铜、毛皮、亚麻和各种小摆设等。出口至印度的中国货物有南京土布、樟脑、胡椒、食糖、糖果、药品和瓷器等，从印度进口的货物有原棉、象牙、檀香木、银子、鸦片等。[③]

1793 年英国马戛尔尼使团访华，在"中国热"背景下将中英关系推向前所未有的高度，尽管使团访华目标没有达到，但是英国社会对中国茶叶贸易的需求并未减少。1800 年东印度公司进口中国茶叶 2330 万磅，1808 年后东印度公司年均进口茶叶 2600 万磅，是其他国家茶叶进口总量的一倍。[④] 正如英国历史学家艾什顿指出的那样，应当记住，合法的茶叶需求市场是由茶叶供给方决定的，东印度公司决定了供给。[⑤] 根据统计，自

---

① 〔美〕马士：《英国东印度公司对华贸易编年史》，第 745—779 页。

② 〔英〕格林堡：《鸦片战争前中英通商史》，第 2 页。

③ 徐中约：《中国近代史：中国的奋斗》，计秋枫等译，香港中文大学出版社，2001，第 145—146 页。

④ 徐中约：《中国近代史：中国的奋斗》，第 146 页。

⑤ W. A. Cole, "Trends in Eighteenth-Century Smuggling," *The Economic History Review, New Series*, Vol. 10, No. 3 (1958), p. 396.

1783—1784 年到 1792—1793 年期间，中国出口至欧洲的茶叶总计 2.85 亿磅，较 1782 年增长了 1 亿磅，其中的 58.35% 由英国东印度公司进口，另外的 41.65% 是由西方其他国家公司进口。而 1790 年后的 9 年中，这一比例进一步提升，中国与欧洲的茶叶贸易基本垄断在英国东印度公司手中，进口量的 77% 由英国东印度公司控制，欧洲其他国家贸易公司茶叶进口份额仅占 23%。[①]

在整个 18 世纪的中英贸易中，茶叶是最大宗，也是英国需求量最大的海外奢侈品。英国东印度公司在这一时期的英国茶叶进口中，发挥了重要作用，特别是在其失去进口印度纺织品利润之后，将大宗贸易的重点转向中国的茶叶。英国东印度公司势力的快速膨胀，依赖两种亚洲作物，17 世纪靠香料养育，而 18 世纪则依靠茶叶壮大。除了茶叶外，中国的瓷器、家具、漆器等也很受欢迎，它们既是高雅的装饰品，而且也是实用的日用生活品，英国社会对其需求量大，很多人通过自己设计样式和风格的私人定制适应英国风格的瓷器。英国东印度公司负责提供适用欧洲市场的产品设计样式，被派到中方的商人向中方提供欧洲人喜欢的模板和产品原型，以便生产面向欧洲的基本物件如茶杯、巧克力杯子、茶托、盘子、碗，以及更加复杂的专门烛台、高脚状花瓶、大酒碗、小的茶壶等。[②]

饮茶最早在英国宫廷成为时尚得益于凯瑟琳王后在贵族中的推广，据说她嫁给查理二世时，嫁妆里就有数十磅昂贵的茶叶。当时由于茶叶进口量极小，价格昂贵，消费也仅限少数宫廷贵族的圈子。曾经在酒馆和咖啡馆消磨了大量时间的佩皮斯却在此之前从没有喝过茶，这说明直到 1660 年茶在英国仍然是稀有、罕见的东西。1662 年埃尔福德在广告中说，在他的交易所巷咖啡馆里可以购买到零售的茶，价格是每磅 6 到 60 先令，当时咖啡的价格是每磅 1 先令 8 便士到 6 先令。[③] 根据历史记载，东印度公司在

---

① Hoh-Cheung, Lorna H. Mui, "The Commutation Act and the Tea Trade in Britain 1784–1793," *The Economic History Review, New Series*, Vol. 16, No. 2 (1963), p. 237.

② Maxine Berg, *Luxury and Pleasure in Eighteenth-Century Britain*, p. 72.

③ Mercuricus Publicus, No. 11, 12–19 March 1663, p. 177. 〔英〕马克曼·艾利斯:《咖啡馆的文化史》，孟丽、陈广兴译，广西师范大学出版社，2007，第 139 页。

1664 年下了第一笔茶叶订单，仅进口茶叶两磅两盎司。① 1690 年英国进口茶叶 38390 磅，1699 年为 13082 磅。进入 18 世纪，茶叶以其特质与保健功能逐渐为英国人所接受，其消费量和需求以惊人速度猛增，与咖啡一道成为英国最重要的两大消费饮料。1721 年英国茶叶进口 1241629 磅，1750 年高达 4727992 磅，在 1784 年《抵代税法》降低关税之前的 10 年中，东印度公司共进口中国茶叶 54506144 磅，年均 500 余万磅，而到 18 世纪末的最后 10 年中，每年进口中国茶叶突破 2000 万磅，东印度公司共进口中国茶叶 228826616 磅。②

在东印度公司垄断的最后几年中，它从中国输出的只有茶叶，茶在 18 世纪末 19 世纪初已经是英国非常流行的全国性饮料，以致国会法令要求公司必须保持一年供应量的存货。在东印度公司垄断的最后几年中，茶叶给英国国库带来的税收收入平均每年达 330 万镑。从中国来的茶叶提供了英国国库收入的十分之一和东印度公司全部的利润。③英国对外贸易的迅速扩张，带来了巨额关税收入，其中很大比例是来自奢侈品关税。据统计，自 1692—1792 年的一百年中，英国的关税收入从最初的 89 万英镑迅速增加到 410 万英镑，在 18 世纪大部分时间里，关税收入几乎占到国家财政收入的 1/4。④ 众多从海外进口的奢侈品，涵盖了茶叶、瓷器、印花布、咖啡，乃至蔗糖、烟草等诸多品类，不仅极大地丰富了国内的消费市场，为政府带来了可观的关税收益，也提供了国内消费品税的重要部分。尤其值得一提的是，东印度公司在促进中英两国贸易往来中发挥了关键作用，其大量

---

① 〔英〕格林堡：《鸦片战争前中英通商史》，第 2 页。

② 1783 年英国下院设置专门调查委员会以调查茶叶漏税问题。1784 年茶叶税改革前，英国政府对茶叶进口实施贸易垄断和高关税，导致进口难以满足国内大众迫切需求，且国内茶叶价格昂贵。1784 年关税高达 119%，改革后税率降低到 12.2%。长期以来的走私泛滥现象逐渐消失，但是 1800 年后关税又增加到 100%，一直保持到 1833 年。而 18 世纪 70 年代茶叶走私估计大约每年在 400 万磅到 750 万磅之间。〔英〕罗伊·莫克塞姆：《茶：嗜好、开拓与帝国》，毕小青译，生活·读书·新知三联书店，2015，第 27 页。

③ 当时在广州的贸易流通结算主要货币是西班牙银元，按照当时货币结算比例，1 元 = 0.72 两（中国白银）= 5 先令；1 两 = 6 先令 8 便士；1 镑 = 12 先令 = 240 便士。〔英〕格林堡：《鸦片战争前中英通商史》，第 3 页。

④ B. R. Mitchell, *British Historical Statistics*, Cambridge University Press, 1988, pp. 575–577.

引进的茶叶对英国社会产生了深远的影响。

英国的大西洋贸易中蔗糖和烟草贸易占据了重要的份额。茶引入英国后英国人便形成了在茶水中添加蔗糖的习惯,根据 18 世纪 20 年代一位伦敦商人的观察记录,英国人对蔗糖的消费,在很大程度上正是由于茶叶和咖啡的流行,特别是廉价茶叶消费时代的到来,使蔗糖消费需求急剧扩大。茶叶在 1652 年刚被引入英国的时候,价格昂贵,每磅大约 3.5 英镑,但是到 18 世纪末价格已降至 1 镑左右。[①]

至 18 世纪中后期,英国东印度公司基本主导了亚洲奢侈品贸易。根据英国东印度公司进口的中国各类货物比重看,1693 年瓷器进口价值仅占总进口额的 10.4%,1704 年高峰时期陶瓷进口量占公司亚洲进口总价值的 13.3%,生丝进口占 19.7%,进口价值分别为 20815 英镑和 73483 英镑,茶进口在 1722 年占进口总量的 19.2%,1748 年占 31%,1760 年茶叶进口占公司亚洲进口货物总量的 39.5%,而到 18 世纪末,随着瓷器贸易衰落,中英贸易中茶叶贸易占到了 90%以上。[②]

二 奢侈品消费刺激了英国技术革新

英国对中国瓷器和印度棉布等奢侈品的旺盛需求大大刺激了本土工业产品的技术革新,棉纺织品和陶瓷业的本土化战略是典型的创造性奢侈,对工业革命产生了积极影响。工业革命时期兴起的韦奇伍德陶瓷工业,说明英国的瓷器生产经历了一个引进、模仿和再创新的过程,正如伯格所指出的那样,工业革命时期,英国在工业技术上存在大量学习亚洲先进手工技术的仿制现象。在 1700—1820 年,英国仿制亚洲商品专利申请中,陶器和陶艺釉技术专利有 7 项,上漆技术有 13 项,印花、亚麻等纺织技术专利有 48 项。这证明了本土制造业和企业家生产自己品牌的奢侈品来迎合国内外中上层人士需求。[③]

---

① Roderick Floud, Paul A. Johnson, *The Cambridge Economic History of Modern Britain, Volume 1: industrialization, 1700-1860*, p. 183.

② Maxine Berg, *Luxury and Pleasure in Eighteenth-century Britain*, pp. 56-57.

③ Maxine Berg, *Luxury and Pleasure in Eighteenth-century Britain*, p. 82.

三　奢侈品消费推动了英国向消费社会转型

（一）消费社会的诞生与转变

消费社会这一概念，最初由法国社会学家让·鲍德里亚1970年在其著作《消费社会》中提出并对其进行了深入的反思与批判。而关于现代消费社会的起源，英国学者尼尔·麦肯德里克等人在1982年的《消费社会的诞生：18世纪英国的商业化》中提出了独到的见解。他们认为，受工业革命的影响，18世纪晚期的英国已开始逐步踏进消费社会的大门。

美国学者彼得·N.斯特恩斯在《世界历史上的消费主义》一书中，进一步细化了消费社会的发展历程。他指出，消费社会的形成与现代消费主义的崛起紧密相连，其发展历程大致可以分为三个阶段：18世纪消费主义的初步兴起，19世纪晚期至20世纪早期的发展壮大以及第二次世界大战后大众消费主义的成熟与普及。

在工业革命前后的英国，消费社会的兴起展现出了三个显著的特征。第一，物质主义和消费主义逐渐成为经济与社会运行的核心价值观。这不仅重塑了人们对财富和消费的观念，还使消费具有了更深层次的文化符号价值和象征意义。人们开始通过消费来构建自己的身份和文化认同。第二，随着经济的繁荣，富裕的中产阶级开始崛起，受绅士文化的影响，他们形成了既节俭审慎又优雅闲适的消费观念。在这一阶层的引领下，仿效和炫耀性消费成为社会风气的重要组成部分。第三，传统的等级消费经济开始向更为开放的奢侈消费经济转变。在等级森严的传统社会中，人们的消费行为受到严格的身份和地位限制。然而，到了18世纪，英国社会各阶层对物质财富和奢侈品的追求逐渐打破了这些界限，奢侈消费经济开始兴起。

18世纪英国消费社会的兴起对英国由传统社会向现代社会的转型起到了重要的推动作用。然而，这一过程的成功离不开海外殖民扩张的支持。如今，随着现代消费主义的泛滥，人类资源和环境面临巨大的压力。因此，探索一条更加节制的生态文明之路成为人类共同的愿景。

从社会各阶层财富占有比例看，根据英国历史学家帕金（Perkin）对格雷格利·金和帕特里克·科洪统计的估算，1688年1.2%的英国贵族家庭收入占有国家财富的 14.1%, 人均 2800 镑; 而到 1803 年 1.4%的英国贵族家庭却占有 15.7%的国家财富, 人均收入大幅上升到 8000 镑; 对于中产阶级, 1688 年占家庭总数 31.7%的中产家庭占有社会财富的 59%, 而到了 1803 年中产阶级的经济实力进一步增强, 占家庭总数 31.6%, 却占据了社会总财富的 59.4%。① 以上数据反映出社会的中上阶层贵族和中产阶级占有了国家财富的 70%以上, 他们具备强大的购买力来进行奢侈品消费。

(二) 奢侈品消费推动了向消费社会的转向

18 世纪以后英国消费领域所发生的一系列重大变化预示了现代社会给人类所带来的物质进步和精神的愉悦感。茶、咖啡、食糖、郁金香以及其他新潮商品充斥着人们的衣食住行等领域, 一种感官和精神上的消费主义和享乐主义也被前所未有地刺激起来, 弥漫于整个英国社会。随着英国商贸的繁荣、帝国的确立以及社会结构的剧烈变迁, 奢侈生活方式与消费观念在 17 世纪末到 19 世纪初不断由贵族阶层下移至富有的中产阶级群体乃至社会下层。② 由于奢侈品多是与人们追求优雅、精致以及愉悦的生活方式分不开, 所以奢侈消费追求直接刺激了奢侈行业的发展, 18 世纪英国奢侈品制造业有丝绸行业、镜子制造业、陶瓷工业, 甚至还有制鞋业、鞍具制造、帽子业以及马车制造业等。③ 当时英国最有名的两个金属制品中心是伯明翰和谢菲尔德, 伯明翰以五金制品和小玩意闻名欧洲, 谢菲尔德以刀叉制品闻名。其中伯明翰的 "伯明翰制造" 从纽扣、扣环到钢铁玩具、镀银茶具、装饰性铜制器皿, 五金产品如锁具、螺丝钉、铰链等在欧洲和美洲市场都深深烙上了 "英国制造" 的标签。④ 伯格认为近代以来英国的贵族和中产阶级对奢侈品的追求刺激和推动了经济的增长和制造业的发展。首先, 以前早已存在的来自亚洲和加勒比海地区的奢侈品促进了英国本地的制造业发展。那些制造商、企业主创造机会寻找潜在市场, 他们制

---

① Harold Perkin, *The Origins of Modern English Society 1780-1880*, Routledge & Paul, 1969, pp. 20-21.

② Maxine Berg, Helen Clifford, *Consumers and Luxury: Consumer Culture in Europe 1650-1850*, Manchester University Press, 1999.

③ 〔德〕沃夫冈·拉茨勒:《奢侈带来富足》, 刘风译, 中信出版社, 2003, 第 23 页。

④ Maxine Berg, *The Age of Manufactures, 1700-1820: Industry, Innovation and Work in Britain*, Routledge, 1994, p. 266.

造出的消费品既能够满足国内消费者，又能够令外国王公和商人着迷。其次，大部分优质产品都是"英格兰造"。这些产品销往世界各地，通过英国制造创造了"英国认同"（British Identity）。[1]

茶叶、咖啡、蔗糖等海外奢侈食品和瓷器、棉布等日用品大众化过程就是消费社会兴起的过程。根据荷兰学者伽士特拉的研究统计，1668—1670 年东印度公司胡椒在荷兰的销售额占总销售额 30%，其他上等香料占 28.5%，而茶叶和咖啡销量在 1700 年前后占到了 25%。1738—1740 年间，根据购买价格计算，不同类别的货物占回运货物的百分比和占销售额的百分比为：垄断产品上等香料占运回货物的 6.1%，而销售额占 23.5%，胡椒分别占 8.1%和 11.4%，茶叶和咖啡分别占 32.2%和 24.9%，纺织品为 41.1%和 28.3%。[2] 从上述数据中，我们可以明确观察到，自 18 世纪上半叶起，亚洲的新商品，如茶叶和纺织品等，逐渐替代了香料，成为欧洲各国热切追求的新型消费品。这些来自东方的奢侈品不仅丰富了欧洲人的日常生活，更在深层次上改变了他们的生活方式和社会文化景观。

现今，中国正经历着经济的持续繁荣和国民收入的稳定提升，富裕阶层和中产阶级作为社会中的重要力量，正逐渐崭露头角。他们在奢侈品消费、内需拉动以及消费结构优化等方面所发挥的作用日益凸显。事实上，他们的消费选择和偏好在很大程度上塑造着市场的走向和趋势。回顾 18 世纪英国海外奢侈品消费所产生的深远影响，或许能为我们当今中国工业产品的创新与发展，以及构建内需型社会提供有益的启示和借鉴。

第四节　经济效应的显现：茶产业的发展与消费革命的互动

随着英国茶叶市场的不断扩大和饮茶文化的普及，英国的茶产业得到了快速发展。同时，茶产业的发展也推动了消费革命的深入进行，两者形

---

[1] Maxine Berg, *Luxury and Pleasure in Eighteenth-century Britain*, p. 7.

[2] 〔荷〕费莫·西蒙·伽士特拉：《荷兰东印度公司》，倪文君译，东方出版中心，2011，第 153—155 页。

成了密切的互动关系。

一 茶产业的发展

(一) 茶叶的引入及普及

尽管茶叶在中国已有悠久的历史，并被广泛种植和消费，但直到17世纪，茶叶才开始传入欧洲，特别是英国。英国东印度公司大量进口中国茶叶，使饮茶迅速成为英国社交生活的重要组成部分。

随着茶叶贸易的繁荣，中国逐渐崭露头角，成为茶叶的主要生产国，茶叶贸易也成为重要的经济支柱。与此同时，英国通过茶叶贸易积累了大量财富，这不仅推动了航海技术和海洋探险的进步，更使英国成为强大的海上帝国。

茶叶在英国的普及程度在18世纪和19世纪持续加深，随着茶叶贸易的扩大和供应的增加，茶不再只是富人的奢侈品，也成为广大人民的日常饮品。在英国，茶与社交紧密相连，独特的茶文化和茶具应运而生，茶会也成为社交活动的重要组成部分。英国人热爱茶，发展出独特的茶艺和茶具，茶会也成为社交活动中不可或缺的一部分。

回顾这段历史，中国茶叶的引入和茶叶贸易的发展对英国产生了深远影响。茶叶的普及和英国人对茶叶的热爱，不仅体现了茶叶在英国社会中的重要地位，也展示了中英两国之间深厚的文化交流和经贸联系。这段跨越时空的茶叶传奇，不仅见证了中英两国的交往历史，更为世界茶文化增添入了丰富的内涵。

(二) 茶文化的形成

茶文化的形成是一个多方面的过程，涉及茶具与茶艺的共同发展，茶馆与社交文化的交融以及茶文化对社交礼仪的深远影响等方面。

首先，茶具不仅仅是盛载和品茶的容器，更是艺术的体现。随着茶文化的兴盛，茶具的种类和造型日益丰富，每一种茶具都承载着特定的历史和文化内涵。与此同时，简单的泡茶技巧也逐渐升华为一种独特的艺术形式。茶艺师们通过精湛的技艺，将茶叶的色、香、味、形完美地呈现出来，为品茶者带来视觉、嗅觉和味觉上的多重享受。

其次，茶馆作为茶文化的重要载体，为人们提供了一个独特的社交平台。在这里，无论是文人墨客、商贾巨富还是普通百姓，都能找到属于自己的一片天地。他们品味茶香，畅谈天下大事，分享自己的见解和感受。茶馆不仅是一个休闲放松的好去处，更是一个文化交流、思想碰撞的殿堂。这种独特的社交氛围进一步推动了茶文化的发展和传播。

最后，茶文化对社交礼仪的影响也是不可忽视的。在泡茶、品茶的过程中，人们需要遵循一系列的礼仪规范。这些规范不仅体现了对来宾的尊重和关心，更为社交活动增添了一份庄重和优雅。通过茶文化的熏陶，人们在日常生活中也更加注重礼仪和仪式感，懂得尊重他人，倾听他人的声音。这种谦逊和尊重的态度不仅有助于建立良好的人际关系，也促进了社会的和谐发展。

总之，茶文化的形成是一个多元、互动的过程，多种元素和力量共同塑造了这一独特而内涵丰富的文化现象。

（三）茶叶对社会阶层和消费习惯的影响

茶，这种既是商品又是饮品的独特存在，对历史上的社会结构和人们的消费模式产生了显著的影响。在古代，茶因其珍稀与独特，被视为贵族和富人专享的奢侈品，象征着财富与社会地位。然而，随着茶叶贸易的蓬勃发展，它逐渐从奢侈品转变为广受大众喜爱的日常饮品。这一转变不仅催生了茶馆文化的盛行，使茶馆成为社交和放松的中心场所，还推动了社会结构和消费习惯的变化。

特别是在英国，茶叶贸易的发展为中产阶级的崛起提供了重要的契机。18世纪至19世纪，英国在茶叶贸易中的主导地位为众多企业家和中产阶级人士带来了前所未有的商业机遇。他们通过参与茶叶贸易积累了大量财富，进而提升了自身的社会地位。中产阶级的壮大不仅推动了社会的变革与进步，还为英国的工业革命和现代化进程注入了强大的动力。

茶叶对社会阶层和消费习惯的影响深远而广泛，不仅彰显了茶文化的丰富内涵和独特魅力，还揭示了其在推动社会发展和塑造社会风貌中的重要作用。从昔日的奢侈品到今日的大众饮品，茶叶地位的演变历程见证了社会的变革与进步，也让我们更加珍视和欣赏茶文化的独特价值。

（四）茶叶对英国工业革命的推动作用

茶叶对英国工业革命的助力深远且多方面。在18世纪至19世纪，茶叶贸易成为英国经济的一股强大动力，为国内经济注入了活力。茶叶贸易的盈余更是有助于弥补英国在其他贸易领域的逆差，从而稳固国家经济的基石。

不仅如此，茶叶贸易还间接推动了工业领域的创新与发展。为了满足不断攀升的茶叶需求，茶叶加工、包装和运输等相关行业应运而生并蓬勃发展。这种需求驱动的创新催生了新的工艺和技术，进而推动了生产过程的机械化和自动化，为即将到来的工业革命铺平了道路，成为工业革命重要的先驱。

此外，茶叶贸易对英国的交通、运输和市场体系也产生了积极的影响。为了适应茶叶的大规模运输需求，英国着力发展了运河和铁路等交通网络，提升运输效率和容量。茶叶作为一种备受欢迎的商品，其流通也促进了市场的扩张和多样化，进一步推动了商业和金融的繁荣。这种全方位的推动作用充分彰显了茶叶在英国工业革命中的重要地位，茶不仅是一种商品，更是一种推动历史进程的强大力量。

二 "消费革命"在北美的蔓延

在 17 世纪与 18 世纪交替之际，新英格兰地区也经历了一场深刻的"消费革命"。但这场革命的影响力远不止于新英格兰，它逐渐波及至整个北美，对后者产生了深远的影响。要解答这场革命如何推动北美经济发展，我们首先需要认识到，新英格兰经济的商业化程度加深与消费需求的持续增长之间存在着密切的互动关系。

随着新英格兰经济商业化程度的加深，殖民者们不仅热衷于扩大商业化生产规模，以满足日益增长的市场需求，而且对各类消费品的需求也在持续增长。茶叶等新兴消费品的引入和普及，进一步激发了北美市场的消费潜力。受到欧洲消费文化的影响，新英格兰的消费模式也经历了深刻的变革，品茶等新兴消费习惯迅速在殖民地内流行开来，推动了茶叶等消费品的市场需求持续增长。

为了满足这些新的消费需求，新英格兰殖民者积极投身扩张商业化生产，努力增加民众对各种消费品的购买力。茶叶等产业的发展不仅满足了当地市场的需求，也为北美经济的整体发展注入了新的活力。同时，这种消费需求的增长又反过来推动了茶产业的进一步发展，形成了一个良性的经济循环。

因此，新英格兰的"消费革命"不仅推动了当地经济的商业化进程，也为整个北美经济的繁荣和发展奠定了坚实基础。在这一过程中，茶产业的发展与消费革命的深入进行形成了密切的互动关系，共同推动了北美经济的繁荣和进步。

（一）消费革命的浪潮：英美社会的共同演变

西方学术界普遍认为，消费革命最早发源于近代早期的英国。它包含两层含义：首先是商品种类和数量的革命性增长；其次是消费者作为这场革命的推动者，其利润追求、品位变化、对商品的渴望以及购买能力的提升，共同赋予了这一经济现象深远的文化意义。消费已不再仅仅是为了满足基本生活需求，还演变成一种精神层面的追求。而茶叶作为这场革命中的重要角色，不仅丰富了商品种类，还推动了消费者品位的变化和购买能力的提升。人们通过消费来展示自己的身份、地位，甚至在文化品位上追求与众不同。

美国学者彼得·斯特恩斯认为，消费主义描绘了一种社会现象，在这个社会中，许多人通过获取非生存必需的商品来设定人生目标，这些商品并非传统意义上的炫耀性消费。人们沉迷于购物过程，并通过购买和展示新物品来彰显自己的身份和地位。

在消费主义盛行的社会中，众多角色共同推动并服务于这一趋势。从费尽心思吸引顾客购买非急需商品的店主，到为现有产品注入创新元素的设计师，再到努力创造新需求的广告商，他们都为消费新图景的构建做出了贡献。因此，随着消费新产品的不断涌现，我们看到了一个与生存型社会截然不同的消费新景象。在这一过程中，人们的经济观念开始发生深刻变化，从而推动了整个社会朝着商业化经济的方向迅速发展。从历史唯物主义的视角来看，消费革命或消费主义的盛行源于社会生产力水平的提升和个人购买力的增强，两者共同推动了商品种类和数量的增长。

（二）消费革命的扩展：经济进步的必然与推动力量

消费革命首先在近代早期的英国崭露头角，不久后即迅速波及北美殖民地。这无疑是这些地区经济迅猛发展的直接体现。近代早期，随着欧洲经济商业化的不断加速，卷入其中的人口和地区日益增多，这为消费革命的扩展提供了广阔的舞台。

在这一进程中，全球贸易的蓬勃发展起到了关键的推动作用。贸易的繁荣不仅极大地丰富了商品种类和数量，使人们能够接触到前所未有的消费品，而且也为生产商提供了更广阔的市场和更多的商机。这种正向的循环促进了消费革命的进一步深化。

同时，人口地理流动性的增强也为消费革命的扩散提供了助力。欧洲内部的人口迁移和向北美的移民潮打破了传统的社会秩序，使个人地位和社会荣誉不再固定不变。"时尚"因此成为个人在新社会环境中展示自己、确立地位的重要手段之一。海外贸易商作为新消费模式的引领者，将新的消费观念和生活方式带给了更广泛的人群。

然而，消费革命的兴起并非一帆风顺。新观念、新生活方式的涌现往往会与原有的社会价值体系发生冲突。在18世纪之前的欧洲基督教社会，逐利和消费虽未受到明确反对，但也没有得到教义的明确鼓励。基督教的教导更强调对上帝的虔诚信仰和对世俗物质生活的超越。这种宗教观念在一定程度上对消费革命的推进起到了制约作用。

尽管如此，消费革命依然在欧洲和北美殖民地取得了显著的进展。这背后有着深刻的经济动因。随着各地区人口通过参与日益扩大的地区经济和全球经济获得更多利润，他们逐渐有能力购买除必需品外的更多商品。进口商品价格的下降以及生产和制造能力的提升也为消费革命的推进提供了有力支持。

总体来看，消费革命的蔓延是多种因素共同作用的结果。它不仅是经济发展的产物，也是社会观念变革的体现。尽管在某些方面受到原有价值体系的制约，但消费革命依然以其强大的动力推动了欧洲和美洲殖民地的经济和社会变革。

（三）宗教与资本的交织：消费观念的历史变革

在中世纪，修道院因占有大量土地而积累了巨额资本，但这些财富主要用于宗教目的，并未显著增加社会经济活力。当时的宗教观念并未鼓励工匠们将努力工作视为侍奉上帝的方式。然而，宗教改革后，随着资本主义的蓬勃发展，人们对追求利润和消费的态度开始发生根本性变化。

宗教改革将追求利润与信仰上帝紧密结合，使逐利行为成为"荣耀上帝"的一种手段。这种观念在经济商业化的浪潮中逐渐被大众接受。马克斯·韦伯认为，正是这种新教伦理中的"天职"观念推动了资本主义的崛起。实际上，可以说正是资本主义经济的发展促使了宗教观念的转变。许多宗教改革家开始认识到，逐利和消费并不一定会阻碍个人与上帝的联系。

加尔文就是一个典型的例子，他主张个人应通过严肃、朴实和节制的劳动来获取利润。在财富使用方面，他建议将部分财富用于捐赠，部分用于再投资，以实现财富的增殖，而不是奢侈消费。这种观念对于资本主义的积累和扩展具有重要意义。

布罗代尔也指出，进行宗教改革的国家与商业资本主义和工业资本主义的繁荣发展之间存在紧密联系。然而，在17世纪末之前，消费仍受到诸多限制，特别是重商主义者们担心进口消费品会破坏贸易平衡。但随着时间的推移，人们的消费观念逐渐发生变化。

到了18世纪上半叶，许多英国人开始摆脱传统道德观念的束缚，从经济发展的角度看待消费问题。大卫·休谟甚至对消费持完全赞同的态度，认为消费不仅能满足个人欲望，还能促进社会劳动贮存和经济发展。这一观点为消费行为赋予了社会道德层面的正当性和合理性。亚当·斯密更是明确提出"消费是生产的唯一目的"，强调消费在经济活动中的核心地位。

随着贸易繁荣和收入的增长，以及吸引人的新商品和营销手段的出现，消费主义逐渐兴起并得到发展。大西洋贸易的快速增长使英国的新消费观念和模式传播到北美地区，尤其是在新英格兰地区表现得最为明显。英国的商品种类和新消费模式推动了殖民地消费观念的变革和消费的进一步扩展。总的来说，这一历史进程展示了宗教与资本如何交织在一起共同推动了消费观念和社会经济的深刻变革。

参考文献

一 史料

《1882—1891 年厦海关十年报告》。

（清）卞宝第：《闽峤𫐐轩录》，清光绪刻本。

（清）陈恢吾：《农学纂要》，北京出版社，2000。

（清）陈盛韶：《问俗录》，北京出版社，2000。

陈祖槼、朱自振主编《中国茶叶历史资料选辑》，农业出版社，1981。

《大清律例》，张荣铮等点校，乾隆五十五年刊本，天津古籍出版社，1993。

戴啸州：《湖北羊楼峒之茶叶》，《国际贸易报告》1936 年第 5 期。

道光《建阳县志》，建阳县地方志编纂委员会，1989。

（清）董天工：《武夷山志》，台北：成文出版社，1974。

福建省地方志编纂委员会编《福建省志·金融志》，新华出版社，1996。

福建省南平市志编纂委员会编《南平县志》，1985。

《光绪大清令典事例》。

（清）郭柏苍：《闽产录异》，胡枫泽校点，岳麓书社，1986。

（清）何秋涛：《朔方备乘》，1881 年石印本。

（明）何乔远编撰《闽书》，福建人民出版社，1995。

（明）黄仲昭修纂《八闽通志》，福建人民出版社，1989。

黄富三、林满红、翁佳音主编《清末台湾海关历年资料》，台北："中央研究院"台湾研究所筹备处，1997。

嘉庆《崇安县志》，抄本。

蒋师辙：《台游日记》，台湾文献丛刊，1972。

（清）李永锡、程廷拭修，徐观海等纂《屏南县志》，乾隆三十年刻本。

（唐）李延寿：《北史》，中华书局，1974。

（唐）李肇：《唐国史补》，上海古籍出版社，1979。

李文治编《中国近代农业史资料》，生活·读书·新知三联书店，1957。

（清）刘锦藻：《清朝续文献通考》，浙江古籍出版社，2000。

刘选民：《中俄早期贸易考》，《燕京学报》第25期，1939年。

（唐）陆羽：《茶经》，宋一明译注，上海古籍出版社，2009。

吕渭英：《福建金银机关近年消长情形》，《商务官报》第2期，1907年。

《明律集解附例》，台北成文出版社，据光绪二十四年重刊本影印，1969。

南安丰山，《陈氏族谱》，抄本。

〔俄〕尼古拉·班特什-卡缅斯基：《俄中两国外交文献汇编（1619—1792）》，中央人民大学俄语教研室译，商务印书馆，1982。

彭泽益编《中国近代手工业史资料》，生活·读书·新知三联书店，1957。

乾隆《将乐县志》，乾隆五年刻本。

渠绍淼、庞义才编《山西外贸志》上（初稿），山西省地方志编纂委员会办公室，1984。

厦门市志编纂委员会、厦门海关志编委会：《近代厦门社会经济概况》，鹭江出版社，1990。

（清）沈廷芳、吴嗣富：《福建续志》，乾隆三十二年刻本。

（清）施鸿保：《闽杂记·僧巫》，光绪戊寅年（1878）申报馆印。

史松、林铁钧编《清史编年》，中国人民大学出版社，1985。

（清）王复礼：《武夷九曲志》，齐鲁书社，1996。

王彦威、王亮编《清季外交史料》，台北：文海出版社，1969。

吴觉农主编《中国地方志茶叶历史资料选辑》，农业出版社，1990。

吴锡璜：《同安县志》，中华书局，2000。

《厦门金融志》，鹭江出版社，1989。

（宋）熊蕃：《宣和北苑贡茶苑》，中华书局，1991。

（清）徐栋、丁日昌：《保甲书辑要》，清同治十二年刻本，台北：成文出版社，1986年影印。

（清）徐观海纂修《将乐县志》，厦门大学出版社，2009。

（清）徐珂：《清稗类钞》，商务印书馆，1918。

颜义芳编《台湾总督府公文类纂殖产史料汇编（1895—1902 年）》，台湾省文献委员会，2002。

姚贤镐：《中国近代对外贸易史资料》，中华书局，1962。

姚贤镐编《中国近代对外贸易史资料 1840—1895》，中华书局，1962。

（清）袁枚：《随园食单》，江苏古籍出版社，2002。

詹宣猷等：《建瓯县志》，建瓯灵芝新印刷所铅印本，1929。

（明）张燮：《东西洋考》，谢方点校，中华书局，2000。

（清）张泓：《滇南忆旧录》，上海古籍出版社，1992。

张正明、薛慧林主编《明清晋商商业资料选编》，山西人民出版社，1989。

（清）赵尔巽：《清史稿》，中华书局，1976。

中国第一历史档案馆编《清代档案史料丛编》，中华书局，1984。

中国第一历史档案馆编《清代中俄关系档案史料选编》，中华书局，1981。

中国人民政治协商会议全国委员会文史资料研究委员会编《文史资料选辑》第 63 辑，中华书局，1979。

中央银行经济研究室编《华茶对外贸易之回顾与前瞻》，上海商务印书馆，1935。

（清）周凯：《厦门志》，鹭江出版社，1996 年重刊道光十二年刊本。

（清）周亮工：《闽小记》，台北：成文出版社影印，1975。

朱自振编《中国茶叶历史资料续辑》，东南大学出版社，1991。

東亞同文會編『支那省別全誌』。

臨時台湾旧慣調査会『経済資料調査報告』、1905。

台湾總督府殖産局『台湾茶業統計』、1937。

外務省通商局編『通商彙纂』不二出版、1988—1997。

早稲田大学社会科学研究所編印『大隈文書』、1962。

二　专著

〔美〕L. W. Davidson：《台湾之过去与现在》第二册，蔡启恒译，台北：台湾银行经济研究室，1972。

〔英〕安格斯·麦迪森：《世界经济千年史》，伍晓鹰等译，北京大学出版社，2003。

〔荷〕包乐史：《中荷交往史》，庄国土译，荷兰：路口店出版社，1989。

陈椽：《茶业通史》，农业出版社，1984。

陈椽主编《中国名茶研究选集》，安徽省科委、安徽农学院，1985。

陈慈玉：《北县茶外销史之一幕——二十世纪初期东南亚的茶竞争》，台北县立文化中心，1994。

陈慈玉：《近代中国茶业的发展与世界市场》，台北"中央研究院"经济研究所，1982。

陈国栋：《东亚海域一千年：历史上的海洋中国与对外贸易》，山东画报出版社，2006。

陈龙、陈陶然：《闽茶说》，福建人民出版社，2006。

陈诗启：《中国近代海关史（晚清部分）》，人民出版社，1993。

〔英〕大卫·帕金：《英国的当代人类学中存在一种新物质性吗？二十一世纪：文化自觉与跨文化对话》，北京大学出版社，2001。

戴宝村：《近代台湾海运发展——戎克船到长荣巨舶》，台北：玉山社，2000。

戴宝村：《清季淡水开港之研究》，台湾师范大学历史研究所专刊，1984。

戴一峰：《区域经济发展与社会变迁——以近代福建地区为中心》，岳麓书社，2004。

邓九刚：《茶叶之路——欧亚商道兴衰三百年》，内蒙古人民出版社，2000。

樊亢、宋则行主编《外国经济史》，人民出版社，1984。

范增平：《台湾茶业发展史》，台北市茶商业同业公会，1992。

〔荷〕费莫·西蒙·伽士特拉：《荷兰东印度公司》，倪文君译，东方出版中心，2011。

〔英〕弗兰克·韦尔什：《香港史》，王皖强、黄亚红译，中央编译出版社，2007。

傅衣凌、杨国桢编《明清福建社会与乡村经济》，厦门大学出版社，1987。

〔英〕格林堡：《鸦片战争前中英通商史》，康成译，商务印书馆，1961。

耿彦波：《榆次车辋常氏家族》，书海出版社，2002。

巩志：《中国红茶》，浙江摄影出版社，2005。

〔德〕贡德·弗兰克：《白银资本——重视经济全球化中的东方》，刘北成译，中央编译出版社，2000。

顾炎武：《天下郡国利病书》，商务印书馆影印，1936。

广州历史文化名城研究会、广州市荔湾区地方志编纂委员会编《广东十三行沧桑》，广东省地图出版社，2001。

郭孟良：《中国茶史》，山西古籍出版社，2003。

郭蕴深：《中俄茶叶贸易史》，黑龙江教育出版社，1995。

〔英〕哈巴库克主编《剑桥欧洲经济史·第六卷·工业革命及其以后的经济发展：收入、人口及技术变迁》，王春法、张伟、赵海波译，经济科学出版社，2002。

〔美〕郝延平：《十九世纪的中国买办——东西间桥梁》，李荣昌等译，上海社会科学院出版社，1988。

胡礼忠、金光耀、沈济时：《从尼布楚条约到叶利钦访华——中俄中苏关系300年》，福建人民出版社，1994。

黄富三，翁佳音：《台湾商业传统论文集》，台北："中央研究院"台湾史研究所筹备处，1999。

黄国盛：《清代闽台"三通"与两岸经济互动研究》，海风出版社，2010。

黄嘉谟：《美国与台湾——1784—1895》，台北："中央研究院"近代史研究所，1979。

黄鉴晖：《明清山西商人研究》，山西经济出版社，2002。

黄遵宪：《日本国志》，上海古籍出版社，2001。

戢斗勇：《儒商精神》，经济日报出版社，2001。

〔日〕角山荣：《茶的世界史——文化和商品的东西交流》，台北：玉山社，2004。

卡尔·马克思：《政治经济学批判》，中共中央马克思恩格斯列宁斯大林著作编译局编译，人民出版社，1976。

卡尔·马克思：《资本论》，人民出版社，2018。

李道和：《中国茶叶产业发展的经济学分析》，中国农业出版社，2009。

李定一：《中美早期外交史（1784—1894）》，台北：传记文学出版社，1978。

李金明：《厦门海外交通》，鹭江出版社，1996。

〔意〕利玛窦、〔比〕金尼阁：《利玛窦中国札记》，何高济等译，中华书
　　局，2010。

连横：《台湾通史》，广西人民出版社，2005。

梁嘉彬：《广东十三行考》，上海商务印书馆，1937。

林馥泉：《武夷茶叶之生产制造及运销》，福建省政府统计室，1943。

林满红：《清代台湾之茶、糖、樟脑业与台湾社会变迁（1860—1895）》，
　　台北：联经出版公司，1997。

林玉茹：《清代台湾港口的空间结构》，台北：知书房出版社，1996。

林再复：《闽南人》，自印本，台北：三民书局，1993。

刘伯骥：《美国华侨史》，台北：黎明文化事业公司，1976。

卢明辉：《中俄边境贸易的起源与沿革》，中国经济出版社，1991。

《马克思恩格斯全集》，中共中央马克思恩格斯列宁斯大林著作编译局编
　　译，人民出版社，2007。

〔美〕马士：《东印度公司对华贸易编年史（1635—1834 年）》，区宗华
　　译，中山大学出版社，1991。

〔美〕马士：《中华帝国对外关系史》，中山大学出版社，1991。

〔英〕马克曼·艾利斯：《咖啡馆的文化史》，孟丽、陈广兴译，广西师范
　　大学出版社，2007。

孟宪章：《中苏经济贸易史》，黑龙江人民出版社，1992。

〔苏〕米·约·斯拉德科夫斯基：《俄国各民族与中国贸易经济关系史——
　　1917 年以前》，宿丰林译，社会科学文献出版社，2008。

米庆余：《明治维新——日本资本主义的起步与形成》，求实出版社，1988。

穆雯瑛主编《晋商史料研究》，山西人民出版社，2001。

潘刚儿、黄启臣、陈国栋：《广州十三行之一：潘同文（孚）行》，华南理
　　工大学出版社，2006。

彭一万编著《闽南饮食》，鹭江出版社，2009。

史若民、牛白琳编著《平、祁、太经济社会史料与研究》，山西古籍出版
　　社，2002。

〔英〕斯当东：《英使谒见乾隆纪实（中文版）》，叶笃义译，商务印书馆，
　　1963。

孙洪升：《唐宋茶叶经济》，社会科学文献出版社，2001。

台北"中央研究院"中山人文科学研究所编《中国海洋发展史论文集》第
　　8 辑，2002。

台北"中央研究院"中山人文科学研究所编《中国海洋发展史论文集》第
　　7 辑，1999。

台湾区茶输出业同业公会编《台茶输出百年简史》，1965。

《台湾商业传统论文集》，台北："中央研究院"台湾史研究所，1999。

唐文基主编《福建古代经济史》，福建教育出版社，1995。

唐永基、魏德端：《福建之茶》，福建省政府统计处，1941。

汪敬虞：《十九世纪西方资本主义对中国的经济侵略》，人民出版社，1983。

王世庆：《淡水河流域河港水运史》，台北："中央研究院"中山人文社会
　　科学研究所，1996。

〔美〕威廉·乌克斯：《茶叶全书》，侬佳、刘涛、姜海蒂译，东方出版
　　社，2011。

吴觉农：《中国茶叶问题》，上海商务印书馆，1937。

吴亚敏、邹尔光等译编《近代福州及闽东地区社会经济概况》，华艺出版
　　社，1992。

向阳：《影响中国的历代名商》，中国致公出版社，2003。

萧一山编《清代通史》，华东师范大学出版社，2006。

徐中约：《中国近代史：中国的奋斗》，计秋枫等译，香港中文大学出版
　　社，2001。

杨国桢：《明清土地契约文书研究》，人民出版社，1988。

殷剑平：《早期的西伯利亚对外经济联系》，黑龙江人民出版社，1998。

印光任、张汝霖编撰《澳门纪略》，上海进步书局印行，1751。

张海鹏、张海滋：《中国十大商帮》，黄山书社，1993。

张水存：《中国乌龙茶》，厦门大学出版社，2002。

张我军等：《台湾之茶》，台湾银行总务部调查课，1949。

张晓宁：《天子南库》，江西高校出版社，1999。

张宇燕、高程：《美洲金银和西方世界的兴起》，中信出版社，2004。

张正明：《明清晋商及其民风》，人民出版社，2003。

章文钦:《广东十三行与早期中西关系》, 广东经济出版社, 2009。

中国航海学会:《中国航海史 (近代航海史)》, 人民交通出版社, 1989。

仲伟民:《茶叶与鸦片: 十九世纪经济全球化中的中国》, 生活·读书·新知三联书店, 2010。

朱自振:《茶史初探》, 农业出版社, 1996。

庄晚芳:《中国茶史散论》, 科学出版社, 1989。

吉井友兄『台湾財務視察復命書』大藏省印刷局、1896。

浅香貞次郎『台湾海運史』台湾海務協會、1941。

台湾銀行総務部調査課『台湾烏龍茶ノ二況竝同茶金融上ノ沿革』台湾銀行総務部調査課、1912。

台湾総督府淡水税関『台湾税関十年史』台湾総督府淡水税関、1907。

藤江勝太郎『台北外二縣下茶業』台北帝國大學理農學部、1897。

Earl H. Pritchard, *The Crucial Years of Early Anglo-Chinese Relations, 1750–1800*, Washington, 1936.

F. Fortune, *A Journey to the Tea Countries of China: Including Sung-lo and the Bohea Hills*, London, 1852.

H. C. Mui, Lorna H. Mui, *The Management of Monopoly: a Study of the East Indies Company's Contact of its Tea Trade, 1784–1833*, London, 1984.

J. L. Blussé van Oud-Alblas, *Strange company: Chinese settlers, mestizo women and the Dutch in VOC Batavia*, Dordrecht and Riverton: Foris Publications, 1986.

Robert Gardella, *Harvesting Mountains: Fujian and the China tea trade, 1757–1937*, Auckland: University of California Press, 1994.

Samuel Ball, *An Account of the Cultivation and Manufacture of Tea in China*, London, 1948.

Stephen C. Lockwood, *Augustine Heard and Company, 1858–1862: American Merchants in China*, Harvard University Asia Center, 1971.

William Milburn, *Oriental Commerce,* Vol Ⅱ, London: Black Parry & Co., 1813.

三 论文

陈行一：《武夷茶史文献杂撷》，《农史考古》1995 年第 4 期。

程镇芳：《鸦片战争与福州茶港的兴起》，《福建论坛》（文史哲版）1985 年第 6 期。

崔如梅：《明清以来下梅村的空间结构及其发展机制》，硕士学位论文，厦门大学，2008。

杜七红：《清代茶政简论》，《浙江社会科学》2009 年第 10 期。

杜七红：《清代两湖茶业研究》，博士学位论文，武汉大学，2006。

盖建民：《从〈庄林续道藏〉看清代闽台道教关系》，《世界宗教研究》2010 年第 1 期。

高水练、杨江帆：《浅析福建茶商精神》，《茶叶科学技术》2008 年第 3 期。

龚高健：《港脚贸易与英国东印度公司对华茶叶贸易》，《福建师范大学学报》2005 年第 4 期。

龚高健：《略述垄断政策下东印度公司对华茶叶贸易》，《福建论坛》（人文社会科学版）2005 年第 6 期。

管宁：《闽商文化人文经济价值探究》，《福建商业高等专科学校学报》2010 年第 6 期。

黄富三：《清代台湾外商的研究——美利士洋行（上）》，《台湾风物》第 32 卷第 4 期，1982 年。

黄富三：《清代台湾外商的研究——美利士洋行（下）》，《台湾风物》第 33 卷第 1 期，1983 年。

黄颂文：《清季台湾贸易与宝顺洋行的崛起》，《台湾文献》第 61 卷第 3 期，2010 年。

姜道章：《台湾茶业贸易史》，《大陆杂志》第 12 期，1960 年。

姜修宪：《制度变迁与中国近代茶叶对外贸易——基于福州港的个案考察》，《中国社会经济史研究》2008 年第 2 期。

兰日旭：《东印度公司从事华茶出口贸易的发展阶段与特点》，《农业考古》2006 年第 2 期。

雷传远：《清代广东十三行的儒商传统与中西文化交流》，博士学位论文，
中山大学，2004。

李国光：《李晨光：万里茶路探晋商》，《文史月刊》2007 年第 9 期。

李华云：《闽茶的广州港外销（1757—1842）》，硕士学位论文，暨南大
学，2008。

李丽、王成：《东方"黄色文明"与西方"蓝色文明"文化渊源探析》，
《世界文化》2005 年第 9 期。

李荣林：《茶叶传欧史话》，《福建茶叶》2001 年第 3 期。

李三谋：《晚清湖北茶叶加工及其出口外销》，《农业考古》1996 年第
2 期。

李祖基：《近代台湾的对外贸易及其对社会经济之影响》，《福建论坛》
（文史哲版）1989 年第 4 期。

梁四宝、吴丽敏：《清代晋帮茶商与湖南安化茶产业发展》，《中国经济史
研究》2005 年第 2 期。

林枫：《明清福建商帮的性格与归宿——兼论中国封建社会的长期延续》，
《中国经济史研究》2008 年第 2 期。

林立强：《茶叶·福音·传教——十九世纪来华传教士卢公明弃教从商个
案研究》，《福建师范大学学报》（哲学社会科学版）2005 年第
5 期。

林立强：《西方传教士与十九世纪福州的茶叶贸易》，《世界宗教研究》
2005 年第 4 期。

林齐模：《近代中国茶叶出口的衰落》，博士学位论文，北京大学，2004。

林星：《晚清福建城市金融业的近代化——以福州和厦门为例》，《福建论
坛》（人文社会科学版）2004 年第 8 期。

林玉茹：《从属与分立：十九世纪中叶台湾港口城市的双重贸易机制》，
《台湾史研究季刊》第 17 卷第 2 期，2010 年。

林子侯：《台湾开港后对外贸易的发展》，《台湾文献》第 27 卷第 4 期，
1976 年。

刘芳正：《民国时期上海徽州茶商与社会变迁》，博士学位论文，上海师范
大学，2009。

刘建生、吴丽敏：《试析清代晋帮茶商经营方式、利润和绩效》，《中国经济史研究》2004年第3期。

刘锡涛、黄廷：《初探近代闽江茶叶贸易对福州港兴衰的影响》，《茶叶科学技术》2009年第2期。

刘馨秋：《清代粤港澳茶叶出口贸易研究》，博士学位论文，南京农业大学，2010。

刘章才：《十八世纪中英茶叶贸易及其对英国社会的影响》，博士学位论文，首都师范大学，2008。

刘至耘：《清末北台湾的茶叶贸易（1865—1895）》，硕士学位论文，台湾"暨南大学"，2004。

卢建一：《试论清代闽台区域一体化的形成》，《东南学术》2004年第2期。

卢秋华：《福建白茶的历史、现状及其营销战略研究》，硕士学位论文，福建农林大学，2008。

罗小霞：《近代广州港贸易兴衰与其腹地范围的变迁（1842—1911）》，硕士学位论文，暨南大学，2008。

齐运东：《试论清代中俄茶叶贸易》，《中国茶叶》2006年第6期。

钱江：《1570—1760年中国和吕宋贸易的发展及贸易额的估算》，《中国社会经济史研究》1986年第3期。

秦宗财、王艳红：《明清徽商与茶叶市场》，《安徽师范大学学报》（人文社会科学版）2006年第4期。

石涛、李志芳：《清代晋商茶叶贸易定量分析——以嘉庆朝为例》，《清史研究》2008年第4期。

宋韵琪、谭元亨：《广东十三行商人的民商本质——对关于其性质为官方代表的商榷与讨论》，《中国经济史研究》2008年第2期。

孙振玉、梁艳：《中国茶文化的形成及其对外传播》，《中国茶叶》1995年第5期。

陶德臣：《荷属印度尼西亚茶产述论》，《农业考古》1996年第2期。

陶德臣：《简论中国古代茶叶对外贸易的特点》，《茶业通报》2007年第2期。

陶德臣：《清代福建茶叶生产论述》，《古今农业》2004 年第 11 期。

陶德臣：《印度茶业的崛起及对中国茶业的影响与打击——19 世纪末至 20 世纪上半叶》，《中国农史》2007 年第 1 期。

陶德臣：《英使马戛尔尼与茶》，《镇江师专学报》（社会科学版）1999 年第 2 期。

陶德臣：《英属锡兰茶业经济的崛起及其对中国茶产业的影响与打击》，《中国社会经济史研究》2008 年第 4 期。

陶德臣：《英属印度茶业经济的崛起及其影响》，《安徽史学》2007 年第 3 期。

陶德臣：《中国古代的茶商和茶业商帮》，《农业考古》1999 年第 4 期。

吴孟雪：《中俄恰克图茶叶贸易》，《农业考古》1992 年第 4 期。

西春：《伍秉鉴：150 年前的世界首富》，《新经济》2011 年第 4 期。

夏雨：《手工业：晋商崛起的摇篮》，《山西青年（新晋商）》2008 年第 9 期。

肖坤冰：《帝国、晋商与茶叶——19 世纪中叶前武夷茶叶在俄罗斯的传播过程》，《福建师范大学》（哲学社会科学版）2009 年第 3 期。

徐晓望：《福建历代茶政沿革考（下）》，《福建茶叶》1986 年第 2 期。

徐晓望：《清代福建武夷茶生产考证》，《中国农史》1988 年第 2 期。

严利人：《瑞叶连古今 海峡架金桥——闽台地缘与茶缘关系研究》，《中国茶叶》2009 年第 4 期。

颜丽金：《清代福建茶叶外销与地区经济发展的互动关系研究》，硕士学位论文，暨南大学，2004。

杨力、王庆华：《晋商在明清时期茶叶贸易中的杰出贡献》，《农业考古》1997 年第 4 期。

叶柏川：《早期俄国来华商路考察》，《社会科学战线》2009 年第 6 期。

曾乃硕：《清季大稻埕之茶业》，《台北文物》第 5 卷第 4 期，1957 年。

张丽、骆昭东：《从全球经济发展看明清商帮兴衰》，《中国经济史研究》2009 年第 4 期。

张燕清：《垄断政策下的东印度公司对华茶叶贸易》，《浙江学刊》2006 年第 6 期。

张燕清：《略论英国东印度公司对华茶叶贸易起源》，《福建省社会主义学院学报》2004 年第 3 期。

张燕清：《英国东印度公司对华茶叶贸易方式探析》，《中国社会经济史研究》2006 年第 3 期。

张应龙：《略论鸦片战争后福建的外销茶贸易》，《饮食文化研究》2006 年第 2 期。

张正明、张梅梅：《清代晋商的对俄茶叶贸易》，《农业考古》1997 年4 期。

张稚秀、孙云：《西方茶文化溯源》，《农业考古》2004 年第 2 期。

章传政：《明代茶叶科技、贸易、文化研究》，博士学位论文，南京农业大学，2007。

章文钦：《从封建官商到买办商人——清代广东行商伍怡和家族剖析（上）》，《近代史研究》1984 年第 3 期。

赵大川：《二百年前的清代制茶图》，《中国茶叶》2003 年第 2 期。

仲伟民：《茶叶、鸦片贸易对 19 世纪中国经济的影响》，《南京大学学报》（哲学·人文科学·社会科学版）2008 年第 2 期。

周丽群：《明清以来闽台茶产业发展史研究进展》，《台湾农业探索》2011 年第 12 期。

周树斌、陈叙达：《台湾的茶业》，《中国茶叶》2006 年第 2 期。

朱自振：《我国古代茶树栽培史略》，《茶业通报》1986 年第 3 期。

朱自振：《中国茶业历史概略（续）》，《农业考古》1994 年第 4 期。

庄国土：《茶叶、白银和鸦片：1750—1840 年中西贸易结构》，《中国经济史研究》1995 年第 3 期。

庄国土：《从闽北到莫斯科的陆上茶叶之路——19 世纪中叶前中俄茶叶贸易研究》，《厦门大学学报》（哲学社会科学版）2001 年第 2 期。

庄国土：《论 17—19 世纪闽南海商主导海外华商网络的原因》，《东南学术》2001 年第 3 期。

庄国土：《鸦片战争前 100 年的广州中西贸易（上）》，《南洋问题研究》1995 年第 2 期。

庄国土：《鸦片战争前福建外销茶叶生产和营销及对当地社会经济的影

响》,《中国史研究》1999 年第 3 期。

邹全荣:《晋商与下梅村》,《寻根》2007 年第 5 期。

邹全荣:《下梅村:一个与晋商携手走过万里茶路的村落》,《中国·城乡桥》2006 年第 6 期。

后 记

此书是在本人 2012 年的博士学位论文《清代闽台地区茶叶出口中的茶商经营研究》基础上改写而成。党的十八大以来，与本书研究内容相关的茶叶产业、闽台地区、企业家精神等，在新时代经济社会发展中的地位更加凸显。从茶业发展看，源于中国、飘香世界的茶，是全球同享的健康饮品，是承载历史和文化的"中国名片"，也是近代以来中国参与经济全球化的重要特色产业。2021 年 3 月，习近平总书记考察福建武夷山茶产业时叮嘱我们，要统筹做好茶文化、茶产业、茶科技这篇大文章。2019 年 12 月，联合国大会宣布将每年 5 月 21 日确定为"国际茶日"，以肯定茶叶的经济、社会和文化价值。2020 年 5 月 21 日，在首个"国际茶日"，习近平主席向"国际茶日"系列活动致信表示热烈祝贺。他指出，联合国设立"国际茶日"，体现了国际社会对茶叶价值的认可与重视，对振兴茶产业、弘扬茶文化很有意义。2022 年 11 月，"中国传统制茶技艺及其相关习俗"正式跻身联合国教科文组织人类非物质文化遗产代表作名录。茶业全球化发展稳中求进，稳步上升。2018—2022 年，我国茶叶种植面积呈现震荡上行的发展态势。2022 年，全国 18 个主要产茶省（自治区、直辖市）的茶园总面积为 5000 万亩，全国茶叶产量 335 万吨。其中，茶叶内销数量突破 240 万吨。[①] 据海关统计，2022 年 1—12 月，中国茶叶出口量总计为 37.52 万吨，比 2021 年全年增长 0.59 万吨，同比增长 1.59%，再创历史新高。

从闽台地区发展看，福建与台湾隔海相望，地相近、人相亲，对台工作具有独特优势和良好条件。习近平总书记和党中央高度重视发挥福建在

[①] 《看茶品牌如何"出山""出海"又"出圈"?》，澎湃新闻网，2024-02-23。

242

对台工作全局中的独特作用，统筹中华民族伟大复兴战略全局和世界百年未有之大变局，将支持福建探索海峡两岸融合发展新路、建设两岸融合发展示范区作为"深化两岸融合发展、夯实和平统一基础"的重大举措。2023年9月12日，《中共中央　国务院关于支持福建探索海峡两岸融合发展新路　建设两岸融合发展示范区的意见》（以下简称《意见》）由新华社受权发布。《意见》是中共中央、国务院第一份专门为深化两岸融合发展印发的文件，《意见》的制定明确了福建在贯彻新时代党解决台湾问题的总体方略中的定位、使命和任务，顺应了两岸要和平、要发展、要交流、要合作的主流民意。在这种特殊背景下，本书将为两岸产业融合提供历史经验与启示。

从加快培育企业家精神方面看，以习近平同志为核心的党中央高度重视企业家群体和企业家精神在国家发展中的重要作用。习近平总书记指出，企业的生命力在于创新，创新的动力源自企业家精神，就是增强爱国情怀、勇于创新、诚信守法、承担社会责任和拓展国际视野。他强调，要"弘扬企业家精神，推动企业发挥更大作用实现更大发展，为经济发展积蓄基本力量"。党的二十大报告明确提出要"弘扬企业家精神，加快建设世界一流企业"。《中共中央、国务院关于促进民营经济发展壮大的意见》也提出"民营经济是推进中国式现代化的生力军"，同时要求"培育和弘扬企业家精神"。清代我国外贸茶商在严峻复杂的国际商海竞争中，在各种不确定性和不稳定性环境中，敢于探索创新，敢于出海打拼，曾经在欧美商界叱咤风云，也曾经深切体验弱国无外交的无奈艰辛。但不管怎样，他们发挥企业家精神中的"四千"特质："走遍千山万水、说尽千言万语、想尽千方百计、吃尽千辛万苦"，展现了近代民族企业家爱国敬业、忍辱负重、扬帆四海的集体形象，为中国茶业的全球化发展做出了积极贡献。

博士学位论文完成后，已过去十多年，但常学常思常新。综上所述，本书的时代价值和实践意义，仍相当突出。作为马克思主义学院的教学工作者，本人也积极寻找与本书相关的马克思主义理论渊源和基础，发现马克思在《资本论》《资本流通的过程》《政治经济学批判》等相关论著中，多处提到中国与英国、俄国的茶叶贸易，对我们深化该研究将提供重要的理论指导。

经常喝茶的人大都能理解茶的回甘特性，回首本书的撰写和出版过程，越回味越甜蜜越幸福。本书能够顺利出版，要特别感谢我们伟大的中华民族和民族特色茶产业，感谢历史上为中华茶产业发展筚路蓝缕、披荆斩棘的先人先辈；感谢本研究领域的专家、学者，是你们的前期研究，使我有幸能"站在巨人的肩膀上"，看到更远更深的茶业特殊商品世界，能够在全球茶贸易茶学术领域做些小小的探索，虽然参考文献已经列出了专家名字，但难免挂一漏万，请诸位前辈理解见谅；感谢社会科学文献出版社的谢炜、郑庆寰、白纪洋等老师，是你们的精心指导和细致工作，使我如沐春风，少走弯路；感谢首都经贸大学马克思主义学院和学校科研处等相关部门的领导和同事，对我日常教学科研工作的大力帮助和支持，特别是对此书出版的资助；感谢我的博士导师胡沧泽老师，我的好朋友陈志勇、陈雪珍夫妇，福建师范大学陈超凡博士，清华大学博士后王毅鹏、龚龙飞、王佳慧夫妇，还有我的母亲、爱人、儿子及其他家人，是你们的各种付出和默默奉献，使我能安心工作、潜心研究，在学术殿堂勇毅前行。

吃水不忘挖井人，品茗尤记冻顶艰。千年老树香万里，泽润四方敢争先。仅以小诗感恩先人、祝福祖国、致敬时代！

甲辰年春 于京南莲花河畔

图书在版编目(CIP)数据

清代闽台外贸茶商经营研究 / 周丽群著 . --北京:
社会科学文献出版社,2024.7(2025.9 重印). --ISBN 978-7-5228
-3986-8

Ⅰ. F752.949

中国国家版本馆 CIP 数据核字第 2024L3E623 号

清代闽台外贸茶商经营研究

著　　者 / 周丽群

出 版 人 / 冀祥德
责任编辑 / 郑庆寰　白纪洋
责任印制 / 岳　阳

出　　版 / 社会科学文献出版社·历史学分社(010)59367256
　　　　　地址:北京市北三环中路甲 29 号院华龙大厦　邮编:100029
　　　　　网址:www.ssap.com.cn
发　　行 / 社会科学文献出版社(010)59367028
印　　装 / 唐山玺诚印务有限公司

规　　格 / 开　本:787mm×1092mm　1/16
　　　　　印　张:16　字　数:251 千字
版　　次 / 2024 年 7 月第 1 版　2025 年 9 月第 2 次印刷
书　　号 / ISBN 978-7-5228-3986-8
定　　价 / 89.00 元

读者服务电话:4008918866